大学生心理健康教育

(第3版)

DAXUESHENG XINLI JIANKANG JIAOYU

♥ 主编 王宇中 李红亚

郑州大学出版社

图书在版编目(CIP)数据

大学生心理健康教育/王宇中,李红亚主编.—3版.—郑州:郑州大学出版社,2020.9(2024.1重印)
ISBN 978-7-5645-7244-0

Ⅰ.①大… Ⅱ.①王…②李… Ⅲ.①大学生-心理健康-健康教育 Ⅳ.①G444

中国版本图书馆CIP数据核字(2020)第164338号

郑州大学出版社出版发行
郑州市大学路40号　　　　　　　　邮政编码:450052
出版人:孙保营　　　　　　　　　　发行部电话:0371-66966070
全国新华书店经销
河南大美印刷有限公司印制　　　　　印张:18.25
开本:787 mm×1 092 mm　1/16　　 字数:434千字
版次:2013年8月第1版　　　　　　 印次:2024年1月第8次印刷
　　　2020年9月第3版

书号:ISBN 978-7-5645-7244-0　　　 定价:39.00元
本书如有印装质量问题,由本社负责调换

编委会名单

主　编　王宇中　李红亚
副主编　阮松丽　陈　艳　李靖洁　尚金鹏
　　　　　魏少杰
编　委（按姓氏笔画排序）
　　　　　王宇中　许锦民　阮松丽　李红亚
　　　　　李靖洁　何荣娟　陈　卓　陈　艳
　　　　　苗道华　范瑞璐　尚金鹏　贾　汛
　　　　　高雪桐　黄旖雯　魏少杰

前 言

随着我国经济、文化、教育和科技的发展,大学生的心理健康教育问题越来越受到国家的重视,教育部多次发文要求高校将"大学生心理健康教育"课程作为必修课开设。在这种大背景下,早在2013年,郑州大学、河南城建学院等高校从事大学生心理健康教育和心理咨询的教师们组建团队,以教育部印发的《普通高等学校学生心理健康教育课程教学基本要求》(教思政厅〔2011〕5号)文件为依据,通过一年多的努力编写出版了《大学生心理健康教育》第1版,教材编写本着"简洁、生动、活泼、实用及可读性"原则,开设了"资料窗""故事点击""案例分析""活动天地"等栏目,受到了广大学生和任课教师的欢迎。在"十二五"规划教材评选中,得到了评审专家的一致好评,被评为河南省高校"十二五"规划教材。

2015年编委会根据各个高校任课教师提出的意见进行了修订,作为第2版,有些教师引入了较多的心理学理论,增加了篇幅内容。实践证明,过多地讲授心理学理论,对于非心理学专业的大学生来说意义不大。大学生关心的是如何用简单实用的方法,提高自己的心理素质,增强自己的适应能力,改善自己的不良情绪和矫治自己的不良行为等。时间又到了2020年,我们对教材进行第2版的编写和修订,又回归到了最初的理念,即本着"简洁、生动、活泼、实用、可读性和可操作性"原则,进一步突出了本教材"最新、易学、易教"的亮点。

第3版教材以中共教育部党组《高校思想政治工作质量提升工程实施纲要》(教党〔2017〕62号)和《高等学校学生心理健康教育指导纲要》(教党〔2018〕41号)等文件为编写指南,由郑州大学、河南城建学院和广东培正学院等高校多年从事大学生心理健康教育教学和科研工作的教师集体完成,也是编者多年来开展心理健康教育教学和心理咨询工作成果的总结。

尽管我们已经努力了,但难免会有这样那样的不足和问题,希望任课老师和同学们在学习中多提建议,以便我们在第4版修订中加以充实、提高和完善。

《大学生心理健康教育》编委会

目 录

第一章 一切从"心"开始——大学生心理健康导论 ... 1
第一节 心理健康的含义与标准 ... 3
一、健康及心理健康的含义 ... 3
二、心理健康的标准 ... 3
第二节 解析大学生心理健康的影响因素 ... 5
一、生物学因素 ... 6
二、心理因素 ... 6
三、家庭与社会文化因素 ... 6
第三节 大学生心理特点及常见心理问题 ... 8
一、大学生心理特点 ... 8
二、大学生常见心理问题 ... 9
第四节 心理健康教育与大学生全面发展 ... 11
一、心理健康是大学生全面发展的基础 ... 11
二、心理健康是人生的财富 ... 13
三、心理健康助你走向成功 ... 13

第二章 人生新起点——适应大学新生活 ... 17
第一节 适应心理概述 ... 18
一、适应的含义 ... 19
二、适应与发展的关系 ... 20
三、适应与心理健康的关系 ... 20
四、大学生适应与发展的任务 ... 21
第二节 大学新生常见的适应问题 ... 23
一、大学新生的适应问题 ... 23
二、大学新生适应问题的原因 ... 25
第三节 如何适应大学新生活 ... 27
一、从中学到大学:适应社会角色转变 ... 28
二、从依赖到独立:适应生活方式转变 ... 28
三、从监督到自觉:适应学习方式转变 ... 29
四、从旧友到新朋:适应交往方式转变 ... 30
五、从考试到深造:适应奋斗目标转变 ... 31

六、从感性到理性：适应思维方式转变 …………………………………… 31

第三章　驱散心灵乌云——大学生心理障碍与防治 …………………………… 36
第一节　大学生心理障碍概述 ………………………………………………… 37
　　一、心理障碍的定义 …………………………………………………………… 37
　　二、大学生常见心理障碍的类型与症状表现 ……………………………… 39
第二节　大学生心理障碍产生的原因 …………………………………………… 48
第三节　大学生心理障碍的治疗 ………………………………………………… 49
　　一、松弛疗法 …………………………………………………………………… 49
　　二、体育运动疗法 ……………………………………………………………… 50
　　三、音乐疗法 …………………………………………………………………… 51

第四章　"心"病还须"心"药医——大学生心理咨询 ………………………… 57
第一节　心理咨询的概念和功能 ………………………………………………… 58
　　一、心理咨询概述 ……………………………………………………………… 59
　　二、心理咨询的过程 …………………………………………………………… 60
　　三、心理咨询的功能 …………………………………………………………… 60
　　四、学校心理咨询 ……………………………………………………………… 61
第二节　大学生心理咨询的意义和特点 ………………………………………… 62
　　一、大学生对心理咨询的认识误区 …………………………………………… 63
　　二、大学生心理咨询的意义与特点 …………………………………………… 63
第三节　大学生心理咨询的主要问题及注意事项 ……………………………… 64
　　一、大学生心理咨询的常见问题 ……………………………………………… 64
　　二、寻求心理咨询时的注意事项 ……………………………………………… 65
第四节　大学生心理咨询常用方法 ……………………………………………… 66
　　一、心理咨询和心理治疗的联系和区别 ……………………………………… 66
　　二、大学生心理咨询常用方法 ………………………………………………… 67

第五章　天生我材必有用——大学生的自我意识与培养 ……………………… 77
第一节　自我意识概述 …………………………………………………………… 78
　　一、什么是自我意识 …………………………………………………………… 78
　　二、自我意识形成的影响因素 ………………………………………………… 80
第二节　大学生自我意识的发展 ………………………………………………… 81
　　一、自我意识的分化 …………………………………………………………… 81
　　二、自我意识的矛盾 …………………………………………………………… 81
　　三、大学生自我意识的整合 …………………………………………………… 83
第三节　自我意识的完善 ………………………………………………………… 85
　　一、健全自我意识的标准 ……………………………………………………… 86
　　二、自我意识完善的途径 ……………………………………………………… 86

第六章 提升魅力展现精彩——大学生人格发展与心理健康 …… 92
第一节 人格概述 …… 93
一、人格及其结构 …… 93
二、性格及性格类型 …… 95
三、影响人格形成与发展的因素 …… 96
第二节 大学生的人格特征 …… 98
一、自我意识趋向成熟 …… 98
二、情绪体验丰富 …… 98
三、具有竞争意识,渴望成功 …… 98
四、大学生人格特征的差异性 …… 98
第三节 大学生人格发展异常问题 …… 99
一、人格障碍与分类 …… 99
二、大学生常见人格问题 …… 99
第四节 大学生健康人格的塑造 …… 101
一、当代大学生完善人格的标准 …… 101
二、大学生人格完善的途径与方法 …… 103
三、大学生创造性人格及塑造 …… 105

第七章 我的情绪我做主——大学生的情绪管理 …… 111
第一节 情绪概述 …… 112
一、情绪与情绪结构 …… 112
二、情绪的功能 …… 114
三、情绪状态的分类 …… 115
第二节 大学生的情绪特征及常见的消极情绪 …… 115
一、大学生的情绪特征 …… 116
二、大学生的消极情绪体验 …… 117
第三节 管理我们的情绪 …… 118
一、情绪健康要素 …… 118
二、情绪管理 …… 119
第四节 情绪智力与培养 …… 122
一、情绪智力的概念 …… 123
二、培养大学生情绪智力的途径 …… 124
三、正确评价自我,积极接纳自我 …… 125
四、情绪紧张适度,促进身心和谐 …… 125

第八章 学并快乐着——大学生学习心理 …… 130
第一节 大学学习的特点 …… 131
一、学习心理概述 …… 132
二、大学生学习的特点 …… 133
第二节 大学生常见的学习心理问题及调适 …… 134

  一、学习动机缺乏 134
  二、学习倦怠 136
  三、学习拖延 137
  四、考试焦虑 137
 第三节　大学生如何学会学习 140
  一、建立终身学习的意识 140
  二、自主选择学习目标 140
  三、学会主动自由地学习 140
  四、培养学习兴趣和学习能力 141

第九章　建设友谊桥梁——大学生人际交往 147
 第一节　大学生人际交往概述 148
  一、人际交往及人际关系的概念 148
  二、大学生人际交往的特点 149
  三、大学生人际交往的类型 150
 第二节　大学生人际交往的影响因素 150
  一、人际吸引的影响因素 150
  二、人际印象与心理效应 152
 第三节　大学生人际交往中常见心理问题及调适 154
  一、羞怯心理及调适 154
  二、恐惧心理及调适 155
  三、自我中心及调适 155
  四、自卑心理及调适 156
  五、猜疑心理及调适 156
  六、嫉妒心理及调适 157
 第四节　大学生人际交往的原则与技巧 157
  一、人际交往的原则 157
  二、掌握人际交往的艺术 158
  三、如何应对人际冲突 161

第十章　风雨过后是阳光——大学生压力管理与挫折应对 165
 第一节　压力及挫折概述 166
  一、压力及其构成要素 167
  二、挫折及其构成要素 168
 第二节　大学生压力和挫折的产生 169
  一、大学生常见压力和挫折 169
  二、大学生压力和挫折产生的原因及特点 171
 第三节　压力和挫折对大学生心理的影响 175
  一、压力和挫折的积极影响 175
  二、压力和挫折的消极影响 176

第四节　压力管理和挫折应对·································· 177
     一、压力管理 ··· 177
     二、挫折应对 ··· 178

第十一章　让爱情之花绽放——大学生恋爱心理与性心理 186
   第一节　爱情、恋爱与婚姻·· 187
     一、什么是爱情、恋爱和婚姻·· 187
     二、关于爱情和婚恋的理论··· 187
     三、荣格的人格类型理论与 MBTI 测评···························· 190
     四、择偶、学业、事业的关系·· 192
   第二节　大学生恋爱变奏曲中不和谐音符···························· 192
     一、爱情错觉与单恋 ·· 192
     二、亲密关系中的冲突··· 193
     三、亲密关系中的暴力··· 194
     四、爱情的夭折——分手·· 194
   第三节　人生规划中的恋爱与择偶····································· 196
     一、树立正确的恋爱观··· 196
     二、培养爱的能力·· 196
     三、克服爱情中的非适应性观念······································ 197
   第四节　如何建立和发展和谐的亲密关系···························· 197
     一、亲密关系是一个动态的平衡关系································ 197
     二、认识男人与女人——两性差异··································· 198
     三、如何做一个女人心目中的好男人································ 199
     四、如何做一位男人心目中的好女人································ 199
     五、亲密关系的沟通艺术与问题解决································ 201
   第五节　如何对待自己的性能量——大学生性心理健康········ 203
     一、人类的性及性心理的个体发展··································· 203
     二、健康性心理的标准··· 203
     三、大学生性心理的特点·· 204
     四、大学生性心理问题··· 204
     五、大学生性心理健康教育内容······································ 206

第十二章　做网络的主人——大学生网络心理 210
   第一节　网络特征与大学生网络需求的心理特点·················· 212
     一、网络的特征·· 212
     二、大学生网络行为的心理需求······································ 214
   第二节　大学生网络心理问题·· 215
     一、网瘾问题·· 215
     二、网络失范行为问题··· 218
     三、其他常见网络心理问题··· 219

第三节　大学生网络心理问题的调适 ············· 220
　　　一、正确认识网络 ······················· 220
　　　二、学会自律 ························· 221
　　　三、团体心理辅导 ······················· 223
　　　四、改善网络环境 ······················· 223

第十三章　绽放生命心飞扬——大学生生命教育与心理危机应对 ···· 228
　　第一节　生命的本质与意义 ···················· 229
　　　一、什么是生命 ························ 229
　　　二、生命的特征 ························ 230
　　　三、人为什么活着 ······················· 231
　　第二节　生命的价值 ······················· 232
　　　一、珍爱生命 ························· 232
　　　二、尊重生命的神圣 ······················ 233
　　　三、活出精彩人生 ······················· 234
　　第三节　大学生心理危机干预 ··················· 236
　　　一、什么是心理危机 ······················ 236
　　　二、心理危机预警与干预 ···················· 237
　　　三、自杀 ··························· 237

第十四章　你准备好了吗——大学生职业生涯规划 ········· 242
　　第一节　大学生活从规划开始 ··················· 243
　　　一、什么是职业发展与规划 ··················· 244
　　　二、大学生职业发展规划的阶段 ················· 244
　　　三、大学生活对职业发展的影响 ················· 245
　　第二节　为了明天,发展你的能力 ················· 246
　　　一、大学生应具备的职业能力 ·················· 246
　　　二、大学生职业能力培养的方法 ················· 247
　　第三节　完善自我　迎接挑战 ··················· 248
　　　一、大学生就业心理问题 ···················· 248
　　　二、大学生常见的择业心理困扰 ················· 249
　　　三、大学生就业心理的自我调适 ················· 249
　　　四、大学生涯设计与时间管理 ·················· 250

第十五章　创造的力量——大学生创造力开发 ··········· 261
　　第一节　创造力概述 ······················· 262
　　　一、"双创"的含义 ······················ 262
　　　二、创造力与创造性思维 ···················· 263
　　　三、创造性思维的形式 ····················· 264
　　　四、创新思维与创造性人格 ··················· 265
　　第二节　创造力的影响因素 ···················· 267

一、智力水平 ·· 268
　　二、知识 ·· 268
　　三、认知风格 ·· 268
　　四、动机 ·· 269
　　五、技巧 ·· 269
　　六、环境 ·· 269
　第三节　如何提升创造力 ·· 270
　　一、展开"幻想"的翅膀 ·· 270
　　二、培养发散思维 ·· 270
　　三、发展直觉思维 ·· 271
　　四、培养思维的流畅性、灵活性和独创性 ························ 271
　　五、培养强烈的求知欲 ·· 271
　　六、科学思维方法的训练 ·· 272
　　七、头脑风暴法 ·· 274

后记 ·· 278

第一章

一切从"心"开始
——大学生心理健康导论

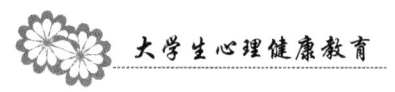

【哲理名言】

世界上最浩瀚的是海洋,比海洋更浩瀚的是天空,比天空更浩瀚的是人的心灵。

——雨果

必须让人们认识到,健康并不代表一切,但失去了健康,便丧失了一切。

——世界卫生组织前总干事马勒博士

【故事点击1-1】

心态的力量

一位心理学家想知道人的心态对行为到底会产生什么样的影响,于是他做了一个实验。

首先,他让10个人穿过一间黑暗的房子,在他的引导下,这10个人皆成功地穿了过去。然后,心理学家打开房内的一盏灯。在昏暗的灯光下,这些人看清了房子内的一切,都惊出一身冷汗。这间房子的地面是一个大水池,水池里有十几条大鳄鱼,水池上方搭着一座窄窄的小木桥,刚才,他们就是从这座小木桥上走过去的。

心理学家问:"现在,你们当中还有谁愿意再次穿过这间房子呢?"没有人回答。过了很久,有3个胆大的人站了出来。其中一个小心翼翼地走了过去,速度比第一次慢了许多;另一个颤颤巍巍地踏上小木桥,走到一半时,竟只能趴在小桥上爬了过去;第三个刚走几步就一下子趴下了,再也不敢向前移动半步。

心理学家又打开房内的另外9盏灯,灯光把房里照得如同白昼。这时,人们看见小木桥下方装有一张安全网,只由于网线颜色极浅,他们刚才根本没有看见。

"现在,谁愿意通过这座小木桥呢?"心理学家问道。这次又有5个人站了出来。

"你们为什么不愿意呢?"心理学家问剩下的两个人。

"这张安全网牢固吗?"两个人异口同声地反问。

很多时候,成功就像通过这座小木桥一样,失败恐怕不是力量薄弱、智力低下。

大学时期是人生发展的重要阶段,是人生的一个重大转折时期和走向社会的过渡时期。它对每一位大学生来说都是一段无法忘却的人生经历和体验,都是人生最重要的一笔经验财富的积累。在这里,大学生开始去独立面对和解决自己人生的难题。当他们扬起风帆,豪情满怀,去实现自己的理想之梦时,发现人生之舟并不是那么容易驾驭。有的人不断调整自我,以积极的心态去迎接新的生活与挑战,去开启美好的人生;有的人却无力适从,茫然失落,以消极的心态对待大学生活,在挑战中败下阵来,出现多种心理问题甚至心理障碍。因此,在大学阶段,培养健康的心理至关重要,它直接关系到每一位学子的成长、发展与成才。

第一章 一切从"心"开始——大学生心理健康导论

第一节 心理健康的含义与标准

一、健康及心理健康的含义

过去人们对健康的理解强调的是身体没有缺陷和疾病,即认为"身体没有疾病就是健康"。随着医学科学水平的提高,人们对精神世界的认识逐渐加深,人类对健康的认识也发生了质的变化。1948年世界卫生组织(World Health Organnization,WHO)成立时,在宪章中把健康定义为:"健康乃是一种在身体上,心理上和社会上的完满状态,而不仅仅是没有疾病和虚弱的状态。"1989年世界卫生组织对健康作了新的定义,即"健康不仅是没有疾病,而且包括躯体健康、心理健康、社会适应良好和道德健康"。

【资料窗1-1】

健康是一株三色花

如果把人间比作原野,每个人都是在这片原野上生长着的茂盛植物,这棵植物会开出美丽的三色花:一瓣是黄色的,代表我们的身体;一瓣是红色的,代表着我们的心理;还有一瓣是蓝色的,代表我们的社会功能。生理健康,当然令人高兴,但无论黄花瓣多么艳丽,也只是这种植物的一部分,红花瓣和蓝花瓣也要怒放,才是生机勃勃的风景。

——毕淑敏

心理健康是指人的心理活动协调和社会适应良好的一种高效而满意的、持续的心理状态,在这种状态下,个体能适应社会,有效地发挥个人的身心潜力和积极的社会功能。

二、心理健康的标准

(一)心理健康的一般标准

心理健康的标准是一个不断发展、变化的概念,心理健康与不健康之间没有绝对界限,目前世界上还没有一个统一的心理健康标准。

美国人本主义心理学家马斯洛(A. H. Maslow)提出了10条被认为是经典的心理健康标准:①有充分的自我安全感。②能充分了解自己,并能对自己的能力做恰当的估计。③生活目标、理想切合实际。④与现实环境保持良好接触。⑤能保持个性的完整与和谐。⑥具有从经验中学习的能力。⑦能保持良好的人际关系。⑧能适度地发泄与控制情绪。⑨在符合团体要求的前提下,有限度地发挥个性。⑩在不违背社会道德规范的情况下,能适当满足个人基本需要。

(二)大学生心理健康的标准

根据我国大学生的心理特征及实际,许多学者认为大学生心理健康标准应包括以下

几个方面:

1. **智力正常** 智力是人的观察力、记忆力、想象力、思考力和操作能力的综合。智力正常是人正常生活、学习和工作的最基本的心理条件,是适应周围环境变化所必需的心理保证。因此,它是衡量一个人心理健康的重要标志之一。大学生智力正常体现在有较强烈的求知欲,乐于学习,积极参与学习活动,充分发挥自我效能和创造力。

2. **情绪健康** 大学生健康的情绪表现为积极愉快的情绪多于负性情绪,乐观向上,富有生机和朝气,对生活充满希望;情绪反应与周围环境相适应;情绪比较稳定,善于控制、调节自己的情绪;能体察别人的情绪,能适当表达自己的情绪。

【资料窗1-2】

快乐的学问

你改变不了环境,但你可以改变自己;

你改变不了事实,但你可以改变态度;

你改变不了过去,但你可以改变现在;

你不能控制他人,但你可以掌握自己;

你不能预知明天,但你可以把握今天;

你不可以样样顺利,但你可以事事尽心;

你不能延伸生命的长度,但你可以决定生命的宽度;

你不能左右天气,但你可以改变心情;

你不能选择容貌,但你可以展现笑容。

3. **意志健全** 意志健全的大学生有明确的学习目的和切合实际的人生,能自觉地做出决定并运用切实有效的方法解决所遇到的问题,坚忍不拔,持之以恒;能正确对待学习、交往、恋爱、择业及生活中出现的各种困难,有责任感和勇于担当,能够承受个人成长中遭遇的各种挫折,并在挫折中学习成长。

4. **人格完整** 人格完整是心理健康的基础和核心要素。人格的各种特征不是孤立存在的,而是有机结合成相互联系的整体,即个人的所想、所说、所做协调一致,具有正确的自我意识。大学生应能够以积极进取的人生观作为人格核心,并以此为中心把自己的需要、愿望、思想、目标与行为统一起来,形成完备统一的人格。

5. **社会适应良好** 社会适应良好个体应与客观现实环境保持良好接触,客观观察以取得正确认识,接受和面对各种现实环境,以有效的办法应对环境中的各种困难;要根据环境特点和自我意识的情况努力调整自身与环境相和谐,在实践中主动地适应和驾驭环境。大学生应在不断变化的社会环境中获得成长和发展。

6. **人际关系和谐** 人际关系和谐是心理健康的重要标准之一,也是维持心理健康的重要条件。心理健康的人表现为:乐于与人交往,能用尊重、信任、友爱、宽容、理解的态度与人和睦相处;能分享、接受和给予爱和友谊;善于交流和沟通;能够包容和接纳他人,保持和谐的人际关系,具有团队协作能力。人际关系和谐的大学生在社会生活中能获得较强的适应能力和较充分的安全感。

7. 自我意识正确 心理健康的人,具有正确良好的自我意识,能够保持自我的和谐与统一。表现在能正确客观地认识自我、评价自我,正所谓"人贵有自知之明";能积极地悦纳自我,既能欣赏自己的优点发挥长处,又能看清自己的缺点并接纳不足;既不自视清高,又不妄自菲薄,不过分苛求自我,不盲目攀比别人;善于调整自我、重塑自我、不断地超越自我,努力发挥自己的潜能。对于大学生而言,超越自我更是终生努力的目标。

8. 心理和行为符合年龄特征 人的心理和行为表现总是随年龄的增长而不断发展、变化的。这种发展和变化具有一些年龄阶段性,并表现出相应的质的特征。处于同一年龄阶段的人的心理和行为表现具有一些共同的特征。一个心理健康的大学生,应具有与年龄和角色相符的心理行为特征。如果严重偏离,就是不健康的表现。

【故事点击1-2】

一个年轻人问智者:我怎样才能成为一个自己愉快、也能使别人快乐的人呢?

智者回答:我送你四句话。

第一句是:把自己当成别人。即当你感到痛苦、忧伤的时候,就把自己当成别人,这样痛苦自然就减轻了;当你欣喜若狂时,就把自己当成别人,那些狂喜也会变得平和些。

第二句话是:把别人当成自己。这样就可以真正同情别人的不幸,理解别人的需要,在别人需要帮助的时候给予恰当的帮助。

第三句话:把别人当成别人。要充分尊重每个人的独立性,在任何情形下都不能侵犯他人的核心领地。

第四句话:把自己当成自己。

年轻人问:如何理解把自己当成自己,如何将四句话统一起来?

智者说:用一生的时间,用心去理解。

(三)正确理解心理健康的标准

1. 心理健康的标准具有相对性。
2. 心理健康状态具有一定的持续性。
3. 心理健康的状态具有连续性。
4. 心理健康的状态具有动态性。
5. 心理健康标准是一个文化的、发展的概念。

第二节 解析大学生心理健康的影响因素

大学生的心理健康受多种因素的影响,概括起来可以归纳为三类:生物学因素、心理因素和社会文化因素。前两者属于个体内在因素,后者是外在环境因素。

一、生物学因素

生物学因素包括遗传因素、理化生物因素、躯体疾病等。随着分子遗传学的深入发展,已经认识到基因影响行为。虽然心理活动不能遗传,但基因在神经系统分化发育过程中的表达,可影响躯体、智力、气质、神经过程的活动特点,从而影响人的行为。躯体疾病如内分泌、营养、代谢、血液、结缔组织等疾病,由于影响了脑和内分泌的功能也可以引起各种心理障碍。

二、心理因素

心理因素主要涉及认知、情绪、意志和人格等方面。当代大学生面对多种选择的同时,也面对着多种压力和冲突,个体能够正确地认知压力、应对挫折,是一个人心理健康的重要标志。同样的挫折事件,不同的人会有不同的情绪和行为反应,最终的结果不同,原因不在于事件本身,而在于当事者对于事件的认知、评价和应对方式的选择。积极的情绪和健康的应对方式是将精神能量向外转移到具有建设性的积极行为上的,这样可以减少对身体和心理的损害。

【资料窗1-3】

双生子人格相关性研究

双生子的研究被许多心理学家认为是研究人格遗传因素的最好办法,并提出了双生子的研究原则:同卵双生子既然具有相同的基因形态,那么他们之间的任何差异都可归于环境因素造成的。而异卵双生子的基因虽然不同,但在环境上有许多相似性,如出生顺序、母亲年龄等,因此也提供了环境控制的可能性。系统研究这两种双生子,就可以看出不同环境对相同基因的影响,或者是相同环境下不同基因的表现。

艾森克(Eysenck,1985)指出:在同一环境中成长的同卵双生子,其外向性的相关为0.61,而分开在不同环境下成长的同卵双生子,其外向性的相关为0.42;异卵双生子的外向性相关为0.17。在神经质方面也有同样的发现,在相同环境中成长的同卵双生子其相关为0.53,在不同环境中成长的同卵双生子的相关为0.138,而异卵双生子的相关为0.11。由于同卵双生子在外向性和神经质方面的相关显著高于异卵双生子,说明遗传因素在人格形成中有重要作用;由于在相同的环境下成长的同卵双生子,其外向性和神经质方面的相关均高于在不同环境中成长的同卵双生子,说明环境在人格的形成中也起着重要作用。

三、家庭与社会文化因素

有研究表明家庭因素是影响个体心理健康不可忽视的重要方面。尤其是个人早期的不良经历,如父母离异或死亡,家人关系紧张和情感淡漠,家庭教养方式不当,家庭生活中的重大变故等都有可能造成家庭成员的心理行为异常。

第一章 一切从"心"开始——大学生心理健康导论

学校是大学生的学习和生活的场所,学校的环境包括文化环境、师生关系和同伴关系,以及教育理念、教育方式和质量等都直接影响大学生心理健康。多年来我国的教育模式单纯追求考试成绩,忽视学生整体素质的培养和人格的完善,带来一定的弊端。

目前各级政府和有关部门高度重视大学生心理健康教育,下发了一系列文件,如《教育部办公厅关于印发〈普通高等学校学生心理健康教育工作基本建设标准(试行)〉的通知》(教思政厅〔2011〕1号)等,明确要求各高校要根据学生心理健康教育的需要,组织实施相应的教育教学活动,保证学生在校期间普遍接受心理健康课程教育。

【资料窗1-4】

孩子在他们的生活环境里学习

如果孩子生活在指责中,他学会责备;
如果孩子生活在仇视中,他学会争斗;
如果孩子生活在恐惧中,他学会害怕;
如果孩子生活在怜悯中,他学会自馁;
如果孩子生活在嘲笑中,他学会羞愧;
如果孩子生活在妒忌中,他学会嫉恨;
如果孩子生活在羞辱中,他学会自卑;
如果孩子生活在鼓励中,他学会自信;
如果孩子生活在宽容中,他学会厚道;
如果孩子生活在表扬中,他学会赞赏;
如果孩子生活在接纳中,他学会友爱;
如果孩子生活在肯定中,他学会自珍;
如果孩子生活在赏识中,他学会立志;
如果孩子生活在共享中,他学会慷慨;
如果孩子生活在诚实和公正中,他学会什么是真理和正义;
如果孩子生活在安全中,他学会信任自己和他人;
如果孩子生活在挚爱中,他学会热爱我们所生存的这颗地球。

——Dorothy Law Nolte

在人所生活的社会文化环境中,其经济状况、价值观念与社会制度等也随时影响着大学生的心理健康。目前,我国正处于社会转型期,社会的巨变、生活节奏的加快、竞争压力的增大、价值观念的多元化,无形中增加了人们的心理压力。而大学生又正处于生理和心理的不稳定时期,使得他们的心理活动更为复杂多变,压力感和紧迫感更为强烈,对心理健康的威胁也越来越大,容易导致心理失衡。此外,有些大众传播媒介的"三俗化"无疑也会对大学生的思想和行为带来消极影响,网络是一把双刃剑,在它带来高效率的生活方式的同时,其负面的作用,有可能造成大学生人际交往障碍、情感冷漠甚至网络成瘾,阻碍大学生身心的健康发展。

第三节　大学生心理特点及常见心理问题

近年来,大学校园里触目惊心的恶性事件不断发生,当代大学生的心理健康问题引起社会各界的广泛关注。许多学者采取各种方法对大学生的心理健康状况进行了调查研究,结果表明,虽然我国大学生心理健康是主流,但并不尽如人意。有资料表明,心理健康状况不佳者呈上升趋势,20世纪80年代中期,有心理问题的大学生占23.25%,90年代上升到25%,近年已达到30%。心理健康问题是造成大学生休学、退学、自杀的主要原因。据北京市16所院校调查分析表明,因心理疾病休学、退学人数分别占因病休学、退学人数的37.9%和64.4%。在因心理疾病休学、退学的学生中,神经症患者分别占76.1%和54.8%。2015年的一项对高校本科生的心理健康状况调查,同样检测出大约三分之一的大学生面临心理问题的困扰,尤其是大四高年级学生的躯体化和抑郁指标显著高于低年级学生。

一、大学生心理特点

(一)自我意识增强但不成熟

青年大学生随着对外界认识的不断提高,生活经验的不断丰富,更加关注自己的内部世界,迫切要求了解自己和发展自己。但由于他们生活阅历有限,社会实践能力不强,造成了自我意识在自我认知、自我体验等方面出现偏差,表现出消极的一面,或自以为是以自我为中心,或过度排斥和拒绝自我。

(二)抽象思维迅速发展但易主观片面

大学生的认知能力获得了长足的发展。思维能力增强,逻辑抽象思维逐步占主导地位,思维的独立性、批判性、创造性都有显著提高。但他们抽象思维的水平并没有达到完全成熟的程度,思维品质发展不平衡,思维的广泛性、深刻性发展较慢,尤其在运用唯物辩证法观点和理论联系实际观点看问题时显得理性不足。

(三)情绪情感日益丰富但波动性较大

大学时代是体验人生情绪情感最强烈的时期。他们富于理想、兴趣广泛,朝气蓬勃、敢想敢干,自我意识增强,社会性需要发展,形成了丰富、复杂而又愈益深刻的情感世界。但大学生情绪情感的表现具有跌宕起伏、波动性大的特点,甚至表现为两极性。他们不善于处理情感与理智的关系,不善于调控自己的情绪,易于偏激,走向极端。

(四)大学生意志水平增强但不平衡

大学生意志品质有了明显提升,但尚不平衡、不稳定。突出特点是:自觉性有很大提高,但惰性不同程度地存在;理智感增强,但自制力仍显薄弱;有毅力但耐受挫折的能力却相对不足;独立性明显提高,但仍有依赖性;果断性增强但带有盲目性和冲动性。

(五)渴望交往但心理闭锁

大学时代是既渴望友情又寻求孤独的时代。大学生的成人感、独立感骤然增强,交往欲望强烈,有强烈的自尊心,他们需要社会的理解、信任和接纳,需要在交往中展现自己的才能,也需要得到他人的友谊与帮助。但是他们自己并不愿向别人过多透露自己的思想感情,甚至对自己的父母也会保持一定的心理距离。这种心理闭锁性常使大学生深感孤独。

(六)爱情需要和性意识发展但易产生心理冲突

性功能的成熟促使大学生性意识的觉醒,越来越强烈地产生对异性的爱慕之情,他们渴望与异性交往,追求美好的爱情。大学生谈恋爱已经成为当今大学校园里一道风景线,但不少大学生尚未形成稳固的道德感和恋爱观,心理不够成熟,自控和自制的能力有限,性的生物性需求与性的社会性要求的矛盾使不少学生感到不安和压抑,表现出明显的心理冲突。恋爱能使大学生学会责任、关心、担当、分享,对个体一些个性因素和社会情感的发展有重大意义,但是部分大学生的恋爱也会陷入各种误区,遭受挫折,产生心理行为问题。

二、大学生常见心理问题

大学生常见的心理问题主要是发展中的问题,常表现在以下几个方面。

(一)环境适应问题

从中学进入大学是人生的一个重要转折。刚进入大学校园的新生在面对新的生活环境、新的生活方式、新的人际关系、新的学习特点等都需要一个适应过程,需要独自面对和解决一系列问题。同时,大学生活的现实与他们的理想可能会有差距,如学校没有想象中那样完美,专业没有想象中那样理想,学习没有想象中那样轻松,人际关系没有想象中那么容易相处,自己没有在中学时那样出类拔萃等,都有可能引发各种心理问题和困惑,心理学上将这一时期称之为"大学新生心理失衡期"。

【案例1-1】

> 某女生,19岁,大学一年级新生。中小学时成绩优秀,高考时没考上自己理想的学校。经常抱怨现在学校环境不好,学习气氛不好。很羡慕以前一起考大学的朋友都去了好的本科院校。和宿舍同学的关系也不好,没有新朋友。入校后一直不想学习,也学不进去,可又担心自己功课考不好,感觉很烦恼、很痛苦。

(二)人际交往问题

大学生有强烈的交往需要,渴望更多的人能理解自己,建立友谊。然而,面对来自四面八方的同学,地域、文化的差异,生活经历、家庭背景的差异,个性、生活习惯的差异,使得他们不知该如何去理解和对待。许多大学生不懂得怎样去交往和沟通,不懂得怎样去互助、分享和共处,导致相当数量的大学生出现人际孤独、人际冲突,甚至社交恐惧等问题。常听到学生感叹:"找不到知心朋友,感到好孤独。"有的学生对网络产生依赖,在虚拟的世界里寻找慰藉。

【案例1-2】

某重点大学大二男生,来自农村,性格内向。高中成绩较好,深受老师喜欢。上大学后,高中的朋友很少联系了,关系也淡了许多。不怎么与同学主动交流,一直使用地方语言,和宿舍同学交往不太好。觉得同学瞧不起他,感到很孤独、很自卑。最近几周他根本不想待在寝室,觉得自己与人相处很失败,现在就连和同学交往都有些害怕了。晚上经常失眠,伴有食欲减退,无法安心读书,心里非常痛苦。

(三)学习心理问题

进入大学,从基础教育转向专业教育。与中学相比,学习特点、学习方式发生了很大变化,对学生的自主学习能力、自我管理能力的要求更高,大学生在学习方面的心理问题常表现在学习目标不明确,学习动力不足,学习计划性和自主学习能力欠缺。同时,由于大学学习压力和竞争增加,大学生需要面对考试的压力,各种各样考证的压力,还有考研的压力,会引发学生的焦虑抑郁情绪,出现各种心理问题。

【案例1-3】

某来自山区的女大学生,家庭经济困难,中学学业成绩一直很优异。上大学后,学习成绩一直不理想,整日郁郁寡欢,每天熬夜学习,没有其他兴趣,也很少与同学交往和参加集体活动。感觉压力很大。之后她出现情绪低落、记忆力减退、头痛、失眠等症状。如今她开始对自己丧失信心,觉得活着没意思。

(四)恋爱与性心理问题

爱情是校园里一道亮丽的风景线。爱情是最娇艳也是最棘手的玫瑰花,它在带给大学生美好的同时,也使许多学生经历着与恋爱和性有关的各类问题的困扰。有的人不懂得怎样与异性交往,有的人陷入不正确的恋爱关系无法自拔,有的人因恋爱受挫而因爱生恨,有的人因失恋而悲伤抑郁,有的人因性冲动而不计后果。由于当今社会价值观的多元化,大学生恋爱观念的混乱和不成熟,恋爱有轻率化的现象,强调爱的享受,爱的权利,但缺乏爱的能力和责任,以致出现各种心理问题,甚至导致悲剧的发生。

【案例1-4】

某大四男生,23岁,从大二开始,就喜欢上学生会里的一位女生,但不敢向她表白,怕被她拒绝。最痛苦的是不知道她喜不喜欢自己。每次和她在一起,该男生总是小心翼翼,生怕说错一句话,做错一件事。她快乐的时候,自己也很高兴;她烦恼的时候,自己也会不开心……虽然后来她身边有了另外一位男生,但每次看见她,该男生都会心跳加速。虽然知道这样只是徒增烦恼,但烦恼过后还是想见她。

(五)求职择业问题

就业制度的改革,为大学生择业提供了更多的机会,大学生"自主择业"的权利增加,但同时"双向选择"又增加了大学生择业就业的难度,毕业可能会意味着失业。目前,大学生就业难成为社会的一大突出问题,也成为大学生必须面对的难题。如何规划自己的学业和职业发展,在竞争压力重重的现实环境中脱颖而出,成功就业,为今后的发展奠定良好的基础,这对大学生提出了更高的要求。在就业压力之下,部分大学生有可能会出现更多的迷茫、困惑、过度担忧,或缺乏自信、眼高手低,甚至出现严重焦虑情绪和逃避社会。

【案例1-5】

梁鹏是电影学院导演系的研究生,个子高高的,长得也很帅,但几年下来他有一个很悲观的想法:做导演需要出名,而真正出名的导演又有几个呢。而且自己家是外地的,从本科到研究生路走来实在太累了,要协调各方面的关系,这种压力压得他喘不过气来。最终,他办理了退学手续。学校的老师、同学无不为他惋惜。

(六)其他心理问题

主要表现有:贫困大学生不仅面临经济上的物质贫困,常常还处于不快乐、狭隘、愤怒、嫉妒、恐惧、焦虑等消极心理心态,不利于自身的健康成长和全面发展;消费上的求异心理,盲目跟风、功利主义、享乐主义、浪费攀比心理;大学生网络成瘾问题,中科院心理研究所在全国13所高校的一项调查显示,大约80%中断学业的大学生都是因为网络成瘾;大学生心理危机问题等。

第四节 心理健康教育与大学生全面发展

心理健康与一个人的成长和成才关系重大,是大学生全面发展与成才的基础。

一、心理健康是大学生全面发展的基础

有人说:只有优异的成绩,却不懂得与人交往,是个寂寞的人;只有过人的智商,却不懂得控制情绪,是个危险的人;只有超人的推理,却不了解自己,是个迷惘的人。

一个拥有健康心理的大学生有能力去获取积极的能量,挖掘自身潜能,发挥自身能力,应对各种各样的压力与挑战,走向更高层次的发展。

【故事点击1-3】

成长的寓言:做一棵永远成长的苹果树

一棵苹果树,终于结果了。第一年,它结了10个苹果,9个被拿走,自己得到1个。对此,苹果树愤愤不平,于是第二年,它只结了5个苹果,4个被拿走,

自己得到 1 个。"哈哈,去年我得到了 10%,今年得到 20%! 翻了一番。"这棵苹果树心理平衡了。

但是,它还可以这样:继续成长。譬如,第二年,它结了 100 个果子,被拿走 90 个,自己得到 10 个。

很可能,它被拿走 99 个,自己得到 1 个。但没关系,它还可以继续成长,第三年结 1000 个果子……

其实,得到多少果子不是最重要的。最重要的是,苹果树在成长! 等苹果树长成参天大树的时候,那些曾阻碍它成长的力量都会微弱到可以忽略。真的,不要太在乎果子,成长是最重要的。

心理健康和幸福有着必然的密切的联系。健康的心理带给人乐观向上的人生态度和具有感受幸福的能力。哈佛大学教授本·沙哈尔说:"一个幸福的人,必须有一个明确的、可以带来快乐和意义的目标,然后努力去追求。真正快乐的人会在自己觉得有意义的生活方式里,享受到它的点点滴滴。"心理健康的人能够理解幸福的真谛,理解自己内心真正的需求,体会到幸福的滋味。

心理健康的人对于人生无论是挫折与成功,还是灾难与幸运,都会看作是一种经历、一种拥有。在痛苦时,懂得怎样去排遣、去疏解、去求助;在困难时,懂得怎样去面对、去战胜、去成长、去收获;在成功时,懂得怎样去冷静对待、去发现不足、去调整自我、明确新的方向。快乐是一种选择,你想选择快乐,你就能找到快乐的地方。即使遇到最糟糕的事情,你也可以从中找到值得庆幸的理由。对一个消极的人来说,即使事情再好,他也会"瞄准"事情不好的一面,自怨自艾,怨天尤人。人生的缺憾何尝不也是一种美丽? 因为有痛苦,人才能更多地体会到快乐的甘甜。因此,拥有正确认知自我的能力和健康的心理才会拥有幸福的人生。

【资料窗1-5】

幸福的 10 大要素

一是必须拥有健全的身体和健康的体魄,这是幸福的基石。

二是切合实际的目标和期望,这是幸福进入无限循环的内在驱动力。

三是自尊,这是幸福的支架。

四是控制感情,这是幸福的规则。

五是乐观,这是幸福的源泉。

六是豁达,这是幸福的开阔地。

七是益友,这是幸福的开心果。

八是合群,人缘好,幸福自会来。

九是挑战性的工作和活动性的消遣,这样的一张一弛,才会有幸福的交替出现。

十是团队意识,这是幸福的蓄水池。

二、心理健康是人生的财富

"如果一个人拥有金钱、美貌、智慧、事业他就相当于有了四个0,如果他同时拥有健康,那他将拥有的是10 000,可是如果没有健康,那么他所拥有的不过是四个0……"

获得财富是人人都向往的乐事,但认识财富的价值需要有精神的视角、心灵的积累和智慧的选择。有些人在追求名利、地位、钱财的过程中,常常感到"活得很累",其实不是劳累,而是在心理上跟自己过不去。有位私营业主腿有残疾,然而他身残志不残,经过自己十几年的奋力拼搏,终于成了闻名遐迩的雕塑家和经营雕塑精品的大老板。当有人对他说:"你如果不是残疾,恐怕会更有出息的。"不料,他却淡然一笑,说:"你说得也许有道理,但我并不感到遗憾,因为我如果没有患小儿麻痹症,我肯定早就下地当了农民,哪有时间坚持学习,能掌握一技之长呢?从这个意义上说,我应该感谢上帝给了我残缺的身体,同时也给了我坚强的生活信念和立志成才的勇气。"

三、心理健康助你走向成功

卡耐基说:"一切的财富与成功皆源于健康的心态。"人生就像一次航行,要使自己的一叶扁舟顺驶,就要让它有适当承载,否则,轻则有可能被风浪阻滞,重则可能被压沉没。现代社会充满挑战也充满机遇,对大学生而言,当今时代比以往任何时代更需要良好的心理素质。在日益复杂的环境中,大学生要学会清晰地认识自我,接受客观现实,做出适合自己的正确抉择,找准目标,拨正航向。纵观许多成功人士,莫不具有超常的毅力,健全的人格,理智的头脑,良好的人际关系,克服困难的勇气、信心和能力。因此健康的心理是实现理想的助推器,是走向成功的阶梯。

【活动天地】

相逢与相识

给大家1分钟的时间,在这1分钟,每一个人都要在教室内自由走动。走动时,尽量去跟其他同学握手,握手的同时,跟对方说"您好"。1分钟后,老师喊停。喊停时,每个学生对面或正在握手的人就成了一个2人小组。

老师让所有"对子"(2人小组手拉手)在教室内自由漫步,见到其他同学的时候,微笑着跟他们说"你们好"。

自由走动1分钟后,老师喊"停"。喊停时各个小组要迅速跟最靠近自己的小组合并,拉上手,形成4人小组。

再次让各个4人小组自由漫步,喊停后再次跟另一个4人小组合并,变成8人小组。

8人小组,找到地方坐在一起,自由交谈3分钟,推选出组长。

讨论组名、小组口号、小组契约、违反规定的惩罚措施等内容写在纸上。

每一小组组长汇报小组的组名、口号和契约等,并请小组成员在上面写上自己的班级、学号。

【测测你自己】

大学生人格健康量表(UPI)

指导语:以下问题是为了了解您的健康状况并为了增进您的身心健康而设计的调查。请按题号的顺序阅读,在您最近一年中常常感觉到、体验到的项目上画"√"。请您真实选择。

序号症状表现选项

1 食欲不振
2 恶心、胃口难受、肚子痛
3 容易拉肚子或便秘
4 关注心悸和脉搏
5 身体健康状况良好
6 牢骚和不满多
7 父母期望过高
8 自己的过去和家庭是不幸的
9 过于担心将来的事情
10 不想见人
11 觉得自己不是自己
12 缺乏热情和积极性
13 悲观
14 思想不集中
15 情绪起伏过大
16 常常失眠
17 头痛
18 脖子、肩膀酸痛
19 胸痛憋闷
20 总是朝气蓬勃的
21 气量小
22 爱操心
23 焦躁不安
24 容易动怒
25 活着没意思
26 对任何事都没兴趣
27 记忆力减退
31 为脸红而苦恼
32 口吃声音发颤
33 身体忽冷忽热
34 注意排尿和性器官
35 心情开朗
36 莫名其妙地不安
37 一个人独处时感到不安
38 缺乏自信心
39 办事畏首畏尾
40 容易被人误解
41 不相信别人
42 过于猜疑
43 厌恶交往
44 感到自卑
45 杞人忧天
46 身体倦乏
47 一着急就出冷汗
48 站起来就头晕
49 有过失去意识、抽风
50 人缘好受欢迎
51 过于拘泥
52 对任何事情不反复确认就不放心
53 对脏很在乎
54 摆脱不了毫无意义的想法
55 觉得自己有怪气味
56 别人在自己背后说坏话
57 总注意周围的人

第一章 一切从"心"开始——大学生心理健康导论

28 缺乏耐力	58 在乎别人视线
29 缺乏决断能力	59 觉得别人轻视自己
30 过于依赖别人	60 情绪易被破坏

UPI 的 60 个问题中除 4 个测伪尺度(第 5、20、35、50 题)不计分外,其余 56 个问题画"√"的题记 1 分。测验完毕后得出总分。UPI 最高分为 56 分,最低分为 0 分。

【成长感悟】

进入大学以来,困扰你的问题有哪些?请根据困扰程度从小到大列出 3~5 条,并想想这些问题给自己带来了哪些影响。

【好书推荐】

1.《我们都曾受过伤,却有了更好的人生》,梅格·杰伊博士,中信出版集团

父母离婚,亲人离世,酗酒或成瘾,家庭暴力,冷暴力,校园欺凌,各种程度的虐待,等等。数据显示,有 75% 的人曾经历过童年创伤。这些经历对于经历者的影响是持续的,会影响他们成年后的性格、亲密关系、亲子关系、社交以及生活工作的各个方面。

作者剖析了那些"超级常人"是如何应对童年创伤对自己的影响的。梅格博士在书中指出,战胜创伤并不是那么容易的事情,即使是那些"超级常人"一路走来也是充满了各种艰辛,但尽管如此,只要我们对未来怀有积极预期并为之努力,辅以有效的应对方法,我们终将可以爬出童年创伤的泥潭。这本书将会给那些曾经经历过童年创伤的人带来巨大的心理认同。

2. 幸福五部曲:《持续的幸福》《真实的幸福》《活出最乐观的自己》《认识自己、接纳自己》《教出乐观的孩子》

马丁·塞利格曼,"积极心理学之父"。塞利格曼不再关注传统心理学注重的"如何减轻人们的痛苦",专注于如何建立人们的幸福感,并让幸福感持续下去。在书中,塞利格曼具体阐释了构建幸福的具体方法。他提出,实现幸福人生应具有 5 个元素(PERMA),即要有积极的情绪(positive emotion),要投入(engagement),要有良好的人际关系(relationships),做的事要有意义和目的(meaning and purpose),要有成就感(accomplishment)。PERMA 不仅能帮助人们笑得更多,感到更满意、满足,还能带来更好的生产力、更多的健康,以及一个和平的世界。

【参考文献】

[1]百科全书.简明不列颠百科全书[M].北京:中国大百科全书出版社,1985.
[2]王晓辉,吕萌,赵帅翔,等.兰州市城镇居民亚健康状况及影响因素[J].中国健康心理学杂志,2020,28(07):961-966.

[3]周明洁,陈杰,王力,等.人格有多少是遗传的:已有的证据与未来的取向[J].科学通报,2016,61(09):952-957.

[4]吴霞.改革开放以来大学生心理健康教育研究[D].重庆:西南大学,2015.

[5]黄和,蒋阳,郭江森.大学生心理健康研究调查报告[J].现代交际:下半月,2015(5):123-124.

[6]郭可.高校大学生心理健康的现状分析及对策研究[D].武汉:武汉工程大学,2015.

[7]陈雪飞.大学生自主学习能力与心理健康的相关研究[J].校园心理,2015,13(02):79-82.

[8]樊富珉,王建中.当代大学生心理健康教程[M].武汉:武汉大学出版社,2006.

[9]王佳利.积极心理学视角下提升高职贫困生心理健康有效路径研究[J].内江科技,2020,41(06):127-129.

[10]张璟.当代大学生消费价值观分析[J].现代交际,2020(07):112-113.

[11]吴亚子.近年我国大学生心理危机干预研究的进展及存在问题[J].教育评论,2015(07):98-101.

[12]王莉,蔡敏.大学生情绪智力与心理健康、英语成绩的关系[J].中国健康心理学杂志,2015,23(03):412-415.

[13]李小玲,司丽静.大学生心理健康教育教程:健康心理,阳光人生[M].成都:电子科技大学出版社,2020.

[14]郝颖.新时代大学生心理健康教育创新的现实难题与对策[J].教育与职业,2020(09):107-111.

[15]张雪峰,赵颖.基于大数据时代的大学生心理健康教育问题及对策研究[J].才智,2020(11):78.

[16]胡象斌,吴量.大学生心理健康教育:自我成长与发展[M].西安:西北工业大学出版社,2017.

[17]李文敏.浅谈高校思想政治教育和心理健康教育的有效融合[J].高教探索,2017(S1):161-162.

[18]秦自洁.论当代大学生心理健康状况及教育对策[J].教育与职业,2009.(12):85-86.

[19]BOHNENKAMP J H,STEPHAN S H,BOBO N. Supporting student mental health:the role of the school nurse in coordinated school mental health care[J]. Psychology in the Schools,2015,52(7):714-727.

[20]LI J. Instructional Research on Mental Health Education for College Students from the Perspective of Positive Psychology[J]. Psychology,2020,11(1):49-53.

[21]TAUBMAN D S,SALAZAR L,SALAZAR S,et al. The Michigan Bright Nights Community Forum Series:a 10-Year Experience with Public Mental Health Education[J]. Academic Psychiatry,2019,43(2):235-238.

第二章

人生新起点
—— 适应大学新生活

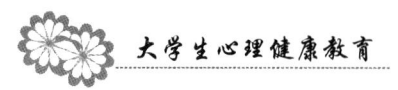

【哲理名言】

理智的人使自己适应这个世界;不理智的人却硬要世界适应自己。

——乔治·萧伯纳

智慧的本质就是适应。

——让·皮亚杰

当我们不再反抗那些不可避免的事实之后,我们就会节省下精力,创造一个更丰富的新生活。

——卡耐基

【案例2-1】

小华是来自南方一个城市的女生,从小到大受父母呵护备至,中小学期间,常规的作息安排、学习计划执行、结交好友等所有的方面都由父母来决定。小华虽然觉得有些困扰,但在大学之前并无力改变生活状态,也未向父母表示过有束缚感,只是在填报考高志愿时默默地填报了一所离家非常遥远的北方高校。初次离开父母,小华感受到了期盼已久的自由,兴奋不已。可没过多久,问题就来了:她不知道该结交什么样的朋友,不知道该如何支配生活费用,不知道该怎么安排课余时间,不知道该怎么度过假期。开始小华还会求助于室友,可后来发现室友并没有出现她这些困难,她就不再询问了。而且,她也不太能接受室友的一些生活习惯,甚至因为一些衣物晾晒的小事情经常与室友闹矛盾。因为很多时候与室友步调不太一致,她时常觉得很难过,认为人情悲凉、大学生活不如意,加上北方气候干燥,冬季较长,也使她的情绪十分不好,她经常无缘无故地发脾气或者情绪低落。

这个案例对于许多大学生来说并不陌生,经过激烈的竞争终于跨进大学校园,这是他们人生中一个重大转折点。他们带着美好的憧憬而来,却发现大学并不是如心中一般的完美乐园和天堂。校园环境是陌生的,人际关系是复杂的,管理模式是全新的等等。一系列问题使他们面临多方面的变化和挑战。迷惘、困惑、无助、无奈,甚至无聊等不良情绪时时涌来,这种不适应的感觉会对大学生校园生活的各个方面都会产生不良影响,甚至会影响到个人的成长与发展。作为大学生,入学后的第一件事情就是要正确认识这个新环境——大学校园,并努力去适应这些新的变化。

第一节 适应心理概述

"物竞天择,适者生存",这是自然界和人类社会的永恒法则。适应是人生存和发展的基本能力。当莘莘学子怀揣着梦想与追求,带着亲人的嘱托和期望,步入大学校园,开始人生新的征程时,他们会发现面临着许多个"第一次":第一次不再由父母安排生活和

第二章 人生新起点——适应大学新生活

学习中的一切;第一次自己管理自己、安排自己的生活;第一次独立参与团体和社会生活;第一次有足够的自由处理生活和学习中遇到的各类问题、支配所有属于自己的时间;第一次开始追逐自己的理想、兴趣……这许许多多的第一次给同学们带来了新奇,也带来了迷惘和困惑。同时,他们会发现,大学校园有时并非自己想象的那么美好,也会有失落、郁闷和彷徨。如何适应大学新生活,是大学新生们首先要解决的问题。

一、适应的含义

适应是指个体通过不断做出身心调整,与现实生活环境维持一种和谐统一的良好生存状态的过程。这一定义包含两层意思:其一,是指个体在与环境相互作用的过程中发生改变的过程;其二,是指个体与环境关系的一种适宜、和谐的状态。适应的概念揭示了个体生存和发展与环境(包括自然环境和社会环境)之间的关系。

个体的适应一般通过两个途径:一是个体自身做出了改变,以适应环境;二是影响环境、能动地改造环境以适合自身的需要,促进人与环境的良性互动。

个体与环境相互作用的过程,也是心理适应能力不断增强的过程。良好的适应能力不仅包括个体通过心身调整能使自己生存和发展的需求得以满足,而且包括个体满足需求的行为符合社会要求和规范。

【故事点击2-1】

有一个人在社会上总是落魄,不得意,便有人向他推荐去找了智者。

智者沉思良久,默然舀起一瓢水,问:"这水是什么形状?"这人摇头:"水哪有什么形状?"智者不答,只是把水倒入杯子,这人恍然大悟似的说:"我知道了,水的形状像杯子。"智者没有回答,又把杯子中的水倒入旁边的花瓶,这人又说:"我又知道了,水的形状像花瓶。"智者摇头,轻轻提起花瓶,把水轻轻倒入一个盛满沙土的盆。清清的水便一下溶入沙土,不见了。这人陷入了沉思。

智者低身抓起一把沙土,叹道:"看,水就这么消逝了,这也是一生!"

这个人对智者的话咀嚼良久,高兴地说:"我知道了,您是通过水告诉我,社会处处像一个个规则的容器,人应该像水一样,盛进什么容器就是什么形状。同时,人还极可能在一个规则的容器中消逝,就像这水一样,消逝得无影无踪,而且一切无法改变!"这人说完,眼睛紧盯着智者的眼睛,他急于得到智者的肯定。

"是这样,又不是这样!"说毕,智者出门。在屋檐下,智者蹲下身,手在青石板的台阶上摸了一会儿,然后顿住,这人把手指伸向刚才智者手指所触之地,他感到有一个凹处。他迷惑,他不知道这本来平整的石阶上的"小窝"藏着什么玄机。

智者说:"一到雨天,雨水就会从屋檐落下,看,这个凹处就是水落下长期打击造成的结果。"

此人遂大悟:"我明白了,人可能被装入规则的容器,但又像这小小的水滴,改变着坚硬的青石板,直到破坏容器。"

智者说:"对,这个窝会变成一个洞!"

这个人答:"那么,我找到答案了!"

智者不语,用微笑和沉默与这个人对话。这人离开了智者,重新回到了社会,他用行动与智者对话。这世间又多了一个充满活力的人。

二、适应与发展的关系

适应是个人与环境的互动关系。个体在与环境相互作用的过程中,通过不断调整自我身心状态,使身心与现实环境保持和谐一致,从而达到认识环境、改造环境、发展自我的目的。根据适应的效果可将适应分为消极适应和积极适应两种。如:小A同学进入大学后,早起上课有些困难,总是上课迟到,结果被老师发现进行批评和惩罚,小A被罚后按时上课进行消极适应;当然小A也可以积极适应,采用自行设定闹钟方法积极改变。

发展和适应是辩证的统一,适应是为了发展,发展是适应的一种结果,可以说,动态的、积极的适应就是发展。由于环境总在不断地发展变化,个体在不断地成熟,所以适应总是暂时的、相对的,而发展是绝对的。个体就是不断地通过适应—发展—再适应—再发展,促使自己的心理不断地成熟,从而驾驭新的环境。

三、适应与心理健康的关系

心理适应与心理健康之间存在着密切的关联。一方面,心理适应是心理健康的结果和外在表现;另一方面,心理健康又是心理适应的重要基础和保证。换言之,只有心理健康的人,才能在适应能力上达到较高的水平;同样,具有较强适应能力的人,其心理健康水平也一定较高。这种关系使得心理适应能力的发展与培养问题,必然会成为心理健康教育研究的一个重点问题。

【案例2-2】

2005年9月9日晚上,广州某大学一名入学仅一周的新生,因"饭菜不合胃口、不能忍受这种生活",从学校的七楼纵身跳下,当场殒命。他的一名同学回忆说,跳楼前他曾经抱怨"饭菜不合胃口,衣服也不会洗,不太适应这种生活"。9月9日上午,其父母特意从老家来到学校,准备在附近租套房子陪读。和儿子一起吃晚饭时,她告诉儿子,因租金太贵,她不在附近租房子了,但会每天从家里做好饭菜送过来。当时儿子十分失望,吃完饭后,儿子说要回宿舍。到了晚上7点多钟,就跳楼自杀了。

从以上真实案例可以看出,进入大学的新生如果不能很好地适应学校的新环境,容易由此引起心理上的焦虑感、疲倦感、无聊感等和行为上的不良症状。适应能力的欠缺除了对学生的心理健康产生消极影响,严重者可能危及人的生命。因此,帮助广大学生积极地适应大学新生活,提高心理健康水平具有重要意义。

四、大学生适应与发展的任务

联合国21世纪教育委员会提出21世纪教育的四大支柱是："学会认知,学会做事,学会学习,学会生存。"在此基础之上,结合我国的实际情况,我国学者对大学生的适应与发展提出了"四个学会":学会做人,学会做事,学会共处,学会学习。

(一)学会做人

学会做人是"四个学会"中的关键和核心,也是教育的目的和根本。一位哲人说过:不会做人,不会学习的人是个废品;会做人不会学习的人,是不合格产品;会学习,不会做人的人是危险品。学会做人,这是每一个人都要面对的问题。不管你拥有多少知识和财富,如果不懂得做人的道理,那你就不会获得真正的成功和幸福。一个人如果只是有知识,有财富,有地位,但不懂得做人的道理,最终可能不会成为受人敬仰的模范榜样,而成为历史的罪人。

学会做人,对于个人来说,不是一时一事之功,而是一生中时时刻刻、事事处处都要面对的课题和考验。活到老,学到老,是一辈子的事情。从现在做起,从一点一滴、一言一行做起,逐步养成文明礼貌、团结互助、诚实守信、勤俭节约、热爱劳动的良好品德。

(二)学会做事

做事和做人二者是内在统一的,没有先后之分,做人是主导,做事是基础。人的各种素质,只有在做事中才能形成,因此做人先做事。人的本质,只能在做事中才能展开;人的潜能,只能在做事中才能开发;人的能力,只有做事中才能发挥;人的成就,只能在做事中才能取得;人的梦想,只有做事中才能实现。没有做事,做人没有根基;做事是我们立身成人之本。我们懂得做事,就永远有可以付出的资本。做事越多,付出越多,收获越大;懒惰越多,收获越小。人生就是由这样一种惯性趋势操纵着,我们用什么样的态度对待做事,这种惯性趋势就会像滚雪球似的,越滚越大。只要我们养成做事的习惯,我们就会拥有越来越多的贡献社会、造福社会的资本。

做事与做人是不一样的。做人,看态度,靠道德;做事,看能力,靠本领。要提高做事的本领,应具备分析问题、解决问题和独立办事的能力。能独立提出问题与创新解决问题是培养科学精神、创新能力的必要途径,这也是改变学生高分低能的一个有效途径。合作并不等于依赖,依赖他人的人永远不会成功。成功者需要自信,自强和自立。在具有这种能力的基础上再与他人合作才有意义。

(三)学会与人相处

亚里士多德曾说:"能独自生活的人,不是野兽,就是上帝。"人是社会的动物,不能离开群体而单独生存。在社会生活中,人们几乎每天都要和他人打交道。有人估计,个人每天除8小时睡眠以外,其余16个小时中有70%的时间是在与他人进行相处。可以说,与人相处构成了人生的主要内容,个人是在复杂的人际相处交往中不断成长与发展的;事业成功、生活幸福也是以相处交往的成功为前提的。

良好人际关系是大学生提高学习效率、完善自我意识、心理保健的需要。因此,大学生应学会与人交往,具备人际交往能力。应坚持真诚待人、宽容待人、平等待人等原则,并掌握交往的技巧。沟通交流是拉近人与人之间距离的基本方式。善于沟通,乐于沟通,勤于沟通的人才能融于集体中,不孤立。

(四)学会学习

人生苦短,青春易逝;光阴似箭,白驹过隙。大学生应珍惜青春岁月,珍惜学习时光,珍惜现在的学习条件、学习环境,珍惜上大学的机会,珍惜自己所拥有的一切。如果现在不知道珍惜,那么一旦失去后,将会后悔莫及。书到用时方恨少,工作才惜读书时。如果今天不珍惜大好的读书时光,不努力学习,到明天工作时,会追悔莫及,会悔恨当初为何不珍惜,为何不勤奋学习。学习不是一朝一夕的事,需要自己不断地努力和积累。成功,永远属于那些踏踏实实付出汗水的人。

未来的文盲不再是不识字的人,而是没有学会学习的人。面对信息时代的挑战,学会学习是一个人生存和发展的基本要求。终身学习是世界发展不可抗拒的潮流。善于研究,勤于思考,掌握学习方法,为终身发展和学习奠定基础是大学学习的一个主要任务。而且学习的过程不应是被动地接受书本上现成的结论,而是要亲自参与丰富的、生动的思维活动,经历一个实践和创新的过程。为此,我们要转变学习方式,学会自主、合作、探究式的学习,并且在主动探究的过程中要注意彼此之间的合作,在思想的碰撞交流中撞击出成功的火花。但光有好的学习方法是远远不够的,"书山有路勤为径",再聪明的人,再好的学习方法,也都需要自己的勤奋和努力才能学有所成。

【资料窗 2-1】

美国学者奇克林(Chichering)于 1969 年提出大学生发展的七个"向量"(包括大小和方向两个方面内容),后来他又与 Reisser 一起于 1993 年对其七个"向量"进行了一次修订,被称之为"七向量发展理论"。这七个"向量"包括:

1. 能力培养(developing competence)。
2. 情绪管理(managing emotion)。
3. 从独立性的养成到与他人的相互依存(moving through autonomy toward interdependence)。
4. 成熟人际关系的建立(developing mature interpersonal relationships)。
5. 自我人格的实现(establishing identity)。
6. 生活目的性的建立(developing purpose)。
7. 言行一致、表里如一的品格养成(developing integrity)。

这些向量反映的是大学生发展的不同领域和层次,一个领域的发展为其他领域的发展创造条件。但是这七个向量之间不是严格的单方向发展关系,即学生的发展不是总沿着从向量 1 到向量 7 的发展顺序。当学生在某个向量的发展中碰到困难,遇到难以解决的发展问题时,就会回到前面的向量。

第二节 大学新生常见的适应问题

一、大学新生的适应问题

好无聊,不知道该做些什么?——空虚

我的方向在哪里?——迷茫

我真没有用,别人比我强!——自卑

身在异乡,我好孤单啊!——想家

室友的生活习惯让我难以入睡!——烦恼

老师的课讲得太快了!——抱怨

怎样处理好学习、生活、兴趣之间的关系?——焦虑

(一)生活环境方面的变化与适应问题

高考前,"考大学"是学生生活中十几年如一日的唯一重心,父母师长给予的照顾更是"无微不至"。这样的生活可能使孩子成了学习的尖子,同时也成了生活的"矮子"。到了大学,自主、自立、自律是大学生活的主旋律。

(1)生活方式上,入大学后是集体生活,住集体宿舍,凡事要靠自己安排处理。

(2)生活习惯上,饮食方面存在差异,气候与语言环境发生变化,作息制度与卫生习惯也有所不同。

(3)生活范围上,进入大学则如闯进"大世界",生活视野大大开拓,宽松的环境将大学生推入一个广阔而自由的时空中,要想将学习、生活、财务等都安排得很满意,就必须有较强的独立生活能力。

进入大学之后,所有的事情都要由自己去安排和处理,要想将学习、生活、财务等方方面面都安排得满意,就必须培养较强的独立生活能力。不论衣食住行还是学习、交友乃至认识社会和人生,都需要更多地依靠自己的知识、能力去思考、判断、选择和行动。这是成长的一个关键时期。很多同学也就是在这个时期开始真正意义上的长大成人。独立是健康人格的重要内容。只有依靠自己的力量去面对并解决生活、学习、工作方面的种种问题,学会自己调整心态,才能彻底完成心理的断乳。

【案例2-3】

某大学校园拐角处,人们发现一名年轻男子正蹲在路边哭泣。好心的路人驻足询问,才得知这是一位大一刚来报到的大学生。为了帮助他适应生活,父母在学校附近租了房子。晚饭后三口人一起到超市购物。可没想到,因为超市人多,他与父母走散,出来时他发现父母不知去向,又返回超市寻找。然而直到超市关门,他也没能找到父母,越来越紧张的李某最后竟然连租房的地址和父母的手机号都忘了,一个人无奈地在路边转悠了一个多小时后哭了起来。

(二)学习方面的变化与适应问题

中学学生的学习是"要我学",对教师依赖性强,老师耳提面授,抓得很紧,督促很严,早自习、晚自习都要清点人数。进入大学后,老师只起到一个引路人的作用,强调自主性学习,自己主动地学,有主见地学,学习要自己安排,特别是自习时间,课外活动都要自己筹划。学习变成"我要学",大多数学生因老师讲课速度"太快",上课时手忙脚乱,课下面对"太多"的内容不知如何进行复习,有的甚至指责大学老师"不负责任",非常想念中学老师;其次是学习目标迷失,缺乏目标。大一新生从紧张、有序的高中生活进入时间和空间较为自由的大学,难免有无所适从之感,很容易出现一段人生目标迷茫的时期。不少学生进入大学后不知道自己有何兴趣,觉得无法判别自己的好恶,不懂得选择今后的努力方向,失去了学习的动力,导致无所适从,出现适应不良现象。

自主学习是大学学习生活的主要特点。大学阶段的学习,知识的广度和深度大大增加,专业方向确定,需要大力发挥学习的主动性、创造性。这样的情况下,自主学习变得非常重要,要求同学们变被动学习为主动学习,明确自己要学什么,合理利用图书馆的资源,合理分配时间。广泛涉猎相关知识,掌握科学的学习方法,培养自主学习和独立思考问题、分析问题、解决问题的能力。

【案例2-4】

大一新生小李,学习勤奋刻苦,每天早晨5:30起床,晚上10点多才回到寝室。经常最先到教室,上课十分用心,他的笔记在同学们中广泛传阅。期末考试以前,同学们都认为他的成绩肯定会在班级名列前茅。但是在期末考试当中,他的高等数学和无机化学都没考试及格。同学们十分惊讶,他也感到十分意外。但却不知道自己的毛病出在哪儿,认为还是付出不够。

(三)人际关系变化与适应问题

在中学阶段,学生大多在家乡就读,同学间充满乡音乡情,中学生的人际交往的对象较少,交往对象主要是家长、班主任及同学,相对来说较单一,内容和方式都较为单纯,同学之间文化背景接近,语言一致,容易彼此认同。他们可以只和自己喜欢的人交往,对自己不喜欢的或者是不想与之交往的人就可以不交往。

到了大学,大学生来自全国各地,有着不同的城乡背景,其语言、个性、生活习惯有较大差异,面对来自五湖四海的同学,彼此之间差异较大,增加了交往的难度。并且,人际交往对象除了原来的家长、班主任与同学,增加了宿舍管理人员、辅导员、老乡、异性及众多的社会团体,在这么复杂的人际交往中,大学新生往往会不知所措,许多新生想家,但不是想念父母,而是无法与同学在一个屋檐下生活。每位学生都需要重新进行交往,逐步建立新的人际关系。很多大一新生因不知如何与同学、室友建立良好的关系而头疼,如果处理不好,人际关系出现紧张,导致人际关系适应不良,影响学习生活。

【案例2-5】

某大学生王某性格与众不同,不允许别人动他的任何东西,为此,与同宿舍的学生冲突不断,两年时间换了三次宿舍。第三次换宿舍前信誓旦旦,保证再不与同学发生冲突了,但半年后再次发生激烈冲突,以致发生人身伤害事件。事后调查发现,事件的起因仅仅是他中午回到宿舍后,发现自己放在书桌上的书被人动过,并说:"我上课走时书是横放的,回来时书变成竖放的"。于是与同学大打出手。

(四)社会活动的变化与适应问题

进入大学后,党组织、团组织、学生会、班委会等组织活动增多;各种讲座、论坛、竞赛、社会实践、志愿服务等活动往往让同学们应接不暇,尤其是社团生活丰富多样。每年新生入学,也是社团招新最忙碌的时候,在秋高气爽的宜人天气,各个社团拿出自己的社团旗帜,穿上具有特色的服装,列队在操场或是道路两旁,一时间,新生们手中堆积了众多的宣传资料,仿佛一个个崭新的团体在向他们招手。在丰富多彩的课外生活中,如何明确自己的定位,处理好学习与课外活动的关系,是每个大学生都会面临的问题。

因此,同学们可以根据自己的特点和爱好、时间和精力积极参加各种活动,合理安排课余生活,锻炼组织和交往能力。大学尽管学习内容很多,但供学生自由支配的时间也大大增加了,学生能够体验到以前从未有过的"自由"。然而,这种"自由"对学生的自我管理能力的要求也提高了。大学生只有学会了科学运筹时间,提高时间利用率和学习实际效率,才能真正成为时间的主人。

【案例2-6】

周华上大学后,积极参加学校的各项活动,很想在各方面都表现自己,希望大家发现自己是一个很优秀、很不错的人,因此大一时大量参加学校的各种活动,没有做好时间分配,经常熬夜加班设计活动方案,甚至白天有时会旷课参加活动,到期末考试有多门功课挂科,让她惊讶、伤心不已。

二、大学新生适应问题的原因

【故事点击2-2】

我是全哈佛最自卑的人

"我感到自己是全哈佛大学最自卑的人。"

这是丽莎见到我时说的第一句话。我细细地咀嚼着她这句话的意思,等待她做进一步的解释。

"真的,真不知道怎样才能讲得清我此刻的心情。"丽莎接着对我说,"我的家乡在阿肯色州,我是镇子里唯一来哈佛上学的人。当地的人都为我能到这里来上学而感到自豪,起初,我也十分庆幸自己能有这样的好机遇。但现在,我对自己的感觉越来越不好了,我真后悔到这里来上学。我在别人最羡慕我的时候感到自卑,我……"说着,丽莎忍不住流出眼泪来,她用手捂住脸,鼻子一抽一抽的。

她接着告诉我,她在哈佛大学待得很辛苦。上课听不懂,说话带口音,许多大家都知道的事情她不知道,许多她知道的事情大家又觉得好笑。她不明白自己为什么要到哈佛大学来接受这一切羞辱。她好生怀念在家乡的日子。那里没有人会瞧不起她。

她怨的是别人,叹的都是自己。难怪她会在哈佛产生自卑的感觉。她只有在摆脱往日光辉的"阴影",全新投入"新世纪"的生活与奋斗当中,才能重新振作起来。总之,丽莎的问题核心在于:她往日的心理平衡点被彻底打破了,她需要在哈佛大学建立新的心理平衡点。

我希望丽莎能自己领悟到这一切,因为只有那样,丽莎才会有足够的决心和勇气去改变当前的困境,发出一个强者的呼唤。

(一)高中教育方式不当及与大学教育衔接的失调

由于教育体制等诸多方面的原因,导致我国在高中和大学交汇阶段互不衔接的现象日益凸显,这是导致许多新生入学后不适应的重要原因。长期以来,我国高中教育与大学教育沟通不够,高中关心的是如何提高升学率,而大学对高中的关注仅仅是如何招到更多的尖子生,高中对大学教育茫然,而大学对高中教育漠然。此外,在应试教育模式下,学校过分重视考试分数,教育内容以高考为风向标,考试由教育教学的手段上升为教育教学的最终目的和教育自身追求的目标,教学过程成了以考试为中心、为考试服务的过程。应试教育模式下,学生处于被动接受的地位,缺乏实践能力和创新意识的培养,在入学前应该实现的全面素质教育也无法落实,这与大学所要求的独立性、主动性、创新性和实践性是背道而驰的,客观上造成了高中教育与大学教育衔接的失调。

(二)大学生独立生活能力较差

大学生活最大的特点是独立性逐渐体现,依赖性相对减少。学生必须自主、独立,不论衣食住行还是学习交友,都需要依靠自己的知识、能力去思考判断、选择和行动。这就是大学生从依赖走向独立的开始。

1. 家庭依赖　高中生活大部分时间和精力都用在学习上,生活上多由父母包办了,用类似"衣来伸手,饭来张口"的生活习惯来适应大学全新的生活,就像跛子丢失了拐杖,一定难以适应。

2. 教师依赖　高中阶段,学习主要围绕教师的指挥棒,教师起早贪黑守在学生身边监督。而大学强调学生的能动性,教师与学生相处的时间很少,学习、生活都得自己安排。

3. 朋友依赖　上了大学,昔日朝夕相处的同学各奔东西,一旦遇到困难,遭受挫折,孤独和失落感就油然而生。有同学这样写道:"刚上大学远离了父母,远离了昔日的朋友,我的心非常迷惘、伤感,陌生更增加了我的孤独。"

(三)大学生学习目标不明确

中学生活的动力来源主要是高考,为了考上大学,考上名牌大学,目标和动机都很明确单一。进入大学后,感觉自己的奋斗目标已经实现,新的目标又未确定,不少大学生深感迷惘,空虚,产生大学生"无聊"现象。

1. 自由而无聊　中学阶段学生基本没有自己自由支配的闲暇时间,进入大学,面对学习生活的相对自由显得无所适从,因此陷入"无聊"。

2. 单调而无聊　中学生活简单、单一,多数学生有目标,有动力,也有方向,内心充满希望。进入大学,几乎每天都是教室—宿舍—食堂的重复,单调油然而生,也挥之不去。因此,单调也是大学生陷入无聊的一个重要原因。

3. 恐惧而无聊　进入大学,面对陌生的环境和同学,羞于表达,不善于主动跟同学、教师交流,封闭自己,很难打开陌生的局面。久而久之,会产生社交恐惧等不良的心理和行为。

(四)理想与现实存在差距

中学阶段学生的主要精力都倾注于学习,对现实社会和大学生活了解甚少,把大学生及大学生活想象得很美好,但往往过于理想化。当现实中的环境与期待不一致时,不能够以理性的态度去接纳,因此产生失落和不满、厌恶甚至对抗的心理。有的学生因学校不理想而心生排斥,有的学生则因对生活环境不满意而产生连锁反应,导致人际交往、学业等各方面的不适应。

(五)身体与心理发展的不平衡

大学生个体发展过程中身体发展的超前性与心理发展滞后性的矛盾是导致大学生新生不适应现象产生的又一重要原因。现在的大学新生的年龄基本上在17、18岁,从生理上讲他们正处于青春中后期,生理发育逐步成熟,生理上的成熟使他们认为自己已经长大,应该有独立的思维和行为。然而,从青年心理的发展规律来讲,他们正处于心理学上的"第二次断乳期",心理方面的发展与生理的发展相比比较滞后,面对新的环境和变化时容易产生各种心理的矛盾和不适应。

(六)自我认识存在偏差

大学新生自我认识偏差主要表现为自负、自卑两方面。自负的学生优越感强烈,高估自己,对他人要求苛刻、求全责备,听不进他人意见。相反,自卑的学生表现出对自我没有认同感,在学习、交往过程中遇到阻碍时容易产生自我否定的情绪。上述两种情况都不利于新生融入大学生活。

第三节　如何适应大学新生活

进入大学并不是说我们已经到达了成功的终点,它是人生的新起点。我们现在站在这条新的起跑线上,要开始面对新的校园生活、学习环境、人际关系和竞争。从一种生活环境再进入另一种生活环境,需要人们去学会适应。我们每一个人从幼儿园到小学到中学再到大学,从简单到复杂,从备受父母呵护到走向独立,人是通过不断适应新的、更为复杂的环境,来锻炼提升自己的能力。大学新生要适应大学的新环境,把握成才的主动权,争取有一个光明的前途,就应该努力去适应并实现以下角色的转变。

一、从中学到大学：适应社会角色转变

在中学时，不少人是在校内和班级内担任一定职务，有一定知名度的学习尖子，而在人才荟萃的大学校园里，他们中的大多数成为不再担任职务的普通学生。大学新生必须适应这种由出人头地到默默无闻，由高才生到一般学生的转变，克服失落感和自卑感，对成才要充满信心。从社会角度看，大、中学生担当着不同的社会角色。一般来说，中学生的心理和思想仍不够成熟，职业方向仍不确定，他们是潜人才；而大学生作为"准人才"，职业方向基本确定，社会对大学生的期望和要求也比中学生高得多。因此，要实现由中学生到大学生的转变，就要处处用大学生的标准严格要求自己，又要学会做事，做一个高素质的受社会欢迎的大学生。

【案例2-7】

小许是一所大学一年级的新生，他性格偏内向，进入大学后，各种校园活动让人应接不暇。班里进行班委选举时，他因为胆小只是默默坐在教室的角落。课上回答问题也是被老师推上讲台，从来不主动争取。小许对于其他积极参与课堂及学生活动的同学十分羡慕，也希望能像他们那样能有展现自己的机会。终于，在室友的鼓励下，小许鼓起勇气走上讲台。但是由于他太过紧张，也缺乏经验，还没有说话脸就涨得通红，连连说错话，最终没能竞选成功。后来，为了再次证明自己的能力，小许参加学生会、广播站和社团的招新活动，可由于小许生性腼腆内向，表现都不好，都没有得到社团负责人的认可。接二连三的失败，让小许觉得在老师、同学眼中好像是可有可无的。后来小许对任何事情都提不起兴趣。在大学这样丰富的环境中，小许觉得找不到属于他的位置，完全没有自信，甚至不愿意面对现实了。

二、从依赖到独立：适应生活方式转变

自主、自立、自律是大学生活的特征。第一次离家远行的入学旅程，是大学生独立处理事情的开始。在中学时，有些生活琐事由父母、亲友帮助料理，进入大学后，衣食住行等都由自己安排处理。入校后能否迅速地了解和熟悉校园环境，将决定大学新生能否在这个环境中自如地生活、学习。

首先，要尽快熟悉校园的"地形"。有的新生入校后一安排好行李，马上就到校园的各处熟悉情况，例如，了解教室、图书馆、商店在什么地方，食堂什么时候开饭，如何使用饭卡，甚至学校有几个门等，都在短时间内了解清楚。这样，在办理各种手续、解决各种问题的时候就会比别人更顺利、更节省时间。与此相反的是，某些大学新生显得非常拘谨，生怕走远一点儿就会迷路，又不好意思开口向别人寻求帮助，最后不得不尽量少走动、少说话，实在迫不得已就跟在别人的后面。

其次，要多向高年级的同学请教。直接向高年级的同学请教是熟悉校园环境的一个快捷的方法，一般来说，多数高年级的同学都比较愿意把他们的经验传授给新生，以帮助

他们尽快适应校园生活,尽量少走弯路。另外,向自己的同乡请教也是不错的选择。

最后,争取在班级中担任一定的工作,也能帮助你尽快适应校园生活。对环境适应快的大学新生,很快就能成为班级中的核心人物,并担任一定的班级工作。这样与老师、同学接触得越多,掌握的信息越多,锻炼的机会也越多,能力提高得越快,自信心也就逐渐建立起来了。

俗话说,习惯决定性格,性格决定命运。好习惯是一个人终生受用不尽的财富,坏习惯是一生偿还不完的债务。大学新生应适应这种生活方式的变化,坚持自己的事自己做,今天的事今天完成,从点滴事入手,严格要求自己,控制生活的节奏,不管做什么事情都要掌握分寸,把握一个度,处理好学习与娱乐休闲的关系,养成良好的生活习惯,敢对自己的不良习惯说"不"。

三、从监督到自觉:适应学习方式转变

大学新生要学会自己来确定学习目标,自己制订学习计划,自己安排学习时间,自己选课,自己检查学习效果,并且主动找教师征询意见,请教师帮助解决困难,定期向教师汇报学习状况,提出自己的计划并与教师共同探讨。

(一)明确学习的目标

学习目标是学习的出发点。确立具体明确的学习目标是每位学生的首要学习任务。想一下将来自己要做什么工作,达到什么样的目的,并为之奋斗。要了解自己的学习成绩,分清重点难点,有意承担一定的学习责任;充分利用学校的丰富资源和自身优势,调动学习积极性;通过反省,对自己的每一阶段的成绩进行评估。通过老师、同学监督,增强学习自觉性,从而将自己培养成合格的有用之才。

(二)变被动学习为主动学习

学习知识不是简单的吸收,而必须通过自己的主动思维。大学生得学习要处在发现问题、分析问题、解决问题的情境之中,只有主动思维和主动探索才能真正掌握所学知识。一旦学生对所学知识产生了浓厚的兴趣,就不会感到学习是一种负担。

【案例2-8】

经过高中三年的勤奋和努力,小可终于考上了心仪的大学,并被调剂到分析化学专业。这虽然不是自己选择的专业,但能考上大学,小可仍然感觉十分开心。然而刚刚开学没多久,小可就怎么也高兴不起来了。他认为经过高考的检测,自己的学习基础和学习能力还是不错的,可上课一个多月以来,小可感受到了强大的学习压力,认为大学的课太难了:书本都是又大又厚,内容很多,课程也多,老师讲得也很快,有些内容又很抽象。每天下课后,小可都感到严重的无所适从,开始怀疑自己是不是不适合读这个专业,他非常困惑。

(三)合理规划时间,注意学习方法的培养

首先,在学习中要讲究用脑的艺术,遵循学习的规律,注意学习方法,提高学习效率,

开发自己的智力潜能。要培养课前预习、上课认真听讲、下课复习、作业个人完成的良好学习习惯,学会独立思考。

其次,要实现由应付升学考试到提高自身素质和能力的转变。在打牢基础理论知识、拓宽知识面的同时,要重视实践,积极参与第二课堂的活动,注意培养动手和创新能力,在提高个人的综合素质上下功夫。

【资料窗2-2】

时间管理研究发现,时间往往是被下述十大"窃贼"给偷走的:找东西、懒惰、时断时续、一个人包打天下、偶发延误、惋惜不已或白日做梦、拖拖拉拉、对问题缺乏理解就匆忙行动、消极情绪、分不清轻重缓急。此外,大学生时间管理中其他常见的"时间窃贼"还有:承诺太多,夸夸其谈;交友繁杂,应酬过多等。

四、从旧友到新朋:适应交往方式转变

大学生来自全国各地,面对性格、习惯各异的同学,如何建立起协调、友好的人际关系,除了相互之间的了解和磨合需要一定时间外,往往还需要把握交往的机会,学习沟通的技巧。在交往中改善人际关系,还应掌握基本的人际沟通的技巧。

首先,差异是客观存在的,每个大学新生都必须面对它,接受它。要学会承认各人有各人的生活习惯和价值体系,如果你与别人生活在一起,你就得连同他(她)的生活方式一起接受。如果别人的生活方式有碍于你的生活(如夜里看电视影响你的休息、未经允许随便动你的东西等),你就需要委婉地提出意见,并适当地进行自我调整(如调整作息时间、调整宿舍等)。需要注意的是,给别人提意见不能当着众人的面,以免使对方难堪、丢面子。

其次,要想处理好同学之间的关系,还要做同学之间相互相互关心;做到律己严、待人宽,光明磊落,有合作意识和团队精神。同学间大事讲原则,小事讲风格,不要斤斤计较,要多做自我批评。在平时的生活中,做到"三主动",即主动与同学打招呼,主动和同学讲话,主动帮助别人。在帮助别人的时候,不要过于计较别人能不能、会不会报答你。

再次,学会理解和宽容,对发生的摩擦退一步海阔天空,让三分心平气和,这样才能记忆和珍藏这四年大学生活的激情岁月。

最后,要主动去做一些公共的工作,如打扫宿舍卫生等,这样可以增加同学们对你的好感。同学间的关系也就会融洽了。

【案例2-9】

小冬是大一的学生,有一天,她找到班长,说要反映问题。

小冬对班长说:"我感觉被室友孤立了!"班长一脸疑惑,问:"怎么回事呢?"

小冬愤愤地说:"我们约好要去看一个生病住院的同学的,可是她们走的时候却不叫我,我当时也在宿舍啊;她们出去逛街也不叫我,聚餐也不叫我,走在路上也没人和我搭话,好像与我说话让她们很丢脸似的;在宿舍我跟她们讲话的时候,她们也爱理不理……她们都是故意的!"

第二章 人生新起点——适应大学新生活

五、从考试到深造:适应奋斗目标转变

经历紧张高考后,一些大学新生进入高校后,顿时失去奋斗目标,无所适从,感到很迷茫,学习和成才也缺乏动力和激情,其根本原因就在于失去了人生奋斗目标。其实,大学只是人生成才的一个新起点,进入高校后,大学新生要端正心态,从高考成功的自豪和陶醉中清醒过来,以崭新的姿态和振奋的精神,站到新的起跑线上。

在新生中,有些人为了追求"中学失去的快乐",开始放纵自己,没有理想,没有目标,学习不认真,一心沉迷于无聊的游戏中,到了考试临近才醒悟过来,想要依靠考前一个星期的努力力挽狂澜,为时已晚。

因此,大学新生在进入学校时,就应该确立自己的长期目标、中期目标和短期目标。以某个博士生的职业规划为例,他的长远目标——成为某个领域的专家;他的中期目标——拿到硕士和博士学位;短期目标——在4年后顺利拿到本科文凭。又把短期目标分为8个学期既8个阶段,即每个学期通过所有课程,并制订切合实际的学习计划和考试目标。

【案例2-10】

我是一名男生,今年17岁,来自沿海城市,高中时在重点班读书,那时我经常憧憬着美好的大学生活。拿到录取通知书的时候,我决心在大学里大显身手。但进入大学后,我觉得现实中的大学和我从前想象的完全不一样。我原以为大学是学习知识、放飞梦想的天堂,没想到眼前的大学也不过是如此,学校的环境和硬件设施甚至还不如我们高中,大学的老师、同学也远没有想象的那么好,一切的一切,都与自己心目中的理想大学相距太远。现在,我整天闷闷不乐,没精打采,全身乏力,根本就没有心思学习。我担心这样下去,自己会发疯。

六、从感性到理性:适应思维方式转变

与中学相比,大学的生活节奏快,活动空间大,学习任务繁重,需要独立解决的问题多。面对这些变化,大学新生的思维方式要由"非成人化"向"成人化"转变,由感性向理性转变。在思考处理问题尤其是个人重大问题时,要有远见卓识而不要目光短浅,要三思而后行,不要随心所欲;要克服依赖思想,培养独立思考和解决问题的能力;对人生重大问题的选择,要理性、理智,不要盲目和感情用事;要加强道德和法制观念,做事要有责任心,要考虑到行为的后果,不做鲁莽草率之事。

面对难题,可以向老师请教,也可以与同学探讨,但更重要的是自己独立思考,自己解决而不是单纯地依赖别人告诉你做什么和怎么做。

面对挫折,可以伸出求援的手,可以自己咬紧牙关独立承担,可以把一切愁苦留给自己,把欢笑留给别人;也可以向朋友倾诉,寻求理解,寻求帮助……

总之,在新的环境中,在新的挑战下,大学新生只要充分调动起自我的力量来迎接新的一切,学会独立理性地处理问题,入学适应的阶段就会顺利通过,以后的日子也会不断

留下成功的足迹。

【活动天地】

给自己画像

用头脑风暴的方法给自己画像,即请你用简单的词语来描述一下自己入学以来的心情。具体包括这些方面。

1. 自我感觉和评价:
2. 对学校的感觉:
3. 关于学习:
4. 关于人际关系:
5. 关于未来:

【测测你自己】

环境适应能力自测

环境适应能力,指的是一个人在心理上适应生活和环境的能力。适应能力的高低,从某种意义上说,表明一个人的成熟度。

下面的问题能帮助你进行心理适应能力的自我判别。请认真阅读,并决定其与你实际情况的符合程度,然后从每个项目后面所附的三种备选答案中选出一个来。

	是	无法肯定	不是
1. 我最怕转学或转班级,每到一个新环境,我总要经过很长一段时间才能适应	□	□	□
2. 每到一个新的地方,我很容易同别人接近	□	□	□
3. 在陌生人面前,我常无话可说,以至感到尴尬	□	□	□
4. 我最喜欢学习新知识或新学科,它给我一种新鲜感,能调动我的积极性	□	□	□
5. 每到一个新地方,我第一天总是睡不好,就是在家里,只要换一张床,有时也会失眠	□	□	□
6. 不管生活条件有多大变化,我也能很快习惯	□	□	□
7. 越是人多的地方,我越感到紧张	□	□	□
8. 我的成绩多半不会比平时练习差	□	□	□
9. 全班同学都看着我,心都快跳出来了	□	□	□
10. 对他(她)有看法,我仍能同他(她)交往	□	□	□
11. 我做事情总有些不自在	□	□	□
12. 我很少固执己见,常常乐于采纳别人的观点	□	□	□
13. 同别人争论时,我常常感到语塞,事后才想起怎样反驳对方,可惜已经太迟了	□	□	□

第二章 人生新起点——适应大学新生活

	是	无法肯定	不是
14.我对生活条件要求不高,即使生活条件很艰苦,我也能过得很愉快	□	□	□
15.有时自己明明把课文背得滚瓜烂熟,可在课堂上背的时候,还是会出差错	□	□	□
16.在决定胜负成败的关键时刻,我虽然很紧张,但总能很快使自己镇定下来	□	□	□
17.我不喜欢的东西,不管怎么学也学不会	□	□	□
18.在嘈杂混乱的环境里,我仍能集中精力学习,并且效率较高	□	□	□
19.我不喜欢陌生人来家里做客,每逢这种情况,我就有意回避	□	□	□
20.我很喜欢参加社交活动,我感到这是交朋友的好机会	□	□	□

记分与解释:

根据上述环境适应能力自测选项作答,可以计算出每一项的得分,累计即为自己的总分。

凡是单数号题(1,3,5,7……),选"是"为-2分,选"无法肯定"得0分,选"不是"得2分;凡是双数号题(2,4,6,8……),选"是"得2分,选"无法肯定"得0分,选"不是"得-2分。将各题的得分相加,即得总分。

35~40分:心理适应能力很强。能很快地适应新的学习、生活环境,与人交往轻松、大方。给人的印象极好,无论进入什么样的环境,都能应付自如,左右逢源。

29~34分:心理适应能力良好。你能较好地适应环境的变化,态度积极,乐于与外界交往,有较强的调适能力。

17~28分:心理适应能力一般,当进入一个新的环境,经过一段时间的努力,基本上能适应。

6~16分:心理适应能力较差,依赖于较好的学习、生活环境,一旦遇到困难则易怨天尤人,甚至消沉。

5分以下:心理适应能力很差,在各种新环境中,即使经过一段相当长时间的努力,也不一定能够适应,常常困惑,因与周围事物格格不入而十分苦恼。在与他人的交往中,总是显得拘谨,羞怯,手足无措。

如果你在本测验中得分较低,你不必忧心忡忡,因为一个人的环境适应能力是随着年龄增长,知识、经验的丰富而不断增强的。只要你有信心,努力学习,加强锻炼,一定会成为适应环境的成功者。

【成长感悟】

你进入大学后有什么不适应的地方呢?你是怎么解决的?

【好书推荐】

1.《恰到好处的幸福》 毕淑敏把"幸福"作为一种正面的人生价值提出,以烛光般温暖的文字引读者穿过漫漫长夜。纵有千间房屋,夜间无外一床安宿;纵有万亩良田,一日终究只需三餐。幸福是一种心的富足,不以物质的多寡来衡量,它是付出、分享和爱的感受。恰到好处,是一种哲学和艺术的结晶体。它代表的豁达和淡然,是幸福门前的长廊。轻轻走过它,你就可以拍打幸福的门环。佛家有一句话,叫"无挂碍物者无恐怖",不妨借用来,少需要物者少烦恼。因为必需少,所以受限轻。人就获得了更快的行走,更高的飞翔。

2.《影响力》 政治家运用影响力来赢得选举,商人运用影响力来兜售商品,推销员运用影响力诱惑你乖乖地把金钱捧上。即使你的朋友和家人,不知不觉之间,也会把影响力用到你的身上。但到底是为什么,当一个要求用不同的方式提出来时,你的反应就会从负面抵抗变成积极合作呢?

在这本书中,心理学家罗伯特·B·西奥迪尼博士为我们解释了为什么有些人极具说服力,而我们总是容易上当受骗。隐藏在冲动地顺从他人行为背后的6大心理秘籍,正是这一切的根源。那些劝说高手们,总是熟练地运用它们,让我们就范。

【参考文献】

[1] 陈华蓉."95 后"大学新生心理适应问题探析[J].现代交际,2019(02):22-21.

[2] 桂艳萍."SFBT"技术在大学新生学习适应问题中的应用[J].怀化学院学报,2018,37(12):123-125.

[3] 徐亚萍.大学新生入学适应相关问题探析[J].教育教学论坛,2017(02):68-69.

[4] 岳晓东.登天的感觉[M].北京:北京师范大学出版社,1997.

[5] 杨叶枝.高校辅导员开展心理工作的案例分析——一例本科生新生适应障碍案例分析[J].戏剧之家,2019(33):162.

[6] 李淑静,贺晓敏,陆新全.新时代大学生适应性教育的现状探析[J].内蒙古教育,2019(24):7-9.

[7] 郑晓宁,高静,刘森森.大类招生与培养背景下大学新生适应问题探析[J].学校党建与思想教育,2018(14):70-72.

[8] 王海燕.大学生人际好奇与人际适应的关系及其影响因素研究[D].石家庄:河北师范大学,2018.

[9] 潘彦谷,张大均,刘广增,等.大学生社会适应的影响因素及其培养途径——来自心理学的研究[J].西南大学学报(社会科学版),2016,42(05):108-113,191.

[10] 胡象斌,吴量.大学生心理健康教育:自我成长与发展[M].西安:西北工业大学出版社,2017.

[11] 尚亚飞.对大学生社会适应的认知机制探析[J].大众标准化,2020(12):54-56.

[12] 邵伊雯.大学新生就学适应研究[D].上海:华东师范大学,2019.

[13] 王亮.思想政治教育视野下高校新生入学适应问题研究——基于学校社会工作个案介入的分析[J].新西部,2018(05):142-143,149.

[14] 李小玲,司丽静.大学生心理健康教育教程:健康心理,阳光人生[M].成都:电子科技大学出版社,2020.

[15] 刘时勇,汪明,段珊珊.大学生心理健康教育:认知·体验·自助[M].成都:电子科技大学出版社,2018.

[16] 王宇中.大学生心理健康教育[M].郑州:郑州大学出版社,2016.

[17] 吴凌燕,戴丽.大学生心理健康教育[M].成都:电子科技大学出版社,2018.

[18] NEALE Z E,SALVATORE J E,COOKE M E,et al. The Utility of a Brief Web-Based Prevention Intervention as a Universal Approach for Risky Alcohol Use in College Students:Evidence of Moderation by Family History[J]. Frontiers in Psychology,2018,9:747.

第三章

驱散心灵乌云
——大学生心理障碍与防治

第三章 驱散心灵乌云——大学生心理障碍与防治

【哲理名言】

保持健康是做人的责任。

——荷兰哲学家斯宾诺莎

良好的健康状况和由之而来的愉快情绪,是幸福的最好资本。

——英国作家斯宾塞

一切的和谐与平衡,健康与健美,成功与幸福,都是由乐观与希望的向上心理产生与造成的。

——华盛顿

【案例3-1】

小江学习努力,成绩良好。他身材瘦小,性格内向,不善交际,给人的印象是终日目光焦灼,眉头紧锁。毕业临近,深知面试的重要,但几次去面试,已到面试现场都因害怕而最终放弃。与心理老师谈及一次面试,说自己当时浑身冒汗,双脚发抖。在心理老师的指导下,小江渐渐尝试改变自己。庆幸的是,几年后的小江已是一个公司部门经理,独当一面了。

可见,面对轻度的心理问题,积极寻求心理咨询老师的帮助,可以有效地解决其心理问题。但对于比较严重的心理问题特别是心理障碍,往往需要医学干预措施。

第一节 大学生心理障碍概述

一、心理障碍的定义

变态心理学将范围广泛的心理异常或行为异常统称为"心理障碍",或称为心理异常。心理障碍是指一个人由于生理、心理或社会原因而导致的各种异常心理过程、异常人格特征或异常行为方式,是一个人表现为没有能力按照社会认可的适宜方式行动,以致其行为的后果对本人和社会都是不适应的。

判别一个人的心理是否正常,或者其心理活动偏离正常程度的大小,是一件复杂的事情,因为正常心理活动和异常心理活动之间的差别是相对的,两者之间并没有明显的分界线。而且,异常心理活动的表现受到多种因素的影响,其表现也是复杂多变的。表3-1和表3-2分别简单介绍心理状态的划分及常用的正常与异常心理的区分方法。

表3-1 心理状态的划分

心理状态的划分	正常		不正常
	健康	不健康 1. 一般心理问题 2. 严重心理问题 3. 神经症性心理问题	神经症:强迫症;焦虑症;恐怖症;疑病症;自主神经功能紊乱;神经衰弱 严重精神障碍:抑郁症;精神分裂症;人格障碍

正常不健康心理状态区分表		一般心理问题	严重心理问题	神经症性心理问题
	刺激因素引起的症状	由于现实生活、工作压力、处事失误等因素而产生内心冲突,并因此而体验到不良情绪	较为强烈、威胁较大现实刺激,导致痛苦情绪,冲突是现实性的或道德性的	很小的非现实性的、非道德性生活事件刺激,产生强烈的冲突,反复产生冲突,产生痛苦情绪
	病程	不间断持续1个月,间断持续2个月仍不能自行化解	痛苦情绪间断或不间断地持续2个月以上,半年以下	达不到神经症的标准,时间至少3个月(惊恐障碍1个月)
	严重程度	在理智控制下,效率有所下降,不严重破坏社会功能	在理智控制下,效率有所下降,不严重破坏社会功能	控制不住,表现像神经症、神经衰弱,是其早期阶段。病程不够。
	是否泛化	没有泛化,不良情绪仅仅局限于最初事件,相联系事件也不引起此类情绪	内容(反应对象)充分泛化;有时伴有某一方面的人格缺陷	泛化严重

表3-2 常用的正常与异常心理区分方法

正常心理活动的三大功能	1. 能保障人作为生物体顺利地适应环境,健康地发展 2. 能保障人作为社会实体正常地进行人际交往,在家庭、社会团体、机构中正常地肩负责任,使人类赖以生存的社会组织正常运行 3. 能使人类正常地、正确地反映、认识客观世界的本质及其规律,以便创造性地改造世界,创造出更适合人类生存的环境条件 异常心理活动,就是丧失了正常功能的心理活动。无法保证人的正常生活,随时破坏人的身、心健康
四种常识性区分法	1. 离奇怪异的言谈、思想和行为 2. 过度的情绪体验和表现 3. 自身社会功能不完整(不敢和人对视,不敢见人等) 4. 影响他人的正常生活(骚扰、恶作剧等)

续表 3-2

心理学的三原则区分法（郭念锋，1986、1995）	1. 主观世界与客观世界的统一性原则（统一性或同一性标准）：正常心理活动或行为，必须就形式上和内容上与客观环境保持一致性 2. 心理活动的内在协调性原则（一致性原则）：人类的精神活动被分为认知、情绪情感、意志行为等部分，但它自身是一个完整的统一体，各种心理过程之间具有协调一致的关系，这种协调一致性，保证人在反映客观世界过程中准确和有效 3. 人格的相对稳定性原则：人格特征一旦形成，便有相对的稳定性，在没有重大外界变革的情况下，一般是不易改变的

二、大学生常见心理障碍的类型与症状表现

心理疾病的表现是多种多样的，各国都有自己的分类体系和分类标准。分类也可以从不同的角度进行。我国根据《中国精神障碍分类与诊断标准（CCMD—3）》，将心理疾病分为9类。下面我们只对大学生生活中常见的心理障碍类型与症状表现作简要的介绍。

（一）神经症

神经症又称神经官能症，是一组病因、病理和临床表现不一致的精神障碍的总称。它们没有精神病性障碍，也没有器质性病变，主要表现为持久的心理冲突，患者能觉察到、可体验到这种冲突，内心感到痛苦，正常的生活和社会交往情况严重受损，内心迫切要求治疗。神经症是大学生最常见的一类心理疾病。常见的神经症如下。

1. 神经衰弱　神经衰弱是大学生中极为常见的心理障碍。常常表现为精神疲乏，注意力难集中，效率减低等衰弱症状；回忆及联想增多且控制不住；易烦恼、易激惹的情绪症状；入睡困难、多梦、易醒等睡眠障碍。

引起神经衰弱的原因，是长期存在的某些精神因素引起大脑机能活动的过度紧张，使精神活动的能力减弱。有易感素质和不良性格特征的人，更易患神经衰弱。大学生神经衰弱的发生，主要是缺乏面对现实的勇气和良好的适应能力造成的，如学习负担过重、专业思想不稳定、个体自我调节失灵，对社会、对人生思虑过多，在家庭恋爱问题上犹豫徘徊等。所有这些，在患者头脑中产生强烈的思想冲突，使得神经活动过程强烈而持久地处于紧张状态，超过了神经系统本身的张力所能忍受的限度，从而引起失调和崩溃。

对神经衰弱的学生，合理安排学习和生活作息，适当参加娱乐活动和体育锻炼，并进行必要的心理治疗，一般可以收到较好的效果。

2. 强迫症　强迫症是指某人在主观上感到某种不可抗拒和被迫无奈的观念、情绪、意向或行为存在。患有强迫症的人，明知某种行为或观念不合理，但却无法摆脱，因而非常痛苦。强迫症状一般包括：强迫观念，患者反复思考一些想法，比如怀疑、回忆、穷思竭虑等；强迫行为，患者反复做一些没有必要的行为，如反复检查、反复洗手、反复计数及仪式性动作等。

【案例 3-2】

张某，28岁，某天骑自行车上班，车辆拥挤，当他左躲右闪时，突然脑子里闪

现一个念头"为什么自行车的车轮是前后行驶而不是左右呢？"当时这个念头一出现，自己就觉得很可笑，但是，从那时开始，他越觉得自己太可笑，这样荒谬的念头就更多的不时冒出来，特别是人多车多的时候就更容易出现。

刚开始，还主要是在上班途中，越是忙乱紧张的时候越容易出现。后来，去哪儿都偶尔会闪现这个念头。他也越来越害怕自己了，于是努力转移注意力，可他的症状就开始衍生。于是他骑自行车上班时，开始数梧桐树，而且只能是单数，13579，如果车流拥挤，不小心数漏了，又要从新回头开始数。甚至如果没有数到9就已经到单位，他就还得拐弯重来。

现在上班对他来说就是一种折磨，以前到单位只需一刻钟，现在要三个一刻钟甚至更长。最近他更严重了，还经常怀疑早上是不是没有数清楚，于是中午就又跑回去再数一次。

这种症状大多是由强烈而持久的精神因素及情绪体验诱发而来的，与患者以往的生活经历、精神创伤或幼年时期的遭遇有一定的联系。患强迫症的大学生多与其性格缺陷有关，如缺乏自信，遇事过分谨慎，生活习惯呆板，墨守成规，常怕出现不幸，活动能力差，主动性不足，过分追求完美等。

强迫症应该早发现早治疗，药物治疗与心理治疗相结合。行为疗法、认知疗法和森田疗法对强迫症有一定效果。向患者解释精神生活中的各种知识，增强他们的自信心，对缓解症状有一定效果。

3. 焦虑症　焦虑症是指持续性精神紧张或者发作性惊恐状态，常伴有头晕、胸闷、口干、尿频、出汗和运动不安等，但并非实际威胁所引起，其紧张程度与现实事件很不相称的一种情绪状态。焦虑症是一种常见的神经症。焦虑症可分为以下两种类型：阵发症，即恐惧焦虑症（特定对象恐惧症、社交恐怖症、广场恐惧症）；广泛性焦虑症。

【案例3-3】

求助者在一家外企驻某市办事处做负责人，已有10年。老板为美国人，常住美国，有时往来本市。经营业务的内容是在本市组织货源，用集装箱海运到美国销售。前几年生意好做，自己的薪金较高，房子车子都有。妻子做中学教师，夫妻感情较好，女儿正在上高中，学习优异。近1年来生意有些难做，老板似有不满之意，但市场变化很复杂，自己虽然努力，也不尽人意。逐渐感到生意不会再有起色，忧心忡忡。有时担心货运船只会不会中途沉没，又担心美国老板会突发某种疾病不治身亡。有时想到虽然现在夫妻恩爱，等到将来退休之后白发苍苍，妻子依然年轻美貌，可能会离婚再嫁，又想到女儿考上大学之后面临工作择业和谈婚论嫁等诸多问题，自己如何能应付得了，头痛、失眠、心慌、胸闷、烦躁，半夜醒来一身大汗，坐立不安，吸烟量明显增加。睡不着觉就在只好在屋里走来走去，既影响家人的睡眠，楼下的邻居也有意见，但自己也没有什么更好的办法。

患有焦虑症的人，常感到无明显原因、无明确对象、游移不定、范围广泛的紧张不安；

经常提心吊胆,却又说不出具体原因。患者过分关心周围事物,注意力难以集中,从而使工作和学习效率明显下降。大学生进入新的环境,各方面都要重新开始适应和调整。如果对自己期望过高,压力过大,凡事患得患失,时间长了,就会产生持续性的焦虑、不安、担心、恐慌,并且还伴有明显的运动性不安以及各种躯体上的不适感。患有焦虑症的人,在其性格上也有一定的特点,大多胆小,做事瞻前顾后,犹豫不决,对新事物、新环境适应能力差,遇上一定精神刺激,就很容易患焦虑症。

对焦虑症,一方面可进行药物治疗,另一方面可进行心理训练,如各种自我松弛训练、生物反馈疗法等,都有一定的效果。

4.抑郁症　抑郁症是大学生中常见的一种心理障碍。主要表现为悲伤、绝望、孤独、自卑、自责等,把外界的一切都看成"灰暗色"的。有的大学生对枯燥的专业学习不感兴趣,对刻板的生活方式感到厌烦,为自己学习或社交的不成功而灰心丧气,陷入抑郁悲观状态。长期的抑郁状态会导致思维迟钝、失眠、体力衰退等,对个体危害是很大的。

【案例3-4】

芳芳是一个出生于南方某普通家庭的女孩,她还有一个大她两岁的姐姐。在父母眼中,芳芳各方面都不如姐姐,经常得到表扬的是姐姐。父母还经常拿芳芳和一些比她成绩好的同学相比,因此而责备她。从小在学校认识了男友小吴。芳芳大学顺利毕业并被某水电施工局录用,而她的男友小吴却到了外省某单位上班。与男友的远隔让芳芳感到十分郁闷,身边几乎没有一个可以讲知心话的人,芳芳只能用日记记下自己的痛苦。在日记中,芳芳描述了自己最近几个月的状态:四肢无力,整晚失眠,感觉做什么事情都好累,甚至有时感到世界一片黑暗没有了继续生活的信心。后来的某一天,刚参加工作5个月的芳芳在单位宿舍结束了自己年轻的生命,也给亲人留下了无尽的悲痛。

一般来讲,神经性抑郁症一方面与压力及挫折有关,也与生物学因素及人格特质有关。

5.癔症　癔症的主要表现是意识模糊,心理范围缩小,心理集中在与发病因素有关的事物或情感上;大喊大叫,时哭时笑,情绪极不稳定,反应强烈,言语迟钝。癔病可在少年期发生,但多见于青年期,一般女同学较多。

此病是由于心理创伤和精神因素导致大脑功能失调所致。遭受惊恐,侮辱委屈;过高的要求而不能如愿;亲友的离异死亡等都可能成为此病的主要病因。此外,该病的发生与性格也有直接关系,多见于心眼小而任性的人,他们平时往往表现为心胸狭窄,自我估计过高,好表现自己,有丰富动人的幻想,具有高度的易受暗示性。

教师如发现学生患此病,一定要镇静,应消除心理创伤的因素,改善生活环境,指导他们心胸开阔,对自己的性格特点有一个正确的认识,严重者要及时送往医院诊治。

(二)人格障碍

人格障碍也称"病态人格",是指不伴精神症状的人格特征显著偏离正常,患者以固定的、特有的行为模式对环境刺激作出反应,产生适应功能的缺陷,对环境适应不良,甚至与社会发生冲突,是不被社会公允的行为模式。人格障碍常始于幼年,青年期定型,持续至成年甚至终生。人格障碍患者都有难与人相处的人际关系特点,遇到困难归咎于别人的过错或社会的不公平,不接受别人的意见和对自己的错误行为不负责任,故人格障碍的治疗效果一般不太理想。

大学生常见的人格障碍类型包括强迫型、偏执型、分裂型、戏剧型、回避型、自恋型、依赖型和边缘型等。这里只对这几种人格的主要表现和防治方法作简单的介绍,详细内容见后面的相关章节。

1. 强迫型人格障碍　强迫型人格障碍的主要特征是强烈的自制心和自我束缚。根据《中国精神疾病分类方案的诊断标准》,强迫型人格症状表现如下。

(1) 做任何事情都要求完美无缺,按部就班,有条不紊,因而有时反而影响工作的效率。

(2) 不合理地坚持别人也要严格按照他的方式做事,否则心里很不痛快,对别人做事也不放心。

(3) 犹豫不决,常推迟或避免做出决定。

(4) 常有不安全感,穷思竭虑,反复考虑计划是否得当,反复核对、检查,唯恐疏忽遗漏和出现差错。

(5) 拘泥细节,甚至生活小节也要"程序化",不遵照一定的程序就感到不安或者要重做。

(6) 完成一件工作之后常缺乏愉快和满足的体验,相反容易悔恨和内疚。

(7) 对自己要求严格,过分沉溺于职责义务与道德规范,无业余爱好,拘谨、吝啬,缺少友谊。

患者状况至少要符合以上项目中的3项,方可诊断为强迫型人格障碍。

2. 偏执型人格障碍　偏执型人格障碍的主要特点是极度的感觉过敏和毫无根据的猜疑。《中国精神疾病分类方案与诊断标准》规定偏执型人格的症状表现如下。

(1) 广泛猜疑,常将他人无意的、非恶意的甚至是友好的行为误解为敌意或者歧视,或无足够根据,怀疑会被人利用或者伤害,因此过分警惕与防卫。

(2) 将周围的事物解释为不符合实际情况的"阴谋",并可成为超价观念。

(3) 易产生病态嫉妒。

(4) 过分自负,若有挫折或者失败归咎于他人,总认为自己正确。

(5) 好嫉恨别人,对他人的过错不能宽容。

(6) 脱离实际地好争辩与敌对,固执地追求个人不够合理的"权利"或利益。

(7) 忽视或者不相信与其信念不相符合的客观证据,因而很难以说理或用事实来改变患者的想法。

患者状况至少要符合以上项目中的3项,方可诊断为偏执型人格障碍。

3. 分裂型人格障碍　分裂型人格又称关闭型人格。这种人表现退缩、孤独、沉默、不爱交往和冷漠,不仅自己不能体验到欢乐,对人亦缺乏温暖,爱好不多,过分敏感、怪癖,活动能力差,缺乏进取性,对人际关系采取不介入态度。多见于男性。

第三章 驱散心灵乌云——大学生心理障碍与防治

【案例3-5】

患者是一位50岁的退休警察,在他的狗给车压死几个星期后,他来寻求医生的帮助。自从狗死后,他感觉非常伤心、疲惫,并且在睡眠和集中精神方面有问题。

患者多年来一直独自生活,除了简单地打招呼之外,不会和任何人交谈。他宁愿一个人,认为与别人交谈纯属浪费时间,当其他人想和他交流的时候,他感觉很不舒服。他热衷于读报,并且对很多领域颇为了解。但他对身边的人从来都不感兴趣。他曾经是一个警卫,但同事称呼他为"冻鱼"和"孤独者"。同事们不再注意他或者取笑他,因为他们发现他看起来从来不注意或者在意这些取笑。

患者的生活在没有任何人际关系的情况下漂浮着。只有那条狗是他的伙伴,他的挚爱。圣诞节的时候,他为狗买了一些礼物,也为自己买了一瓶苏格兰产的酒作为狗送给自己的礼物。在他眼里,狗比人更加敏感,更加可爱。他可以向狗表达自己的情感和爱意,但对人他却做不到。失去爱犬是唯一能让他感到伤心的事情。即使在父母去世的时候,他都表现的无动于衷,他从来不会为失去与其他家庭成员的联系而感到遗憾。他认为自己是与众不同的,而在与他人的情感上是非常迷惑的。

根据《中国精神疾病分类方案与诊断标准》,分裂型人格的症状表现如下。

(1)有离奇或与文化背景不相称的信念,如相信透视力、心灵感应、特异功能和第六感观等。

(2)有奇怪的、反常的或特殊行为或外貌,如服饰奇特,不修边幅,行为不合时宜。

(3)言语怪异,如离题、用词不妥、繁简失当、表达意见不清,并非文化程度或智能障碍等因素所引起。

(4)不寻常的知觉体验,如有一过性的错觉、幻觉。

(5)对人冷淡,对亲属也不例外,缺少温暖体贴。

(6)表情淡漠,缺乏深刻或生动的情感体验。

(7)多单独活动,主动与人交往仅限于生活或工作中必需的接触,除一级亲属外无亲密友人。

患者状况至少要符合以上项目中的3项,方可诊断为分裂型人格障碍。

4.戏剧型人格障碍　戏剧型人格障碍(癔症型人格障碍)的典型特征是心理发育不成熟,特别是情感不成熟,多见于女性,尤其是青年女性。随着年龄的增长,心理的成熟,这类患者的人格障碍会减轻。根据《中国精神疾病分类方案与诊断标准》,戏剧型人格的症状表现如下。

(1)表情夸张像演戏一样,装腔作势,情感体验肤浅。

(2)易暗示性高,易受他人的影响。

(3)以自我为中心,强求别人符合他的需要或服从他的意志,不如意就给别人难堪或产生强烈不满。

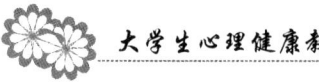

(4)经常渴望得到表现或同情,感情易波动。

(5)寻求刺激,过多地参加各种社交活动。

(6)需要别人经常注意,为了引起注意,不惜哗众取宠,危言耸听或在外貌和行为方面表现得过分吸引他人。

(7)情感反应强烈易变,完全按照个人的情感来判断好坏。

(8)说话夸大其词,掺杂幻想情节,缺乏真实细节,难以核对。

患者状况至少要符合以上项目中的3项,方可诊断为戏剧型人格障碍。

5. 回避型人格障碍 回避型人格障碍的主要特征是行为退缩,心理自卑,面对挑战多采取回避态度或无能应付。与分裂型人格障碍患者不同的是,回避型人格障碍患者并不安于或欣赏自己的孤独,不与人来往并非出于自己的心愿,而是被迫的心理防御。例如,有一位父亲,将他的两个孩子自出生之日起就锁在房中,不让孩子接触外面的世界,原因是认为外面坏人太多,结果毁掉了两个孩子。这位父亲有可能是回避型人格障碍。根据美国《精神障碍的诊断与统计手册》,回避型人格的症状表现如下。

(1)很容易因他人的批评或不赞同而受到伤害。

(2)除了至亲之外,没有好朋友或知心人(或仅有1个)。

(3)除非确信受欢迎,一般总是不愿卷入他人事务之中。

(4)对需要人际交往的社会活动或工作总是尽量逃避。

(5)在社交场合总是缄默不语,怕惹人笑话,怕回答不出问题。

(6)害怕在别人面前露出窘态。

(7)在做那些普通的常规事情时,总是夸大其潜在的困难,危险或可能的冒险。

只要满足上述项目中的4项,就可诊断为回避型人格

6. 自恋型人格障碍 自恋型人格障碍的主要特征主要是过分地关心自我,以自我为中心和自夸自尊。根据美国《精神障碍的诊断与统计手册》,自恋型人格的症状表现如下。

(1)对批评的反应是愤怒,羞愧或感到耻辱(尽管不一定当即表现出来)。

(2)喜欢指使他人,要他人为自己服务。

(3)过分自高自大,对自己的才能夸大其词,希望受人特别关注。

(4)坚信他关注的问题是世上独有的,仅能被某些特殊的人物所了解。

(5)对无限的成功、权力、光荣、美丽或理想爱情有过分的幻想。

(6)认为自己应享有他人没有的权力。

(7)渴望持久的关注与赞美。

(8)缺乏同情心。

(9)有很强的嫉妒心。

只有出现上述中的5项,方可诊断为自恋型人格障碍。

7. 依赖型人格障碍 依赖型人格障碍的主要特征是在自立、自主和自信方面未发展成熟,极度地依赖他人。根据美国《精神障碍的诊断与统计手册》,依赖型人格障碍的症状表现如下。

(1)在没有从他人那儿得到大量的建议和保证之前,对日常事务不能做出决定。

(2) 让别人为自己做大多数的重要决定,如在何处生活,该选择什么职业。
(3) 明知他人错了,也随声附和,因为害怕遭人遗弃。
(4) 很难单独开展计划或做事。
(5) 为讨好他人甘愿做低下的或自己不愿意做的事。
(6) 独处时有不适和无助感,或竭尽全力逃避孤独。
(7) 当亲密的关系终止时感到无助或崩溃。
(8) 经常被遭人遗弃的念头所折磨。
(9) 很容易因未得到赞许或遭到批评而受到伤害。

只要满足上述特征中的5项,就可诊断为依赖型人格。

8. 边缘型人格障碍　边缘型人格障碍的主要特征是心境变化的反复无常,行为极不稳定,许多行为犹如精神疾病急性发作状态,处于精神疾病的边缘,因此称之为边缘型或临界型。根据美国《精神障碍的诊断与统计手册》,边缘型人格的症状表现如下。

(1) 人际关系紧张,不稳定,经常在过分理想化和过度贬低这两级中变换。
(2) 在至少两个具有潜在自伤可能的活动中表现出冲动,例如花钱、性、服药、莽撞驾车等。
(3) 情绪不稳定,一会儿平静,一会儿抑郁,一会儿愤怒或焦虑。这几种情绪状态的变换短则几小时,长则不过几天。
(4) 对不适当的,强烈的愤怒缺乏控制。
(5) 反复出现自杀的威胁性言语、姿态和行为或自残行为。
(6) 显著和持久的认同障碍,如在自我意象、性对象选择、长期目标或职业选择、喜欢的朋友类型以及价值观等五方面中至少表现出两方面的认同障碍。
(7) 持久的空虚与无聊感。
(8) 为逃避真实或想象中的被遗弃而做出狂乱的努力。

只要满足上述特征中的5项,就可诊断为边缘型人格障碍。

除了上述人格障碍之外,还有反社会型人格障碍、被动攻击型人格障碍等。反社会型人格障碍表现为时常做出不符合社会要求的行为,经常违法乱纪,行为冲动,妨碍公众的正常工作,生活不负责任,对他人冷酷、仇视,缺乏羞耻心、焦虑感和自责感,不能从挫折和惩罚中吸取教训。被动攻击型人格障碍是指以被动的方式表现其强烈的攻击倾向,外表唯唯诺诺,内心却充满攻击性,如不听指挥,拖延时间,暗地破坏等。

(三) 性心理障碍

性心理障碍指的是一个人对性的观念、情感反应、态度和行为超出了其所处的社会文化环境所能容忍的范围,即性心理和性行为的反常,亦通常所说的性变态。它的主要特点是其性欲唤起、性发泄对象和性满足方式异于常态。性变态者对于正常的性生活通常没有要求甚至心怀恐惧,其行为常带有强迫性、反复性,受惩罚后也会感到悔恨,但又难以自控而往往重犯。常见的性心理障碍包括露阴癖、窥阴癖、易性癖、恋物癖和异装癖等(表3-3)。

表 3-3 常见的性心理障碍种类

类型	描述定义
露阴癖	指有在陌生异性面前露出生殖器的强烈欲望,反复伺机做出这种行为以取得性的满足,伴有或不伴有手淫。暴露的目的不在诱惑对方而在于展示自己,因而不会有进一步的骚扰行为,患者能从对方惊恐困窘的反应中获得反常的满足。均为男性
窥阴癖	指在暗中窥视异性裸体或性活动,以取得性的满足,伴有当场手淫或事后回忆窥视景象时手淫。常于 15 岁前开始,成年后确诊。均为男性
易性癖	指心理上对自身性别的认定与生理上的性别恰好相反,即女性认为自己是男性,男性认为自己是女性。患者持续存在改变本身生理性别的强烈愿望,其性爱倾向为纯粹同性恋。患者无其他精神疾病,无生殖器畸形或内分泌异常等
恋物癖	指以获取异性贴身衣物,而非异性本身而获得性的满足。几乎仅见于男性。所迷恋物品均为直接与异性身体接触的东西,如乳罩、内裤等。患者千方百计窃取或收集这些物品,在触摸这些物品时产生性快感,或在手淫或性交时经常同时使用这些物品,以增强性兴奋
异装癖	是恋物癖的一种特殊形式,患者表现对异性衣着特别喜爱,反复出现穿戴异性服饰的强烈欲望并付诸行动,由此可引起性兴奋,当这种行为受抑制时可引起明显的不安情绪。多见于男性,患者并不要求改变自身性别特征。一般来说,异装癖不会危害社会和他人,但因为行为有伤风化,因而应有针对性地进行及早治疗

(四)创伤后应激障碍

创伤后应激障碍(posttraumatic stress disorder,PTSD)是指突发性、威胁性或灾难性生活事件导致个体延迟出现和长期持续存在的精神障碍,其临床表现以再度体验创伤为特征,并伴有情绪的易激惹和回避行为。简而言之,PTSD 是一种创伤后心理失平衡状态。1993 年问世的国际疾病分类第十版(ICD-10)举出了若干这类事件的例子,例如自然灾害和人为灾害:战争、严重事故、目睹暴力造成的死亡或他人惨死、身受酷刑、被奸污、恐怖行为等,几乎所有经历这类事件的人都会感到剧大的痛苦。创伤性事件是 PTSD 诊断的必要条件,但不是 PTSD 发生的充分条件。虽然大多数人在经历创伤性事件后都会出现程度不等的症状,研究表明只有部分人最终成为 PTSD 患者。PTSD 的核心症状有三组,即:闯入性症状、回避症状和激惹性增高症状。PTSD 患者通常会经历诸如发噩梦和头脑中不时记忆闪回,并有睡眠困难,感觉与人分离和疏远。这些症状若足够严重并持续时间够久,将会显著地损害个人的日常生活。

(五)精神分裂症

精神分裂症是一组常见的精神疾病,约占精神病住院的 60%。精神分裂症病因复杂,尚未完全阐明。多起病于青壮年,表现为感知、思维、情感、意志行为等多方面障碍,精神活动与周围环境和内心体验不协调,脱离现实。一般无意识障碍和明显的智能障碍,可有注意、工作记忆、抽象思维和信息整合等方面认知功能损害。病程多迁延,反复发作,部分患者发生精神活动衰退和不同程度社会功能缺损。

【案例 3-6】

据媒体报道,25年前小曾是千里挑一的大学生,是父母的骄傲、邻里夸耀的对象。刚开始上大学时,小曾入学后,上课及生活,一切很正常。可是,仅仅过了2个月,小曾就开始头痛,然后出现一系列的怪异举动:无缘无故上课迟到;总是怀疑同宿舍同学在背后议论他、高声骂他等。老师教育他,他不听;同学们也不敢和他在一起。最后他被送入医院,诊断为精神分裂症。学校同意保留小曾1年学籍,让其回家治疗。1年后,康复的小曾再次迈进学校大门。然后仅过了两个月,同样的怪异现象又出现了,而且较之前还要严重,小曾不仅大骂同学,还扬言要杀人。最终,小曾退学回家。

回家后,小曾的病情越来越严重,犯病时没有丝毫的理智,曾经多次拿刀砍自己的父母,差点掐死自己的亲哥,甚至拿刀跑到火车站砍伤行人。当地派出所找到曾家老两口,要求对小曾采取强制措施。家人于是狠下心把小曾用铁链子锁上。这一锁就是18年……

1. **疾病早期症状** 大部分患者属慢性起病,工作的积极性和工作能力下降、学生学习成绩下降,对人冷淡,与人疏远,对外界事物不感兴趣,对家人不知关心照顾,生活懒散,敏感多疑,性格改变等。部分患者可有失眠、头痛、头晕、无力、情绪不稳等不适感及神经症症状。部分患者可急剧起病,临床上多表现为突然兴奋、冲动,言语凌乱,行为紊乱,片断幻觉和妄想。

2. **主要表现**

(1) 感知觉障碍:很重要的精神病性症状。无对象性的知觉,感知到的形象不是由客观事物引起。根据感受器官不同,幻觉分为幻听、幻视、幻嗅、幻味、幻触、内脏性幻觉。临床上最为常见的是幻听,幻视次之。

(2) 思维及思维联想障碍

1) 思维松弛或思维散漫:患者的思维活动表现为联想松弛,内容散漫。即思维的目的性、连贯性和逻辑性的障碍。交谈中患者对问题的叙述不够中肯,也不很切题,给人感觉患者的回答是"答非所问",与其交谈有一种十分困难的感觉。严重时表现为破裂性思维。

2) 逻辑倒错性思维:以思维联想过程中逻辑性的明显障碍为主要特征。患者的推理过程十分荒谬,既无前提,又缺乏逻辑根据,患者却坚持己见,不可说服。如一拒食患者,医生询问时,患者答:"我是大学生物系毕业的。生物进化是从单细胞到多细胞,从植物到动物。植物和动物是我们的祖先。父母从小就教育我要尊敬祖先。我吃饭、吃菜就是对祖先的不孝了。"如一患者说:"因为电脑感染了病毒,所以我要死了。"

(3) 情感障碍:情感淡漠,患者对一些能引起正常人情感波动的事情,以及与自己切身利益有密切关系的事情,缺乏相应的情感反应。患者对周围的事情漠不关心,表情呆板,内心体验缺乏。

(4) 意志与行为障碍

1) 意志缺乏:表现为患者缺乏应有的主动性和积极性,行为被动,生活极端懒散,个人及居室卫生极差。严重时患者甚至连自卫、摄食及性的本能都丧失。

2）意志减退：患者忽视自己的仪表，不知料理个人卫生。如一位青年男性患者连续3年从来没有换过衣服。

（六）偏执性精神病

偏执性精神病主要表现为一种或一整套相互关联的妄想，妄想往往持久，有时持续终生。妄想的内容变异很大，常为被害、疑病或者夸大性的，但也可与诉讼或嫉妒有关；或表现为坚信身体畸形；或确信他人认为自己有异味或是同性恋。起病常在中年，有时可在成年早期。妄想的内容及出现时间常与病人的生活处境有关，有时接近现实。妄想体验往往使患者有强烈心境和警觉性。若不涉及妄想内容，患者能进行正常的社会活动。

大学生是一个特殊而庞大的社会群体，他们正处在人生观、价值观、世界观全面形成的阶段，面临着学业及就业的压力。我国大学生心理障碍患病率从20世纪80年代至今一直处于上升趋势。

第二节　大学生心理障碍产生的原因

造成心理疾病的原因主要分为社会原因、心理认知原因和生物学原因三大类。许多心理疾病的发病都不是由一种因素造成的。

（一）社会原因

1.社会压力　现代社会物质生活日益丰富和改善，科技发展迅速，信息、观念的快速更新和环境变化的加快，使人们在精神上的紧张和空虚也随之日益加重。在大学生这个群体中，就业的竞争、能力的竞争和感情的波折让许多人的心理压力超出了自己的承受能力，转化成为心理疾病。也有同学因为缺乏远大的理想和信念而觉得生活没有意义，从而产生忧虑、悲观、痛苦、抱怨、委屈等负性情绪体验。

2.人际关系不良　自我意识不完善，以自我为中心的倾向是影响人际关系的重要原因。另一方面，有的人由于过去的交友失败，从此就把自己封闭起来，拒绝与他人交往。无端的猜疑和妒忌心理也是心理疾病产生的重要原因。

3.社会适应不良　由于受自身性格特点、家庭教养方式、社会等多重因素的影响，有些人自身存在怯懦的个性和很强的自卑感，在与人交往时极易导致紧张不安、烦躁、焦虑或抑郁。为达到心理平衡，他们往往采用了过度的自我防御，将对自身的不满投射到别人身上，把"我讨厌自己"转嫁成"别人讨厌我"，从而形成工作、生活中的"心理过度防卫"。过度防卫让他认为是别人看不起他，为了减轻自己的痛苦而一次次伤害他人，形成"恶性循环"。

4.精神创伤　从严重的灾难性创伤事件，如美国911事件，东南亚海啸事件，目睹亲人或他人死亡等；由于严重疾病所引起的死亡威胁或身体的严重残缺，以及暴力或其他犯罪行为的受害者等。到造成相对比较轻微的创伤事件，如失恋，婚姻破裂，事业或学业的失败，人际矛盾冲突，职场上的挫折，遭受亲人的遗弃或背叛等。对一个心理比较脆弱的人来说,一般人认为并不很严重的事件也足以引发严重的精神创伤。如果一个人受到精神创伤后出现情绪低落,郁郁寡欢,伤心落泪,生活动力下降,不愿和人交往,对生活缺乏兴趣等持续3个月以上,应该考虑寻求心理咨询专业人士的帮助。

(二)认知原因

认知是指一个人对周围世界的看法。不健全的人格会导致认知的偏差,认知的偏差又会导致行为的异常。

1. 自我评价过低或过高。

2. 不合理的信念:心理学家艾丽斯(Ellis)在1962年提出,不合逻辑的、不合理的信念是一个人产生情绪困扰的主要原因,也是导致人们产生心理障碍及神经症状的原因。

(三)生物学原因

1. 先天脑组织及功能存在缺陷　例如脑部炎症、寄生虫、梅毒、脑外伤等,这类人是心理疾病的易感人群。

2. 遗传因素的影响　如果家族中有人曾经患过精神方面的疾病,那么他在精神方面的患病率要比没有家族遗传的人要高得多,这类人也是心理疾病的易感人群。

3. 人格特质　也叫个性或性格,是一个人包括先天素质,受家庭、学校教育、社会环境等心理的、社会的影响,并逐步形成的气质、能力、兴趣、爱好、习惯和性格等心理特征的总和。人格发育的不完善或缺陷,是产生心理疾病的基础和内因。

第三节　大学生心理障碍的治疗

大学生异常心理的治疗方法很多,如果发现有精神分裂症或躁郁症等严重精神障碍的情况应及时联系家长与老师,并及时转诊到专科医院或专科门诊,一般需要药物治疗。如果是一般心理问题可到学校心理咨询室求助于心理咨询老师。在进行心理咨询的同时,可以通过练习一些简单的方法,以达到提高咨询与治疗效果的目的。

一、松弛疗法

松弛疗法具有良好的抗应激效果。在进入放松状态时,交感神经活动功能降低,表现为全身骨骼肌张力下降即肌肉放松呼吸频率和心率减慢,血压下降,并有四肢温暖,头脑清醒,心情轻松愉快,全身舒适的感觉。同时加强了副交感神经系统的活动功能,促进合成代谢及有关激素的分泌。经过放松训练,通过神经、内分泌及自主神经系统功能的调节,可影响机体各方面的功能,从而达到增进心身健康和防病治病的目的。

(一)松弛疗法的适用范围

松弛疗法的适应证包括神经症、心身疾病、各种心理社会适应不良引致的综合征、失眠等睡眠障碍等,还适用于各种心理行为训练。

(二)常用的松弛疗法

1. 呼吸松弛训练法　采用稳定的、缓慢的深吸气和深呼气方法,达到松弛目的。一般要求连续呼吸20次以上,每分钟呼吸频率在10~15次左右。(视人而异,要事先通过定期自我训练,在实践中自我体会,确定最佳呼吸频率,并要求训练成熟后再实际应用。)吸气时双手慢慢握拳,微屈手腕,最大吸气后稍屏息一段时间,再缓慢呼气,两手放松,处于全身肌肉松弛状态,如此重复呼吸。训练时注意力高度集中,排除一切杂念,思想专一,全身肌肉放松。

平时每天练习1~2次,每次10~15分钟有计划地训练,自我体会身心松弛的效果。每一训练期(医学上称"疗程")为15~20次。可休息几天,重复训练,以达到要求为止。可采用坐位或卧位训练,成功后则随时可在实际中应用。切忌在未训练成功时匆忙使用,以致失败后怀疑本法的有效性。

2. **想象松弛训练法** 遇到不良情境产生紧张、恐惧和焦虑情绪时,运用自己充分和逼真的想象力,主动地想象最能使自己感到轻松愉快的生活情境,用以转换或对抗不良心理状态。例如想象自己躺在和煦的阳光下,在海边聆听大海的波涛声,充分享受大自然的美景和情趣;想象自己在环境幽雅、景色迷人的公园里休憩,在风光迷人、空气清新的优美环境中感受鸟语花香带来的乐趣,心境无比舒畅。

想象的内容最好是自己过去亲自经历过的生活情景,并且能唤起终生难忘的轻松愉快心理。对于一位足不出户、想象力不丰富、生活经历贫乏者,补救的办法是想象自己观看过的最精彩、最激动人心的影视节目中的片断情景。

3. **自我暗示松弛训练法** 利用指导性短语,自我暗示、自我命令,消除紧张恐惧心理,增强意志力量,保持镇定平衡的心理状态。例如:"这些感觉虽然可怕,但不足畏惧,我可以改变它的意义";"我太惊慌失措了,我不必为此小事大惊小怪,我会自己克服的";"这些情境没有什么了不起,我一定会排除克服的"。

指导性短语由患者自行设计制定,不必千篇一律,生搬硬套。要求短小精悍,流畅顺口,具有鼓舞斗志和自我命令、自我镇静的作用。实践表明,当患者在做一件会引起自己恐惧焦虑的事时,事先做好充分的心理准备,采用本法训练后再行动,确实具有镇静治疗作用。

二、体育运动疗法

(一)体育运动的特点

据调查,约有80%心理疾病的学生是不经常运动的,而经常参加体育运动的学生,受心理压力困扰的程度明显低于不参加体育运动的学生。体育运动对于预防和治疗心理问题有重要的意义。

1. 放松心情,释放心理压力,改善情绪状态。
2. 促进身心协调发展,增强意志品质。
3. 提高心理适应能力和抗挫折能力。
4. 协调人际关系,培养竞争意识。
5. 树立自信,赢得尊重,修正行为。

(二)体育运动调节、治疗心理疾病的基本原理

人的大脑与肌肉的信息是双向传导的。神经兴奋可以从大脑传递至肌肉,也可以从

肌肉传至大脑。肌肉活动积极,从肌肉向大脑传递的冲动就多,大脑的兴奋水平就高,情绪就会高涨。反之肌肉愈放松,从肌肉向大脑传递的冲动就愈少,大脑的兴奋性就降低,情绪就不会高涨。体育运动之所以能有效地调节人的心理情绪,也就是运用、遵循了这一原理。

(三)体育运动调节、治疗心理疾病的手段和方法

在运用体育手段对患病学生进行治疗时,可根据患者患病的类型不同,结合各运动项目的不同特点,有针对性地进行选择、指导,从而消除患病学生已形成的病态心理,恢复健康。例如:对于抑郁症的治疗可选择趣味性、技巧性的集体项目,如足球、排球、篮球、毽球、乒乓球等;对于强迫症的治疗可选择轻松、趣味性和娱乐性较强的运动项目,如健美操、游泳、爬山、滑雪、溜冰;对于焦虑症的治疗可选择轻松、趣味性较强或者患者感兴趣的活动项目,例如羽毛球、乒乓球、排球、篮球、游泳、爬山等;对于多疑症的治疗可选择需要相互协作、共同完成的集体项目,例如,4×100米等接力项目、拔河、排球等;对于神经衰弱的治疗可选择患者感兴趣或者重意念的运动项目,如游泳、打太极拳、练气功等。

三、音乐疗法

音乐具有陶冶情操、开发智力、促进个性发展的作用,正因为如此,音乐已被运用到医学治疗的领域。有关音乐对人体身心状态影响的记载可以追溯到很久以前。现代神经心理学证明,音乐对神经结构,尤其是对大脑皮层有直接影响。不同的曲目作用于人的感官,根据乐曲的旋律、速度、节奏等不同,可以使人产生不同的感受。国外大量的研究证实,音乐可以引起各种生理反应,如使血糖降低、呼吸减慢、心跳减慢、皮肤温度升高、肌肉电位降低、皮肤电阻值下降、血管容积增大、血液中的去甲肾上腺素含量增加和肾上腺素的降低等,从而明显地促进人体的内稳态,减少紧张焦虑,促进放松。

(一)音乐介入心理治疗的效果

1. 提高和促进心理功能　"音乐介入心理治疗"在大多数情况下都需要配合心理疗法同时进行。音乐的主要作用是通过艺术的感染力以音乐特有的物理特性、特定的频率、声压影响人的生理节奏,尤其是在心理和精神方面恢复上起辅助作用。例如对于受刺激后部分记忆的缺失,单纯心理咨询的效果未必明显,而如果辅以"音乐疗法"则会有意想不到的效果。这种作用主要通过音乐来唤起心理和精神上的感应和反应,以达到调节、校正和恢复精神功能的作用。

2. 强化大学生的自我意识　利用音乐本身会传达自我意识的特点,让大学生在聆听不同音乐中表达"自我",感受热情、悲观、宁静、无奈、思念、失落等情绪及对自身及周围的人的看法和态度,促进对"自我"思索和追问,从而使心中的迷茫、困惑、压抑就会得到缓解。

3. 调节情绪　研究表明,情绪愉快的人动脉压可下降20毫米汞柱,脉率每分钟可减少8次,全身肌肉组织得到放松。音乐正是通过其独特的性能在情志方面起到调节、抑制等多方面的作用,从而达到舒缓紧张焦虑情绪。选定来访者中焦虑患者,进行音乐放松治疗实验,实验中曾采用《平湖秋月》《雨打芭蕉》《姑苏行》,让被试者想象一些广阔的、宁静的、舒缓的画面或场景,从而达到了放松身心缓解焦虑的目的。

（二）音乐治疗中曲目的选择

音乐曲目的选择是音乐介入心理治疗的关键所在,针对不同的心理症状选择适宜的曲目可以起到很好的心理治疗作用。

对于抑郁症状,治疗开始时可选用和患者情绪对应的抑郁型音乐,如莫扎特《第40号交响曲》、西贝柳斯《忧郁圆舞曲》,让患者在音乐中感受到另外有种和自己遭遇相近的情绪存在。然后选用叙述型冥想音乐,在治疗师的暗示下,让音乐帮助患者体会到真实的抑郁情绪的背景所在。后期选用明朗、开阔、积极的音乐,让患者和音乐情绪一起走向积极、乐观的境地。如《百鸟朝凤》《步步高》《喜洋洋》等。

对于焦虑症状,可以选择悠扬、舒畅、浪漫、柔情的曲目,音乐速度和节奏一般较平缓,旋律轻悠、舒缓、清新,且起伏不大,调性平和,力度多偏弱而变化少,给人一种平静、安全的感受,具有镇静松弛的作用,令人心平气和、心情安定,沉静地对待一切,如柴可夫斯基的《船歌》《梁祝》《二泉映月》《汉宫秋月》等。

对于其他负性情绪和压抑的情绪状态,选择低沉的曲目,速度较慢,旋律低沉、调性暗淡,力度多为中等以下,有时也有很强的处理,可能将内心的忧郁外泄,如贝多芬的《第五命运交响曲》或民乐《江河水》等乐曲来激发被治疗者的各种负性情绪体验,帮助他尽可能地把消极情绪发泄出来。当消极的情绪发泄到一定程度时,人的内心深处的积极的力量萌芽,这时使用积极、高昂、激发内心力量的音乐,如《彩云追月》(琵琶)、《金蛇狂舞》(二胡)等,以支持和强化被治疗者内心的积极情绪力量,最终帮助他摆脱痛苦和困境。

【活动天地】

活动一:训练幽默乐观的游戏

情绪有正性与负性之分。有些正性情绪,如兴奋、好玩、幽默,可以激发人的创造力,而许多负性情绪,如痛苦、焦虑、恐惧则会阻碍人的创造力发挥。我们每个人都可能因为成功或失败而导致情绪波动的经历。下面这个游戏可以让你体验情绪在问题解决中的强大作用,更可以训练你的幽默和乐观情绪。这个游戏要求你和一些朋友一同做,而且要求你偏离一贯的社会行为。游戏的内容是要你学动物园里动物的叫声。下面的字母决定你要学的动物是什么。

你姓氏汉语拼音的第一个字母:动物名称。

A——F 狮子　G——L 海豹　M——R 猩猩　S——Z 热带鸟

现在,选择一个伙伴(最好在这些朋友中挑选一位不太熟悉的人作为伙伴)。彼此盯着看,目光不能转移,同时用嘴大声学动物叫,至少10秒。

点评词:在这个简单的游戏中,你的感觉如何?你是否感到了既幽默有趣,又有些尴尬?这个游戏尽管开始时会感到不舒服,很可能结束时已笑声满堂。不管你模仿的动物是什么,最后你的表现都是"傻驴"一头。你是否注意到好玩和幽默的情绪会有助于你在这个游戏中创造力的发挥,可能会使你灵机一动,模仿出种种出人意料的叫声,获得满堂喝彩,或者逗得大家捧腹大笑?而在游戏中,感到尴尬的心理却会使你羞于开口?假如你有幽默感,学动物叫就更容易开口。乐观的情绪是创造力的催化剂,因此在最困难的时候,不要忘记幽默可以使你保持乐观。

第三章 驱散心灵乌云——大学生心理障碍与防治

【测测你自己】

症状自评量表（SCL-90）

请仔细阅读以下每一个问题，然后根据最近一周内下列问题影响你或你感到苦恼的程度，选择最合适的一个，请不要漏掉问题。

1. 头痛	从无	轻度	中度	偏重	严重
2. 神经过敏，心中不踏实	从无	轻度	中度	偏重	严重
3. 头脑中有不必要的想法或字句盘旋	从无	轻度	中度	偏重	严重
4. 头昏	从无	轻度	中度	偏重	严重
5. 对异性的兴趣减退	从无	轻度	中度	偏重	严重
6. 对旁人责备求全	从无	轻度	中度	偏重	严重
7. 感到别人能控制你的思想	从无	轻度	中度	偏重	严重
8. 责怪别人制造麻烦	从无	轻度	中度	偏重	严重
9. 因为总在回忆一些事情而感到苦恼	从无	轻度	中度	偏重	严重
10. 总怕自己不清洁或不小心	从无	轻度	中度	偏重	严重
11. 感到自己容易生气或被激怒	从无	轻度	中度	偏重	严重
12. 胸痛	从无	轻度	中度	偏重	严重
13. 害怕空旷的场所或街道	从无	轻度	中度	偏重	严重
14. 感到自己的精力下降，活动减慢	从无	轻度	中度	偏重	严重
15. 想结束自己的生命	从无	轻度	中度	偏重	严重
16. 听到旁人听不到的声音	从无	轻度	中度	偏重	严重
17. 发抖	从无	轻度	中度	偏重	严重
18. 感到大多数人都不可信任	从无	轻度	中度	偏重	严重
19. 胃口不好	从无	轻度	中度	偏重	严重
20. 容易哭泣	从无	轻度	中度	偏重	严重
21. 同异性相处时感到害羞不自在	从无	轻度	中度	偏重	严重
22. 感到受骗，中了圈套或有人想抓住你	从无	轻度	中度	偏重	严重
23. 无缘无故地突然感到害怕	从无	轻度	中度	偏重	严重
24. 自己不能控制地大发脾气	从无	轻度	中度	偏重	严重
25. 怕单独出门	从无	轻度	中度	偏重	严重
26. 经常责怪自己	从无	轻度	中度	偏重	严重
27. 腰痛	从无	轻度	中度	偏重	严重
28. 感到难以完成任务	从无	轻度	中度	偏重	严重
29. 感到孤独	从无	轻度	中度	偏重	严重
30. 感到苦闷	从无	轻度	中度	偏重	严重
31. 对事物不感兴趣	从无	轻度	中度	偏重	严重
32. 过分担忧	从无	轻度	中度	偏重	严重

33. 感到害怕	从无	轻度	中度	偏重	严重
34. 您的感情容易受到伤害	从无	轻度	中度	偏重	严重
35. 他人知道您的内心想法	从无	轻度	中度	偏重	严重
36. 感到别人不理解您、不同情您	从无	轻度	中度	偏重	严重
37. 感到人们对您不友好、不喜欢您	从无	轻度	中度	偏重	严重
38. 做事必须做得很慢以保证做得正确	从无	轻度	中度	偏重	严重
39. 心跳得很厉害	从无	轻度	中度	偏重	严重
40. 恶心或胃部不舒服	从无	轻度	中度	偏重	严重
41. 感到比不上别人	从无	轻度	中度	偏重	严重
42. 肌肉酸痛	从无	轻度	中度	偏重	严重
43. 感到周围的人在注视或议论自己	从无	轻度	中度	偏重	严重
44. 难以入睡	从无	轻度	中度	偏重	严重
45. 做事必须反复检查	从无	轻度	中度	偏重	严重
46. 难以做出决定	从无	轻度	中度	偏重	严重
47. 怕乘电车、公共汽车、地铁或火车	从无	轻度	中度	偏重	严重
48. 感到呼吸有困难	从无	轻度	中度	偏重	严重
49. 一阵阵发冷或发热	从无	轻度	中度	偏重	严重
50. 因为感到害怕而避开某些东西、场合或活动	从无	轻度	中度	偏重	严重
51. 觉得脑子里很空虚	从无	轻度	中度	偏重	严重
52. 身体发麻或刺痛	从无	轻度	中度	偏重	严重
53. 喉咙有梗塞感	从无	轻度	中度	偏重	严重
54. 感到前途没有希望	从无	轻度	中度	偏重	严重
55. 不能集中注意	从无	轻度	中度	偏重	严重
56. 感到身体的某些部位软弱无力	从无	轻度	中度	偏重	严重
57. 感到紧张或容易紧张	从无	轻度	中度	偏重	严重
58. 感到手或脚沉重	从无	轻度	中度	偏重	严重
59. 想到死或想到将要死	从无	轻度	中度	偏重	严重
60. 吃得太多	从无	轻度	中度	偏重	严重
61. 当别人注视您或谈论您时感到不自在	从无	轻度	中度	偏重	严重
62. 头脑里有一些不属于自己的想法	从无	轻度	中度	偏重	严重
63. 有想打人或伤害他人的冲动	从无	轻度	中度	偏重	严重
64. 醒得太早	从无	轻度	中度	偏重	严重
65. 必须重复相同的动作,如反复洗手点数	从无	轻度	中度	偏重	严重
66. 睡得不稳不深	从无	轻度	中度	偏重	严重
67. 有摔坏或破坏东西的想法	从无	轻度	中度	偏重	严重
68. 有一些别人没有的想法和念头	从无	轻度	中度	偏重	严重
69. 感到对别人神经过敏	从无	轻度	中度	偏重	严重
70. 在商店或电影院等人多的地方感到不自在	从无	轻度	中度	偏重	严重

71. 感到任何事情都很困难	从无	轻度	中度	偏重	严重
72. 一阵阵恐惧或惊恐	从无	轻度	中度	偏重	严重
73. 感到在公共场合吃东西很不舒服	从无	轻度	中度	偏重	严重
74. 变得越来越容易与人争吵	从无	轻度	中度	偏重	严重
75. 单独一人时神经很紧张	从无	轻度	中度	偏重	严重
76. 别人对您的成绩没有作出恰当的评价	从无	轻度	中度	偏重	严重
77. 即使和别人在一起也感到孤单	从无	轻度	中度	偏重	严重
78. 感到坐立不安、心神不定	从无	轻度	中度	偏重	严重
79. 感到自己没有什么价值	从无	轻度	中度	偏重	严重
80. 感到熟悉的东西变得陌生或不像是真的	从无	轻度	中度	偏重	严重
81. 大叫或摔东西	从无	轻度	中度	偏重	严重
82. 害怕会在公共场合昏倒	从无	轻度	中度	偏重	严重
83. 感到别人想占您的便宜	从无	轻度	中度	偏重	严重
84. 为一些有关性的想法而苦恼	从无	轻度	中度	偏重	严重
85. 您认为自己有过错而应该受到惩罚	从无	轻度	中度	偏重	严重
86. 感到事情做不完	从无	轻度	中度	偏重	严重
87. 感到自己的身体出了严重问题	从无	轻度	中度	偏重	严重
88. 从未感到和其他人很亲近	从无	轻度	中度	偏重	严重
89. 感到自己有罪	从无	轻度	中度	偏重	严重
90. 感到自己的脑子有毛病	从无	轻度	中度	偏重	严重

结果统计：

1. 评定方法：五级评分，0＝从无，1＝轻度，2＝中度，3＝偏重，4＝严重。

2. 总分

（1）总分为90个项目所得分之和。

（2）总均分＝总分÷90。

（3）阳性项目数是指评为1～4分的项目数。阳性症状痛苦水平＝总分÷阳性项目数。

3. 因子分

因子分＝组成某一因子的各项目总分/组成某一因子的项目数。

9个因子所包含项目为：

① 躯体化：包括1,4,12,27,40,42,48,49,52,53,56,58共12项。

② 强迫症状：包括3,9,10,28,38,45,46,51,55,65共10项。

③ 人际关系敏感：包括6,21,34,36,37,41,61,69,73共9项。

④ 抑郁：包括5,14,15,20,22,26,29,30,31,32,54,71,79共13项。

⑤ 焦虑：包括2,17,23,33,39,57,72,78,80,86共10项。

⑥ 敌对：包括11,24,63,67,74,81共6项。

⑦ 恐惧：包括13,25,47,50,70,75,82共7项。

⑧ 偏执：包括8,18,43,68,76,83共6项。

⑨ 精神病性：包括7,16,35,62,77,84,85,87,88,90共10项。

此外,19,44,59,60,64,66,89共7项作为附加项目。

【好书推荐】

1. R. D. 莱恩. 分裂的自我[M]. 林和生,译. 贵阳:贵州人民出版社,1994.
2. 约瑟夫. 坎贝尔. 千面英雄[M]. 张承谟,译. 上海:上海文艺出版社,2000.
3. 戴尔. 卡耐基. 人性的弱点全集[M]. 袁玲,译. 北京:中国发展出版社,2008.

【电影赏析】

1. 强迫行为:《谢尔顿敲门》
2. 强迫症:心理访谈《谁动了我的大脑》
3. 抑郁症表现:《你抑郁了吗?抑郁症的表现》
4. 《新闻调查》:《远去的生命》

【参考文献】

[1] 陈国海,许国彬. 大学生心理与训练[M]. 广州:中山大学出版社,2005.
[2] 郭念锋. 心理咨询师[M]. 北京:民族出版社,2003.
[3] 百度文库. CCMD-3中国精神障碍分类与诊断标准第3版[EB/OL]. (2013-03-05)[2020-08-23]. http://wenku.baidu.com/view/c28dc4d0360cba1aa911da07.html.
[4] 程玮,陈艳. 大学生心理健康与发展[M]. 北京:中国轻工业出版社,2018.
[5] 冉超凤,黄天贵. 高职大学生心理健康与成长[M]. 4版. 北京:科学出版社,2017.
[6] 叶浩生. 心理学通史[M]. 北京:高等教育出版社,2006.
[7] 刘迎. 大学生异常心理问题分析及应对策略探析[J]. 周口师范学院学报,2015,32(03):124-125.
[8] 宋海燕,李志清,余世和,等. 大学生心理障碍(抑郁症、焦虑症、强迫症)的体育干预治疗[J]. 体育学刊,2010,17(07):51-55.
[9] 袁勇. 不同的体育锻炼对高职大学生心理障碍的影响分析[J]. 当代体育科技,2018,8(32):5-6.
[10] 睢密太,张建新,云炜恒,等. 大学生心理障碍干预模式研究述评[J]. 心理科学,2005(06):185-189.
[11] 马利红. 大学生心理障碍多元矫治方法的实证研究[J]. 教育探索,2014(09):134-136.
[12] 何婉文,李俊丰. 大学生异常心理研究:基于中山大学的调研数据[J]. 校园心理,2016,14(05):320-323.
[13] CHUNFANG W U. Prevention and Intervention Measures for Abnormal Psychology of Rural College Students: A Case Study of Northwest A&F University[J]. Asian Agricultural Research,2017,9(05):92-95.

第四章

"心"病还须"心"药医
——大学生心理咨询

【名言哲语】

我们生命的过程,就是做自己,成为自己的过程。

——美国人本主义心理学大师罗杰斯

心理咨询就是使人对自我感觉良好,犹如登天的感觉。心理咨询之妙,就在于它帮助了一个人,却让那个人感觉到,好像是他自己帮助了自己似的。

——中国心理学家岳晓东

2019年,联合国与世界卫生组织数据显示:全球20%青少年受心理问题困扰。联合国专家预言,从现在到21世纪中叶,没有任何一种灾难能够像心理问题那样给人们带来持续而深刻的痛苦。从疾病发展史来看,人类已经从"传染病时代""躯体疾病时代"进入了"精神病时代。"生活在这个时代的大学生,在众多的机遇面前承受着成长、成才和就业等诸多竞争,面临着择业与就业、恋爱与婚姻及人际交往等多方面的压力,在这样的大环境下,往往容易产生各种各样的心理健康问题。如果这些问题得不到有效的处理,就会影响大学生正常的学习和生活,甚至导致心理疾病。心理咨询是解决心理矛盾与困惑,提高心理健康水平的重要途径和方法。学校心理咨询在帮助大学生解决心理问题、提高自我认识、挖掘自我潜能等方面起着重要的作用。大学生要充分利用这一资源,在心理咨询的过程中体验自我成长,做自己心灵的主人。

【故事点击4-1】

在一次讨论会上,一位著名的演说家没讲一句开场白,手里却高举着一张100元的钞票。面对会议室里的200个人,他问:"谁要这100元?"一只只手举了起来。他接着说:"我打算把这100元送给你们中的一位,但在这之前,请准许我做一件事。"他说着将钞票揉成一团,然后问:"谁还要?"仍有人举起手来。他又说:"那么,假如我这样做又会怎么样呢?"他把钞票扔到地上,又踏上一只脚,并且用脚碾它。尔后他拾起钞票,钞票已变得又脏又皱。"现在谁还要?"还是有人举起手来。

"朋友们,我们已经上了一堂很有意义的课。无论我如何对待这张钞票,我们还是想要它,因为它并没贬值,它依旧值100元。人生路上,我们会无数次被自己的决定或碰到的逆境击倒、欺凌甚至碾得遍体鳞伤。我们觉得自己似乎一文不值。但无论发生什么,或将要发生什么,我们永远不会丧失价值。因为在人们看来,无论肮脏或洁净,或是衣着齐整或不齐整,你们依然是无价之宝。"

第一节 心理咨询的概念和功能

心理咨询发起于20世纪初美国的"职业指导运动"。我国的心理咨询起步于20世纪80年代,经历三十多年时间,已经初步形成规模,并显示出强劲的发展势头。随着社会

第四章 "心"病还须"心"药医——大学生心理咨询

的不断发展,人们的心理适应能力不断受到挑战,对心理咨询提出新的要求。现在,我国很多高校都设立心理咨询机构,开展心理咨询活动,被称为"情感驿站""心灵港湾""心理美容院"。现在一般三甲医院都设有心理门诊,社会上也有各种各样的私立心理咨询机构提供心理咨询服务。心理咨询是现代人必不可少的一种精神按摩方式。

一、心理咨询概述

(一)心理咨询的含义

美国心理咨询大师罗杰斯认为:"心理咨询是一个过程,心理咨询员与来访者的关系能给予后者一种安全感,使他可以从容地开放自己,甚至可以正视自己过去曾否定的经验,然后把那些经验融合于已经转变的自己,做出统合。"我国心理学家钱铭怡认为:"心理咨询是咨询师通过人际关系,应用心理学方法,帮助来访者自强自立的过程。"

一般而言,心理咨询是运用有关心理科学的理论和方法,通过解除咨询对象的心理问题,来恢复心理平衡、提高对环境的适应能力、维护和增进身心健康,促进个性发展和潜能开发的过程。

(二)心理咨询的特点

1. 心理咨询是助人自助的一种活动。心理咨询是通过多种心理技术、方法来启发来访者了解自己,找到自己身上的潜在力量,在咨询师的帮助下,学会自我克服成长中的障碍。

2. 心理咨询是人际互动的过程。心理咨询既不依靠药物治疗,也不依靠理论说教,而是启动咨询师与来访者之间平等的交流互动,调动来访者内在动力和智慧达成成长的目的。

3. 心理咨询具有"心理性"。心理咨询是在心理学原理指导下,按照心理规律进行的辅导过程。在没有指责、没有评判、完整接纳的氛围中,真实呈现想法和感受,进行真诚地心与心的交流。

4. 心理咨询有一个安全的空间。心理咨询按照心理工作的需求,坚守保密和价值中立的态度,为心理咨询建立了一个独特的、安全的心理空间,为深层心理问题的解决提供安全保障。

5. 心理咨询是一个过程。心理问题通常不是一次咨询就能彻底解决,同时,个体的心理成长、行为改变,也不是一蹴而就的。因此,心理咨询通常是一个或长或短的心理成长发展过程。

(三)正确认识心理问题和心理咨询

首先,要认识到心理问题就像感冒、发热等生理问题一样,每个人的成长过程中都会或多或少的出现这样或那样的心理问题,这是个人成长发展过程中的正常现象,不必为此过分焦虑,解决问题的方法之一就是求助心理咨询。

其次,不要急于对自己和其他人的心理问题做出"诊断",切忌根据书籍、报纸、网上的描述"对号入座",徒增心理负担。大学生的许多心理问题是发展性或适应性问题,属于一过性障碍。

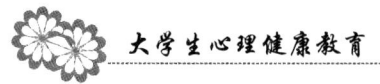

再次,要学会自我调节,在平常的学习生活中,要多学会和掌握一些积极的心理调适技巧和方法,进行自我调节。如可以采用运动、放松、音乐等各种形式。

最后,学会寻求帮助,当我们自己尽力调节,效果不理想时,就要积极寻求咨询师的帮助。求助是强者的行为,勇者的行动。心理问题是心理的日常感冒或发烧,而心理咨询是应对心理问题最方便最简洁最好用的处方药。

二、心理咨询的过程

心理咨询具有较强的结构性,通常可以分为三个阶段。

第一个阶段为心理评估阶段。这一阶段的主要工作内容为:建立咨询关系,搜集相关信息,进行心理评估,调整求助动机,确立咨询目标和制定实施方案。但这一阶段的关键是心理咨询师的真诚、信任、同理心,以来访者的利益为重,同时还需要具有敏锐的洞察力。

第二阶段是分析和解决问题阶段。该阶段主要任务是帮助来访者改变不适应的认知、情绪和行为。咨询师可以根据来访者问题的特征和自己的理论倾向,来选择相应的咨询方法,探索潜意识、矫正行为或改变认知,常用的方法是面质和澄清。这是心理咨询花费时间最多的阶段。

第三阶段是结束巩固阶段。这一阶段的任务是巩固咨询成果,使来访者将学到的东西运用到生活中去。心理咨询师通过自己的真诚和娴熟的心理咨询技术,打开来访者的心扉,找到心理问题的症结,帮助来访者把所有遭遇的困境和痛苦都抛开,重新找到属于自己的生活,打开心胸拥抱生命,遇到更好的自己。

三、心理咨询的功能

心理咨询的功能是为来访者提供全新的人生体验和经验,帮助来访者认识自己与社会,逐步改变非适应反应方式,学会与外界相适应的方式,更好地发挥内在潜力,更好地面对现实生活。心理咨询的功能具体表现为四个方面。

(一)认识内部冲突,体验人际关系

症状各异的来访者有一个共同的特点,他们的"重心"都不在自己身上,总是以某种方式放在别人身上。事实上,促使人们进行心理咨询的问题,大多数是自身内部原因引起的心理问题。针对人们习惯从外部、从别人身上找原因的现实,心理咨询的任务在于帮助来访者形成自己的"重心",帮助来访者认识到自身内部的各种冲突,看清楚自己的内心,觉察到自我的真实存在,按自己的需要、兴趣爱好和目标去寻求满足。

(二)深化自我认识,促进自我反思

心理咨询促使来访者了解和接受自己,提升自信和自我支配能力。人们真正认识自己,即认识到自己的内心需要、态度、价值观以及优缺点,有助于人们把握自己的人生,获得最大的幸福。

心理咨询师促使人们进行自我反思,认识到自己的错误观念导致了许多本来可以避免的困境,从而形成正确的观念,做出智慧的选择。

(三)获得心理自由,学会面对现实

来访者往往心理上缺乏自由,心理咨询为来访者提供了一个在心理上获得更大自由的机会,帮助来访者学会接纳自己、他人及社会的不足,学会以更大的包容来看待人生,享受自由生活。

(四)付诸有效行动,发现人生意义

心理咨询的最终目标是指向现实生活,助人自助,也就是说,帮助来访者更有效地处理现实生活中的问题,付出新的行动,自我救助,创造新的生活。心理咨询的过程就是帮助人们寻找到人生的价值和存在的意义,获得内心的满足。

因此,从某种程度上来说,心理咨询是对人生基本命题的探索,如果能帮助来访者找到人生使命感、责任感和伦理性,那他就会开始拥有真正自我接纳和心理健康了。

四、学校心理咨询

学校心理咨询是运用心理学的原理和方法,通过对学生的学习、情感、交往、适应、发展、择业等问题给予直接或间接的指导,帮助其改变认知和行为方式,挖掘自身潜能,解决心理问题,促进学生个性发展和健康成长的过程。

(一)学校心理咨询的特点

学校心理咨询伴随学生学习生涯的整个过程,支持和帮助他们适应各阶段的学校生活,指导他们完成各阶段的自我发展任务,教会他们能面对和处理成长过程中遇到的各种问题,圆满地完成学业,健康成长成才。

1. 学校心理咨询不是思想政治教育,而是助人自助的一种活动。
2. 学校心理咨询不是替求助者做决策,而是帮助求助者自我探索和成长。
3. 学校心理咨询是按照心理科学原理进行指导,满足个人健康成长的需要。
4. 学校心理咨询的主要对象是遇到心理困惑和心理问题的大学生,如果遇到心理障碍或心理疾病患者一般会转介给相关的医疗机构。

(二)学校心理咨询的原则

1. 保密性原则 这是心理咨询的首要原则。这一原则要求,在没有得到来访者允许的情况下,心理咨询人员不得将来访者在咨询中的任何言行随意泄露给任何个人或机构。其保密范围包括为来访者的谈话内容保密,不公开来访者的姓名,拒绝关于来访者情况的调查,尊重来访者的合理要求,尊重来访者的各种权利。

2. 发展性原则 学校心理咨询人员要以发展变化的观点看待来访者的问题,咨询者要用发展变化的观点看待来访者,相信每个人都有发展潜能,更多地启发、调动来访者自身的积极性、创造性,更多地关注人的发展。比如一位大学生因失恋而处于抑郁状态,要认识到大多数情况下,这是一种暂时的自然反应。

3. 助人自助原则 高校心理咨询要遵循助人自助原则,在心理咨询的过程中,不仅仅帮助大学生解决正在面临的问题和困扰,更要以学生为主体,帮助其认识到产生心理问题的根本原因,掌握解决问题的方法,最终达到帮助其自我探索、自我成长的目的。

4. 多样性原则 学校心理咨询除了面谈这种常见的形式外,还有团体心理咨询等形

式。另外,大学生可以根据自身需要,结合学校特点,灵活选择电话咨询、信函咨询、网络咨询等多样化的心理咨询形式。

5. **主动性原则** 心理咨询要求来访者出于自愿,这是确立咨访关系的先决条件。没有咨询愿望和要求的人,咨询师不会主动找他(她)并为其心理咨询,只有主动寻求咨询师的心理援助,才能够获得问题的解决。但这一原则不适应那些失去判断能力的严重精神障碍,如精神分裂症和重度抑郁等。

6. **积极聆听原则** 心理咨询师在咨询的过程中集中精力认真倾听学生的讲述,给学生充分足够的时间表达自己,并适当地表现出同情、理解和支持。很多大学生的心理问题是由于没有一个安全、可靠、理解、支持的对象而产生的,咨询师为来访学生提供这样的环境,使他们把压抑在内心的不良情绪倾吐出来,从而缓解因心理问题产生的紧张和焦虑。

7. **时间限定原则** 心理咨询必须遵守一定的时间限制。咨询时间一般规定为每次50分钟左右,原则上不能随意延长咨询时间或间隔。一般情况下,咨询次数为一周1次或2次,这样可以使来访者在间隔期间充分回味咨询时的体验。因此,来访者要在咨询前做好充分的准备,梳理思路,以便充分利用咨询时间。

【案例4-1】

宋某,女,大一学生,家庭贫困,高中复读两年后考上了一所本科院校。入大学后的第一次期末考试前,自我感觉很紧张,经常头痛、失眠、手心出汗,学习效率下降。宋某十分担心,觉得自己是不是变笨了,害怕考不好,无颜回家见父母。宋某自己也知道这种状态在第一次参加高考时就已经出现,尤其是第三次参加高考后更加严重,比如在重要的考试时,在等录取通知书时,在来大学报到时,都会反复出现紧张、头痛、失眠等症状。宋某怀疑自己得了抑郁症,经过一番思想挣扎,她鼓足勇气走进学校的心理咨询室,寻求老师的帮助。

(三)学校心理咨询的作用

人本主义心理学家罗杰斯认为,人天生就有寻求真理,探索秘密和创造的欲望以及自我主动学习的潜能,学习过程本身其实就是这种潜能自主发挥的过程。学校心理咨询可以帮助个体认识自身潜能,不断激发、挖掘、释放潜能,使自身潜在能力转变为现实能力,并使能力得到充分展示,具体为:①改变认知过程。②改善和体验人际关系。③提高适应能力。④塑造良好行为。⑤促进人格发展。⑥开发自身潜能。

第二节 大学生心理咨询的意义和特点

大学生在生活学习中都可能因为现实的矛盾、处理经验的缺乏,或"思维的临时短路"而产生暂时性的心理矛盾乃至心理障碍。通过心理咨询,可以疏导情绪、减轻压力,以新的经验代替旧的经验,改变原来的非理性认知,形成正确的态度,找到解除心理困惑

第四章 "心"病还须"心"药医——大学生心理咨询

或障碍的可行方法,使自己重新建立起与环境的和谐关系,促进个性的全面发展。

一、大学生对心理咨询的认识误区

(一)害怕被同学和老师看成"有病"或"不正常"

在人们的观念里,说某人"有病",通常是指有"精神病",或指一个人思想极度不正常。因此,许多大学生本来想去寻求心理咨询,但害怕被同学视为"有病",而不敢前去咨询。

例如,某同学遇到单相思和性欲望冲动的问题,虽然自己从道德的角度会有一个判断,但却摆脱不了心理困扰,内心非常痛苦。想去做咨询,又担心心理咨询老师像其他人一样认为自己是品行"有问题"的人。

(二)咨询老师解决不了我的实际问题

许多同学常常认为"咨询老师解决不了我的实际问题"。心理咨询虽然不能直接帮助大学生解决实际问题,但可以帮助其调整心态,拓展思路,寻找新的解决问题的途径和方法,从而发现新的发展机会。

(三)医院都解决不了,心理咨询还能做什么

有不少大学生身体有些疾病,通常会在医院治疗一段时间,但当从医生那里听说这些病一时治不好,甚至终生"治不断根",便产生了心理困扰。但当有人劝其做心理咨询时,他们常常会说"医院都解决不了,心理咨询还能做什么?"这不仅混淆了医学治疗与心理咨询的差异,而且忘记了人的本质力量。因为,心理咨询协助来访者调动的正是具有巨大超越性的人的内在本质力量:社会智慧的力量、个体能动性的力量和自由意志的力量。

【案例4-2】

龚某,男,大三学生,在同学的鼓励下,走进了学校心理咨询室,对咨询师倾诉:"最近一年来,自己生病了,去医院检查了好多次,医生说检查结果显示没有问题。我觉得自己没有任何心理问题,就是身体有病。因为只要我不舒服时候,就去医院输液,输葡萄糖,输了葡萄糖就可以增加能量,我的病也能好转。而且我觉得自己具有超能量,这种能量会影响我和他人的交往,但是别人看不到。因为我生病了,这种超能量就几乎没有了,我很苦恼。我的身体到底哪里出了问题?请老师帮帮我,尽快确定病因,让我好起来。"

二、大学生心理咨询的意义与特点

(一)大学生心理咨询的意义

心理咨询可以通过心理科学的方法解决大学生内心的矛盾及困惑。在专业心理咨询师的倾听和陪伴下,进行一次心灵和爱的探索和旅行。①有助于增进大学生心理健康意识,提高心理健康水平。②有助于解决大学生学习生活中的问题,缓解心理压力。③有助于大学生掌握自我心理调适技能,提升心理调节水平。④有助于大学生建立和谐的人际

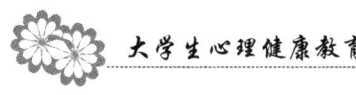

关系,增强生活适应能力。

(二)大学生心理咨询的特点

1. 大学生处于青年期,其心理咨询以发展性心理咨询为主。
2. 各个年级存在的心理问题有差异,如新生主要面对适应问题,而毕业生主要面临就业问题。
3. 大学生心理咨询具有较强的自觉性。
4. 大学生心理咨询存在性别和专业差异,女生较男生咨询的更多,文科生较理科生咨询的多。
5. 大学生心理咨询以个体咨询和团体咨询为主,网络咨询正在兴起。

第三节 大学生心理咨询的主要问题及注意事项

大学生心理咨询的形式按照人数划分可以分为个体咨询和团体咨询;按心理咨询的形式划分面谈咨询、电话咨询、网络咨询、现场咨询和朋辈心理咨。目前,各个高校的心理咨询以个体咨询中面谈咨询为主,其他形式为辅。

一、大学生心理咨询的常见问题

大学生的心理问题是多种多样的,常见的问题主要有以下几个方面。

1. 新生入学后的生活适应问题。
2. 人际关系与沟通问题。
3. 学习中遇到的各种问题。
4. 性心理发展及交友恋爱中出现的各类问题。
5. 家庭矛盾、家庭生活困难以亲人健康问题。
6. 与学校管理工作有关的问题。
7. 职业规划和就业问题。
8. 人生困惑、自我发展、自我规划、自我完善等内容的咨询。

【案例4-3】

李某,女,大二学生,新冠疫情期间家庭矛盾激化,父母和弟弟冲突不断。因上高一的弟弟与父母对学习要求、态度和作息时间等不一致,家里经常发生冲突。父母认为李某已经考上大学,自我管理能力也很好,可以帮助劝说弟弟。李某便从中调解,试图说服弟弟调整作息时间,端正学习态度,做到严格自律,但是没有起到任何效果,弟弟依然我行我素,而且,由于说多了,弟弟对李某很有意见。李某夹在弟弟和父母中间管也不是,不管也不是,父母还埋怨她,自己觉得很苦恼,不知道该怎么做。

【故事点击4-2】

生活是自己创造的

有个老木匠准备退休,他告诉老板,说要离开建筑行业,回家与妻子儿女享受天伦之乐。老板舍不得他的好工人走,问他是否能帮忙再建一座房子,老木匠说可以。但是大家后来都看得出来,他的心已不在工作上,他用的是软料,出的是粗活。房子建好的时候,老板把大门的钥匙递给他。"这是你的房子,"他说,"我送给你的礼物。"他震惊得目瞪口呆,羞愧得无地自容。如果他早知道是在给自己建房子,他怎么会这样呢?现在他得住在一幢粗制滥造的房子里!

我们又何尝不是这样。我们漫不经心地"建造"自己的生活,不是积极行动,而是消极应付,凡事不肯精益求精,在关键时刻不能尽最大努力。等我们惊觉自己的处境,早已深困在自己建造的"房子"里了。把你当成那个木匠吧,想想你的房子,每天你敲进去一颗钉,加上去一块板,或者竖起一面墙,用你的智慧好好建造吧!你的生活是你一生唯一的创造,不能抹平重建,即使只有一天可活,那这一天也要活得优美、高贵。

二、寻求心理咨询时的注意事项

当你遇到自己不能解决的任何问题,或者所产生的情绪困扰是你自己调整不好时,甚至已经明显影响你的生活质量或功能时,建议你立即寻求专业帮助。

(一)心理咨询前做好准备

第一,减少不必要的担心。心理咨询是一种帮助自己解决问题和挖掘潜能的有效手段,不必担心被人发现,大胆求助,你将会在心理咨询中受益。

第二,主动的求助愿望。心理咨询老师不会强迫你去接受咨询。当你确实发生心理问题或障碍时,你要知道,寻求心理咨询老师的帮助是你的最佳选择。了解了这一点,你就会积极主动寻求老师的帮助。一般来说,求助动机越强,咨询效果越明显。

第三,了解心理咨询的设置。每次咨询时间是有限的,一般而言,一次咨询50分钟左右,咨询老师使用的方法不同,次数也不固定。因具体问题引起的一般心理困扰,经过1~2次就会达到目的,有的问题则可能需要较长的时间。

第四,合理安排咨询时间。可以根据自己的时间安排,进行心理咨询的预约,每次咨询要准时到场,配合咨询老师才能达到咨询效果。

有时候需要提前预约。如果预约成功后,因特殊事宜需要改约的,要提前联系咨询师,更改咨询时间,保证咨询的持续性。

第五,选择适合的心理咨询师。心理咨询前可以通过学校的网页、宣传资料,或其他途径多了解一下咨询师所受教育、咨询经历、咨询方式、擅长处理的问题等,可以根据自己的问题选择适合的咨询师。

(二)心理咨询中积极配合

首先,建立自助意识。心理咨询不是一般的助人行为,咨询师不能代替来访者做决定,而是要帮助来访者制定心理咨询的方案和实施过程,来访者要积极配合,勇于改变,最终达到自助的目的。

其次,有耐心和信心。心理问题的形成可能是很多原因引起的,不是一朝一夕的事情,因此,问题的解决也需要一个过程,可能还会反复,甚至会出现痛苦或停滞,大学生一定要有耐心和信心,坚持从心理咨询中获益。

再次,要真诚坦率。面对咨询老师,你可以放心地倾诉你的过去和现在的故事,毫不保留地表达自己感受和认知;也可以表达对咨询过程、咨询效果、咨询师的感受、看法和期待等。咨询师会根据你的需要,及时调整心理咨询的内容和方向。

最后,认真完成咨询作业。在咨询的过程中,为了改变来访者的问题或行为,咨询师会帮助来访者制订一些计划,不同的咨询阶段会有不同的实践作业,来访者要认真完成,这样才能尽快实现咨询效果。

(三)咨询后的反馈

第一,即时评估与反馈。来访者每一次或每一阶段咨询后的即时评估与反馈,通常包括来访者对咨询师的帮助性评价和满意度,也有的用来访者的动机、体验水平等来表示。通俗地说,就是来访者对每一次心理咨询的认知、评价和感受。

第二,定期评估与反馈。来访者应根据问题性质和目标要求,做定期的评估和反馈,如间隔一定时间用作业法、自我报告法等进行评估。评估既要考虑到负面消极的心理是否减少,也要考虑积极心理反应有无增加,来访者应该与咨询师建立定期联系,以便及时地向咨询师反馈咨询效果。

第三,治疗效果的评估,是指咨询过程全部结束后,来访者整体的变化,通常包括来访者某些症状或总体状况的前后改变。当来访者通过与咨询师的互动后,促进求助者的认知改变、情绪调节、行为改善,启发求助者的自我意识和激发应变适应能力。分析并发现这些方面发生的变化是判断心理咨询是否达到了预想效果的关键。

第四节 大学生心理咨询常用方法

一、心理咨询和心理治疗的联系和区别

心理咨询和心理治疗在帮助者和求助者关系的性质,改变过程和指导理论上都是相同或相似的,两者是相互联系和渗透的,实际工作中很难将两者完全区分开来。实际工作中,常用心理咨询一词来涵盖心理咨询和心理治疗,二者没有本质的区别。

一般来说,心理咨询以发展性心理咨询为主,心理治疗以障碍性、疾病为主;心理咨询是轻度的心理问题,心理治疗在程度上相对重一些;心理咨询工作者范围较广,可以由心理咨询师和严格训练的咨询员承担,心理治疗一般更侧重治疗师的医学背景,心理治疗师

第四章 "心"病还须"心"药医——大学生心理咨询

大部分是执业医师。但在实际工作中这两者做心理治疗时没有本质的差别(表4-1)。

表4-1 心理咨询和心理治疗的区别

区别	心理咨询	心理治疗
工作对象	正常人和恢复期病人	心理障碍患者
问题	人际、教育、家庭、事业	神经症、性变态、精神病等
所需时间	短,一次至数次	长,几十次至数月或数年
干预层次	在意识层面进行,重视其教育性、支持性和发展性	主要在无意识领域进行工作,并重点在于重建人格
目标	具体、有限	比较模糊,促使人改变

二、大学生心理咨询常用方法

(一)认知疗法

认知疗法是一种通过调整个体的认知来改变个体不良行为的一系列心理治疗方法,它运用认知重建的方法纠正人们不合理的信念,教给人们改善行为的技能和解决问题的策略。认知疗法不直接纠正患者的心理障碍,而是通过改变患者的不良认知来消除其症状。认知行为治疗理论经过多年的探索发展,主要心理治疗方法有合理情绪治疗、贝克认知疗法、认知行为矫正法等。

1. 合理情绪疗法 合理情绪疗法是美国临床心理学家艾尔伯特·艾里斯在20世纪50年代提出的人格理论及心理治疗方法。这种理论及治疗方法强调认知、情绪、行为三者有明显的交互作用及因果关系,特别强调认知在其中的作用。它的基本观点是:情绪并不是由诱发事件本身引起的,而是由经历这一事件的个体在主观上对此事件解释和评价引起的。面对同一事件,由于不同的人持有不同的信念,于是会有不同的情绪和行为反应。这种疗法的主要目标是帮助个体培养更实际的生活哲学,减少自己的情绪困扰与自我挫败行为,学会如何有效地处理未来的困难。

合理情绪疗法的完整模式由 ABCDEF 6 个部分组成:事件(A)本身并非是引起情绪反应或行为后果(C)之原因,而人们对事件的不合理信念(B)(想法看法或解释)才是真正原因所在。因此要改善人们的不良情绪及行为,就要劝导干预(D)非理性观念的发生与存在,而代之以理性的观念。等到劝导干预产生了效果(E),人们就会产生积极的情绪及行为,心理的困扰因此消除或减弱,人也就会有愉悦充实的新感觉(F)产生。

该疗法的主要步骤为:首先,要找出使自己产生异常紧张情绪的诱发事件(A);分析挖掘自己对诱发事件的解释、评价和看法,即由它引起的信念(B),从理性的角度去审视这些信念,并且探讨这些信念与所产生的紧张情绪(C)之间的关系,从而认识到异常的紧张情绪之所以发生,是由于自己存在不合理的信念;扩展自己的思维角度,与自己的不合理信念进行辩论(D),最终放弃不合理信念,学会用合理的思维方式代替不合理的思维方式;随着不合理信念的消除,异常的紧张情绪开始减少或消除,并产生出更为合理、积极的行为方式。行为所带来的积极效果,又促进着合理信念的巩固与情绪的轻松愉快;最后,个人通过情绪与行为的成功转变,从根本上树立起合理的思维方式,不再受异常的紧张情绪的困扰(E)。

2. 贝克认知疗法　贝克认知疗法认为,认知是情感和行为的中介,情绪和行为的障碍主要与不良认知有关,而不是外部事件的直接后果;错误思想常以"自动思维"的形式出现,不同的心理障碍有不同内容的认知歪曲形式;识别和修正认知歪曲,将会改善情绪和行为。该疗法的主要目标是协助个体克服认知的盲点、模糊的知觉、自我欺骗、不正确的判断及改变其认知中对现实的直接扭曲或不合逻辑的思考方式。通过接纳、温暖、合理的态度,引导个体以尝试改变错误的态度,逐步进入问题解决的历程中。

【资料窗4-1】

了解我们的错误观念

根据心理学的研究,已证实会导致错误观念的现象主要有以下几个方面。①随意推论,指没有充足及相关的证据便任意下结论,这种扭曲现象包括"大难临头"或对于某个情境想到最糟的情况。②选择性断章取义,指根据整个事件中的部分细节下结论,不顾整个背景的重要意义。③过分概括化,指将某意外事件的产生的不合理信念不恰当地应用在不相干的事件或情况中。④扩大与贬低,指过度强调或轻视某种事件或情况的重要性。⑤个人化,指一种将外在事件与自己发生关联的倾向,即使没有任何理由也要这样做。⑥乱贴标签,指根据过去的不完美或过失来决定自己真正的身份认同。⑦极端化思考,指思考或解释时采用全或无的方式,或用"不是……就是……"的方式极端地分类,这种二分法的思考把事情只分为"好或坏"。

在我们的大学生中,根据个体自身的特点,或多或少地存在着上述这些现象,由于逻辑推理上的非理性,容易使自己在遭遇事件时形成对未来、对自我、对世界的悲观看法,从而使自己陷入不可自拔的无望、无助、焦虑、紧张等不良情绪中。

因此,要缓解学习、生活、考研、就业等各种压力,首先要改变自己的不良认知,形成合理化的认知,对自己、对工作、对考研等有客观的认识和定位,那么现实生活中的各项事情将不再困扰我们,我们可以用轻松的心态面对压力。

该疗法往往采取三个步骤:首先,启发患者寻找不良认知,协助患者暴露认知曲解或逻辑错误,并加以讨论、检验、合理推论,通过反复"诘难"改变负性自动思维,放弃原有的错误认知,建立正确认知;其次,布置家庭作业,可列出自动思维、认知歪曲的评定、合理认知三个栏目;最后,行为改变技法,即针对不同的对象,设计"日常活动计划表",并书面记录下来,依计划行事调整进度,矫正价值观念等。

(二)行为疗法

行为疗法是建立在行为主义理论基础上的心理治疗方法,行为主义理论认为来访者的异常行为和正常行为一样都可以通过学习获得,也能够通过另一种学习使之消失。根据行为学习及条件反射理论,行为疗法是消除和纠正异常状态并建立一种新的条件反射和行为的治疗方法。

建立在这一理论基础上的治疗方法主要有:系统脱敏疗法、厌恶疗法、满灌或冲击疗法、阳性强化疗法、发泄疗法、生物反馈疗法等。在学校心理咨询过程中,常用的行为疗法有以下几种。

1. 系统脱敏疗法　系统脱敏疗法又称交互抑制法,是由美国学者沃尔帕创立和发展的。利用这种方法主要是诱导来访者缓慢地暴露出导致神经症焦虑、恐惧的情境,并通过心理的放松状态来对抗这种焦虑情绪,从而达到消除焦虑或恐惧的目的。

根据这一原理,在心理治疗时从能引起个体较低程度的焦虑或恐怖反应的刺激物开始进行治疗,一旦某个刺激不会再引起患者焦虑和恐怖等情绪反应时,治疗者便可向处于放松状态的患者呈现另一个比前一刺激略强一点的刺激,如果一个刺激所引起的焦虑或恐怖状态在患者所能忍受的范围之内,经过多次反复的呈现,他便不再会对该刺激感到焦虑和恐怖,治疗目标也就达到了,这就是系统脱敏疗法的治疗原理。

在实际操作中,系统脱敏疗法的方法主要包括3个步骤。首先是教会患者掌握放松的技巧,让其反复练习,直至能在实际生活中运用自如,以达到全身肌肉能够迅速进入松弛状态为合格,其次是将引起焦虑的情景划分等级,找出所有使患者感到恐怖或焦虑的事件或情景,并将来访者报告出的恐怖或焦虑事件按程度由小到大的顺序排列;最后是系统脱敏训练,按照设计的等级,由小到大依次脱敏,先让患者想象或者直接呈现低等级的刺激或情景,当他感到紧张或焦虑时,停止想象,并全身放松,待求助者恢复平静后重复上述过程,反复进行,直至患者不再紧张焦虑为止,这算是一级脱敏。接着让患者想象或置身于高一等级的刺激事件或情景,然后又全身放松、反复多次,直至这一刺激不再焦虑紧张为止。如此逐级进行,直到求助者对最高等级的刺激脱敏,同时在现实生活中不断联系,以巩固疗效。

2. 放松疗法　放松疗法又称松弛疗法、放松训练,是一种通过自我调整训练,由身体放松进而导致整个身心放松,以对抗由于心理应激而引发的神经兴奋的紧张,从而达到消除紧张的一种行为训练技术。放松疗法的理论基础是,个体在进入放松状态时,表现为全身骨骼张力下降,呼吸频率和心率减慢、血压下降,并有四肢温暖、头脑清醒、心情愉快、全身舒适的感觉,能促进营养性系统功能的提高,通过调节神经、内分泌系统的功能,可影响机体各方面的功能,从而达到增进心理健康的目的。

放松疗法需要按一定的练习程序,让来访者学习有意识地控制或调节自身的心理生理活动,以达到降低机体唤醒水平,调整紊乱的功能。实践表明,心理、生理的放松,均有利于身心健康起到治病的作用。像我国的气功、印度的瑜伽术、日本的坐禅、美国的渐进松弛训练等,都是以放松为主要目的的自我控制训练。

(三)来访者中心疗法

人本主义心理学认为个体有一种发展自身潜能的内在倾向,人除了一般的生物潜能外,还有人所特有的心理潜能,如需要或动机,主张从人的意识本身出发来研究人的心理。建构在这一理论基础上的心理疗法有来访者中心疗法、存在主义疗法、现实疗法等,其中

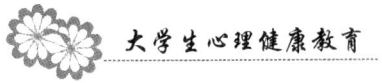

以罗杰斯提出的来访者中心疗法为主要代表,强调以人为本,突出被治者是正常人。

【资料窗4-2】

放松疗法

放松对于缓解心理压力具有很好的效果。建议我们大学生不妨学习几种简单易行的放松方法。

散步:研究表明,人摆动双臂时,可产生一种机械运动,使因焦虑而紧张的肩膀、颈部和背部肌肉得以放松。当你感到压力大时,不妨去散散步,但记住一定要摆动双臂,使自己的肌肉活动起来。

想象:人的想象具有暗示、补充、预见功能,通过对一些广阔的、宁静的、舒缓的画面或场景的想象,达到放松身心的目的。面试或考试前想象一个自己喜欢的"平静"情景,深吸一口气,然后慢慢地呼出来,呼出时想"平静"二字和相应的情景,配合吸气时肌肉紧张到呼气时肌肉放松,也可运用暗示语:"我感到呼吸轻松自如;我感受到新鲜的空气进入,肺部很舒服;我现在很安静;我感到精力充沛。"

深呼吸:当你感到压力大时,不妨找个安静的地方,舒适地坐下来,轻轻地闭着眼睛,慢慢呼吸,很深地吸气,逐渐进入一种有意识的重新塑造自己的氛围,使心中的烦恼、不自信、悲观、低下的自我越来越远……让想象中出现一个充满自信、热情、富有魅力的形象走进内心,此训练要连续多次进行,养成习惯,便会达到自我放松的目的。

另外,微笑、眼泪和运动也是缓解精神负担的有效方法。每天微笑多一点,难过时流一流眼泪,有空时听一听轻音乐,做一做瑜伽,从事一些有氧运动如打球、慢跑等,都可以帮助你进行自我放松,达到缓解压力的目的。

来访者中心疗法又称患者中心疗法、咨客中心疗法,是罗杰斯在人本主义理论的基础上提出的,罗杰斯认为个体内部蕴藏着自我实现的强大推动力,具有善良和良好发展的天然本性,心理咨询师只要提供适宜条件,提供一个优良的支持性的人际关系环境,来访者就能发挥其内在的潜能,自发地开始改变和成长。其实质就是让人领悟自己的本性,不再倚重外来的价值观念,让人重新信赖、依靠机体估价过程来处理经验,消除外界环境通过内化而强加给他的价值观,让人可以自由表达自己的思想和感情,由自己的意志来决定自己的行为,掌握自己的命运,修复被破坏的自我实现潜力,消除心理问题,促进个性的健康发展。

该疗法是一种以来访者为主导的治疗方法,倡导非指导性治疗方式,很注重治疗关系。在治疗过程中,治疗师和来访者之间的关系是对来访者人格改变产生的影响远远大于治疗师所采用的治疗技术的作用,治疗师通过真诚的交流、无条件的积极关注、共情等方式,与来访者建立一种互相尊重、理解的良好关系,创造一种帮助患者了解自身的环境气氛,心理治疗的过程就是自我转变的过程。

第四章 "心"病还须"心"药医——大学生心理咨询

【阅读感悟】

石头的价值

有一个生长在孤儿院的男孩,常常悲观地问院长:"像我这样没人要的孩子活着究竟有什么意义呢?"院长总笑而不答。有一天,院长交给男孩一块石头,说:"明天早上你拿这块石头到市场去卖,但不是'真'卖,记住,不论别人出多少钱,绝对不能卖。"

第二天,男孩蹲在市场角落,意外地有好多人要向他买那块石头,而且价格越出越高。回到院里男孩兴奋地向院长报告,院长笑笑,要他明天拿到黄金市场去叫卖。在黄金市场,竟有人出比昨天高十倍的价钱要买那块石头。最后,院长叫男孩把石头拿到宝石市场上去展示。结果,石头的身价较昨天又涨了十倍。更由于男孩怎么都不卖,竟被传扬成"稀世珍宝"。

男孩兴冲冲地捧着石头回到孤儿院,将这一切禀报院长。院长望着男孩,说道:"生命的价值就像这块石头一样,在不同的环境下就会有不同的意义。一块不起眼的石头,由于你的珍惜、惜售而提升了它的价值,被说成稀世珍宝。你不就像这块石头一样?只要自己看重自己,自我珍惜,生命就有价值、有意义。"

(四)认知领悟疗法

认知领悟疗法简称领悟疗法,又称中国精神分析法,主要是通过解释使患者改变认识,得到领悟而使症状减轻或消失,从而达到治病的一种心理疗法。

该疗法认为,成年人产生心理问题的根源不在现在,而在于无意识的幼年期创伤体验,幼年期创伤包括父母离异、缺乏或失去母爱、各种躯体病痛和灾难、体罚、过度的情绪刺激、剧烈惊吓等。由此产生的焦虑称为初级焦虑。成年人处在困境中或遇到严重的心理冲突,同样产生焦虑情绪,称为次级焦虑。这些焦虑经过心理机制的加工被转换成各种神经症的症状,但患者并不自觉。

认知领悟疗法的治疗原理,是把无意识的心理活动变成有意识的,使求治者真正认识到症状的意义,以得到领悟,症状即可消失,这也是心理分析法治疗的原理。认知领悟疗法在操作过程中,直接和患者一起讨论分析症状临床表现的性质,使他们认识到病态情感和行为的幼稚性,领悟到这些感情与行为是幼年儿童的心理和行为模式,与他的实际年龄和身份是不相符的,从而主动放弃这些想法和行为。认知领悟疗法可以看作是在分析师的指导下患者进行的自我教育,是对幼稚心理的改造。

(五)支持性心理疗法

支持性心理治疗法是指在心理治疗的过程中,治疗者往往根据自己对患者心理问题的理解,给予患者某种形式和某种程度的精神上的支持,且所提供的支持构成心理治疗的主要内容的一种心理疗法。支持性心理治疗适用于工作压力、学习困难、人际关系紧张、恋爱失败、婚姻危机、自然灾害等所引发的心理危机。

支持性心理疗法为患者提供的支持主要有7种成分,分别为安慰、解释、保证、鼓励、指导、暗示、宣泄和改善环境。这些成分虽然可以在概念上加以区分,而实际上却是互相密切联系着起作用的。解释和保证既要做到实事求是,也要把握量的多少;治疗师要有明确的治疗目标,鼓励才会是最有效的;指导既要帮助患者合理安排生活,更要帮助患者处理各种人际关系问题,特别是因患病而带来的若干新问题;暗示就是治疗师以含蓄和委婉的方式表达自己的意图或建议,潜移默化地影响患者并让其接受;宣泄就是引导或允许病人把压抑的情绪尽可能无顾忌无保留地流露出来;治疗师还帮助患者改善社会环境,尤其是人际关系。

(六)积极心理疗法

该疗法是在积极心理学的基础上而产生的,是美国心理学界正在兴起的一个新的研究领域。积极心理学主要是对最理想的人类机能进行科学的研究,其目标是发现使得个体和团体、社会良好发展的因素,并运用这些因素来增进人类的健康、幸福,促进社会的繁荣。传统心理疗法大都是从疾病和紊乱出发,而积极心理疗法既看到了人的紊乱一面,也看到了人所具的自助潜能。治疗中,在不与患者观念直接产生碰撞的前提下,运用直觉、想象、故事作为治者与患者之间的媒介来改变患者的观点,使患者能从比喻角度重新解释问题,改变消极信念,增强治疗效果。

(七)团体心理治疗

团体心理治疗,又称小组治疗,通常是在1个具有3个或者更多成员参与的有组织的团体中实施,这些成员都有这样或那样需要改变的相关问题,如不良社交习惯和情绪等。这种方法能节省治疗所需的人力,也能利用集体的力量产生积极效应,对于促进团体成员的人际交往有很好的作用。

人的行为与情感都与个体对其他人的适应性及反应有关,在团体治疗的过程中,治疗者可以是指导性的或非指导性的,在某些情况下,个体仍然会在他们认为需要的时候参与进来,允许团体成员自行制定日程或安排讨论。一方面,团体构成了外部世界的一个缩影,营造出各种人际关系,团体成员共同参与到对个体的动机及交往方式的观察中来,尝试新的行为方式并处理这些行为方式导致的后果;另一方面,团体成员在很大程度上由于知道其他人和自己有着同样的问题后所体会到的安慰,从而自动改变自己的行为和情绪。

(八)催眠疗法

催眠疗法是指用催眠的方法使求治者的意识范围变得极度狭窄,借助暗示性语言,以消除病理心理和躯体障碍的一种心理治疗方法,即采用催眠技术以达到心理治疗效果的方法。通过催眠方法,将人诱导进入一种特殊的意识状态,将催眠师的言语或动作整合入患者的思维和情感,从而产生治疗效果。催眠可以很好地推动人潜在的能力,现在一些心理治疗的方法是使用催眠来治疗人的一些心理疾病,如强迫症、焦虑症、抑郁症等。

在学校的心理治疗中,除了上述介绍的一些常用的疗法,还有一些其他的方法,如通过音乐疗法、绘画疗法、园艺疗法、家庭疗法等,不仅有益于陶冶情操,舒心爽志,而且能自然地将压抑在心头的感情发泄出来,调节精神,改善症状,从而达到调节心理和行为的目的。

第四章 "心"病还须"心"药医——大学生心理咨询

【故事点击4-3】

　　一日,众治疗师出游,忽见前方黄沙漫漫,一群饿狗飞奔而来。

　　经典行为治疗师:"给我拿根大点的电棒来!"众狗愕然,止步。

　　催眠治疗师:"你们很紧张吧,不要紧。现在跟我念:'汪——汪——汪——',很好……注意你们嘴部放松的感觉,'汪——放松——'……"。众狗昏然欲睡。

　　系统脱敏治疗师:"现在你们想一下,你们最愿意吃的十个人是谁,从最愿意到最不愿意依次排列出来。"众狗望天苦思。

　　精神分析师:"其实,你们并不想吃人,只是想发泄俄狄浦斯期的攻击冲动,造成你们阉割焦虑的不是我们,是你们的狗爸爸,你们对我们出现了负性移情,你们的防御机制是 acting out,转移,投射……总之,你们童年有创伤。"众狗凄然泪下。

　　来访者中心治疗师:"我也有你们这样的感受,实际上,我和你们一样也有狗性。我不想告诉你们怎样做,我相信,人有选择自己行动的自由,啊,错了,是狗。狗有让自己人格——狗格——走向健康的能力。相信我,没错的。"(深情注视,共情)众狗号啕大哭。

　　系统家庭治疗师向众治疗师拱手,说道:"诸位,且看兄弟乱枪戳狗。"接着,转向众狗说:"你们中有一两个人有吃人的欲望,这实际上是你们这个家庭系统出了问题。狗老大,你对狗老二在家中的行为怎么看?狗老三,你认为狗老大和狗老二的关系怎样?狗老四……"话音未落,众狗狂吠,打做一团,皆遍体鳞伤。

【活动天地】

活动名称:信任背摔

活动目的:帮助学生体会信任的建立取决于自己对团体队员的信心,而相互之间的沟通是树立信心的基础。

活动程序:

1. 每组学生(7~8人)围成一个向心圆,直径2.0~2.5米。一名学生站在圆心。

2. 每个学生伸出自己的双手,中间的学生则双手抱在胸前,闭上双眼,并说道:"我叫……我准备好了,你们准备好了没有?"全体大学生:"准备好了!""我倒了。"全体大学生:"倒吧!"

3. 这时圆中的学生整个身体完全倒在团队其他成员的手中,团队成员将其顺时针推动两圈。

4. 小组中每个成员轮流做一次。

5. 要求站在圆心的人倒下时应保持身体直立,注意不要打开双手,以免伤及他人。

讨论:如何克服心理障碍,完全信任背后那些看不到的成员?

【测测你自己】

心理承受力自测问卷

指导语:请你仔细阅读每一个题,并根据自己的实际情况,对下列题目做出"是"或"否"的回答。对这些问题的答案不要做过多的考虑,对每个问题立即做出回答比考虑后再回答更为正确。

1. 你认为自己是个弱者吗?
2. 你是否喜欢冒险和刺激?
3. 你生活在使你感到快乐和温暖的班级里吗?
4. 如果现在就去睡,你担心自己会睡不着?
5. 生病时你依旧乐观吗?
6. 你是否认为家人需要你?
7. 晚睡两个小时会使你第二天明显地精神不振吗?
8. 看完惊险片很长一段时间内,你一直觉得心有余悸吗?
9. 你常常觉得生活很累吗?
10. 你是否有一些无话不谈的知心朋友?
11. 当考试成绩不理想时,你会感到非常沮丧吗?
12. 你认为自己健壮吗?
13. 当你与某个同学闹意见后,你一直无法消除相处时的尴尬吗?
14. 大部分时间你对未来充满信心吗?
15. 你有一个关心,爱护你的家吗?
16. 当你在课堂上回答不出问题时,你在课后还会久久地感到烦恼吗?
17. 每到一个新地方,你是否常常会出些问题,如吃不下饭,睡不着觉,拉肚子,头晕等?
18. 即使在困难时,你还是相信困难终将过去吗?
19. 你明显偏食吗?
20. 当你与父母发生不愉快时,你是否曾想离家出走吗?
21. 你是否每周至少进行一次所喜欢的体育活动,如登山,打球,游戏等?
22. 你觉得自己有些神经衰弱吗?
23. 你认为你的老师喜欢你吗?
24. 心情不愉快时,你的饭量与平时差不多吗?
25. 看到苍蝇,蟑螂等讨厌的东西,你感到害怕吗?
26. 你相信自己能够战胜任何挫折吗?
27. 你是否常常与同学们交流看法?
28. 你常常因为想心事而躺在床上久久不能入睡吗?
29. 在人多的场合或陌生人面前说话,你是否感到窘迫?
30. 你是否认为你受到的挫折与其他人相比,根本算不了什么?

评分规则：

第 2、3、5、6、10、12、14、15、18、21、23、24、26、27、30 题答"是"记 1 分,答"否"记 0 分。其余各题答"是"记 0 分,答"否"记 1 分。

各题得分相加,统计总分。

结果解释：

0~9 分：你的心理承受能力差。你遇到困难易灰心,常有挫折感。

10~20 分：你的心理承受能力一般。你能轻松地承受一些小的压力,但遇到大的打击时,还是容易产生心理危机。

21~30 分：你的心理承受能力强。你能在各种艰难困苦面前保持旺盛的斗志。

【好书推荐】

1.《登天的感觉》,岳晓东著,安徽人民出版社出版。

本书讲述了他在哈佛大学所做的 10 个心理咨询个案,他对每个个案的深入分析和处理技巧。作者在书中还深入浅出地介绍了心理咨询方面的科学知识。"我恨我自己,我实在太愚蠢了","我们的爱情还有救吗?"……这些日常生活中随处可见的问题,妨碍着我们对幸福的追求。在处理这些心理个案的过程中,作者展现了心理咨询的神奇技巧——原来一个人的人生道路可能因为几句话而改变！日常生活中的许多困扰我们的问题实际都是心理问题,本书将给你带来飞翔在云端般的美妙感受——登天的感觉。

2.《心灵的面具》,J. 莱克曼著,毛文娟、王韶宇译,华东师范大学出版社出版。

本书全面详尽而又引人入胜地总结出了 101 种心理防御。30 多年临床和教学工作经验,以及其自身曲折传奇的个人经历,让杰瑞姆·布莱克曼能够完成这样一本既有教育性又富有阅读乐趣的书。通过使用比喻、案例和对话,布莱克曼医生使无比复杂的概念和内容变得平易近人。这本书讲解了人们发展某些防御的原因并提供了识别无意识防御的技巧。不管是初入门的治疗师、有经验的专业人士,还是任何对人类心灵感兴趣的人,《心灵的面具(101 种心理防御)》都是一本有关思想和行为的含义和起源的宝贵指南。

【参考文献】

[1] 樊富珉,费俊峰. 大学生心理健康教育[M]. 北京：高等教育出版社,2013.

[2] 李红亚,苏睿,刘娜. 爱的指南——大学生心理健康教育[M]. 武汉：华中师范大学出版社,2018.

[3] 李小玲,司丽静. 大学生心理健康教育教程：健康心理,阳光人生[M]. 成都：电子科技大学出版社,2020.

[4] 刘时勇,汪明,段珊珊. 大学生心理健康教育：认知·体验·自助[M]. 成都：电子科技大学出版社,2018.

[5] 胡象斌,吴量. 大学生心理健康教育：自我成长与发展[M]. 西安：西北工业大学出版社,2017.

[6] 陈玲霞. 大学生心理咨询研究的现状及对策探究[C]. 中国教育发展战略学会教

育教学创新专业委员会.2020全国教育教学创新与发展高端论坛会议论文集(卷二).中国教育发展战略学会教育教学创新专业委员会:中国教育发展战略学会教育教学创新专业委员会,2020:302-303.

[7]李纯丽.内蒙古东部边疆地区大学生心理咨询特点初探[J].民族教育研究,2014,25(01):41-45.

[8]范丹.高校网络心理咨询的特点及问题探析[J].智库时代,2019(23):10-12.

[9]高光华,马翠英,曾婧.高校大学生心理咨询特点探讨——基于某校五年个体心理咨询档案研究[J].赤峰学院学报(自然科学版),2013,29(21):93-95.

[10]路淑楠.国内心理咨询现状及发展趋势[J].现代交际,2018(19):248-249.

[11]李晓成.大学生心理咨询工作的意义及对策探讨[J].教育教学论坛,2014(39):165-166.

[12] FOX J, CATTANI K, BURLINGAME G M. Compassion focused therapy in a university counseling and psychological services center: A feasibility trial of a new standardized group manual[J]. Psychotherapy research: journal of the Society for Psychotherapy Research. 2020(10):1-13.

[13] OLENDZKI N I, ELKINS G R, SLONENA E, et al. Mindful Hypnotherapy to Reduce Stress and Increase Mindfulness: A Randomized Controlled Pilot Study[J]. The International journal of clinical and experimental hypnosis. 2020(10):151-166.

第五章

天生我材必有用

—— 大学生的自我意识与培养

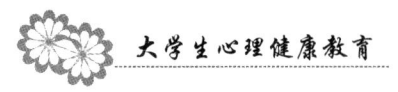

【哲言哲语】

认识你自己！

——苏格拉底

青年初期最重要的心理过程是自我意识和自我形象的形成;青年初期最有价值的心理成果就是发现了自己的内部世界,对青年来说,这种发现与哥白尼当时的革命同等重要。

——俄国心理学家科恩

【故事点击5-1】

斯芬克斯之谜

古希腊有个传说,传说在一个王国城堡的附近有个女魔,叫斯芬克斯。她整天守着那条过往行人必经的路,让人猜一个谜:"什么东西早上是四条腿,中午是两条腿,傍晚是三条腿。"如果行人不能答对谜底,她就会把他吃掉,如果猜出来了,她自己就会死去。无数的人都不能猜出谜底,于是王国中死去了许多人,外面的人也不敢来这里了,王国内外充满了恐惧。终于有一天,一个叫俄狄浦斯的年轻人来到了斯芬克斯面前,说出了这个神奇"东西"的谜底——"人"。于是,斯芬克斯死了,而这个谜语流传了下来。

到了青春期,尤其是进入大学以后,每个人可能都会不由自主地产生许多关于自身的问题,如"我"究竟是个怎么样的人?是什么个性?有什么优缺点?

大学生的自我意识可以从以下提问中获得大致轮廓:你喜欢自己的外貌吗?你对自己现在所拥有的一切满足吗?你期望自己成为什么样的人?达到什么样的目标?为什么总是离那个完美的"我"相距遥遥?为什么总会为将来迷惑?为什么总不能确定未来?为什么人与人会有很大不同?为什么一个人在不同的场合会有大相径庭的表现?为什么越读书越觉得知识少?为什么我似乎根本不了解自己?为什么总要寻找生活的意义?为什么总不明晰自己是谁,从哪儿来的,到哪儿去?……这些问题都涉及自我意识。

第一节 自我意识概述

自我意识也称自我,是个体意识发展的高级阶段。早在古希腊时期,哲人苏格拉底就提出了"认识你自己"的口号,这标志着人类自我意识的觉醒,人类开始关注现实人生,开始将目光从神的光彩投向人类自身。

一、什么是自我意识

从内容上来看,自我意识可分为生理自我、社会自我和心理自我。生理自我指个人对

第五章　天生我材必有用——大学生的自我意识与培养

自己身体的认识,包括占有感、支配感和爱护感等,是自我意识的最初形态。社会自我指的是个人对自己与他人的社会关系状态的认识,主要包括个人的社会角色和地位、所承担的社会义务和权利的意识等。心理自我是个人对自己心理活动的状态的意识,包括个人对自己的性格、智力、情感、信念、理想、能力、气质、性格、需要、动机及价值观等方面的认识。每一个人都有对自己的看法和态度,于是自我意识就有其独特的形式和内容。

从构成上来看,自我意识可分为知、情、意3个维度与若干层次。知是指自我认识,是主体我对客体我的认知和评价,即自我认知和自我评价;情是指自我体验,是通过认识和评价而表现出来的情绪上的感受,如:满意或不满意、自尊、自爱、责任感、义务感、优越感、羞怯、自卑等;意是指自我控制,是主体对自身心理行为的主动的掌控,主要表现为自立、自强、自信、自制、自卫、自律等。三者互相联系、有机组合、不可分割。自我认识回答"我是一个怎样的人?"自我体验在于评价"我这个人怎样?"自我控制解决"我应当成为一个怎样的人?"相关研究发现,自我效能感、核心自我评价、自我控制等均被证明了与个体的幸福感和生活、工作满意度等密切相关。

从观念上来看,自我意识可分为现实自我、投射自我和理想自我。现实的自我也称现实我,是个人从自己的立场出发对自己目前实际状况的看法;投射自我,又叫镜像自我,是指个人以想象中的他人来认识自己的一种看法,就如同人们照镜子一样,从镜中来认识自己;理想的自我也称理想我,是指个人想要达到的完善的形象,是一个人目标中的我,是一种现实自我的主观幻想。如果这三者存在矛盾冲突就会引起自我意识的矛盾和偏差。

另外,精神分析学派的创始人弗洛伊德把人的意识分为本我(id)、自我(ego)和超我(superego)三种类型。"本我",即原始形态的"我",遵循快乐的原则;"自我",即能较真实地意识到的"我",其遵循现实的原则;"超我",是指在现实中升华了的"我",其遵循社会道德的原则。

【知识窗口 5-1】

跳高冠军的"自我设限"

科学家做过一个有趣的实验:他们把跳蚤放在桌上,一拍桌子,跳蚤迅速跳起,跳起高度均为其身高的100倍以上,堪称世界上跳得最高的动物!然后在跳蚤头上罩一个玻璃罩,再让它跳,这一次跳蚤碰到了玻璃罩。连续多次后,跳蚤改变了起跳高度以适应环境,每次跳跃总保持在玻璃罩以下高度。接下来逐渐改变玻璃罩的高度,跳蚤总在碰壁之后主动改变自己的高度。最后玻璃罩接近桌面,这时跳蚤已无法再跳了。科学家于是把玻璃罩打开了,再拍桌子,跳蚤仍然不会跳,变成"爬蚤"了。

跳蚤变成"爬蚤",并非是其失去了跳跃的能力,而是由于一次次的受挫学乖了,习惯了,麻木了。最可悲之处就在于,实际上玻璃罩已经不存在了,它却连"再试一次"的勇气都没有了。玻璃罩已经在它的潜意识里,罩在他的心灵上。行动的欲望和潜能被自己扼杀了!科学家把这种现象叫作"自我设限"。

二、自我意识形成的影响因素

自我意识是一个由多种因素构成的、具有多层次的复合体系。影响大学生自我意识的因素也是多方面的,既有自身因素,也有客观环境因素。

(一)生理、心理因素

一个人的生理状况影响着对自己身体形象的看法及自我概念。例如,有的大学生因为自己长得不美,或个子不高,或皮肤黝黑而为此变得自卑和孤僻,就是由身体形象所引起的消极的自我意识所造成的。刘云翎、徐晓飞研究发现,女生在身体羞愧、身体内疚方面显著高于男生,锻炼性行为能显著降低个体的身体羞愧和身体内疚。

大学生自身的心理因素对自我意识产生很大的影响。心理因素主要包括认识、情感和意志三个相互联系的成分。认识是心理因素的基础,情感基于认识,在主体中起调节、定向的作用。意志以认识、情感为前提,促进认识的不断深化,并控制着情感的发展方向。三者的协调作用对自我意识的发展产生影响。从整体来看,大学生都有较高的认知能力,由于抽象思维的发展,大学生比过去更能客观地看待自己,观察事物、理解问题、解决问题的能力有了较大的提高。这种能力使他们能把自己从现实社会中抽象出来,思考自我,发现自我。

(二)社会文化因素

社会文化指人们在社会实践中积累与形成的知识、技能和思想观点,它们以科学、哲学、道德、宗教、艺术、风俗习惯等形式流传。个人从掌握语言文字开始,就在与人交往中接受这些社会文化的影响。改革开放给社会带来的最深刻的变化,就是文化观念的更新,人们的思想获得了前所未有的解放,社会个体自我意识在增强,在认识社会的同时,认识自我,完善自我,发展自我,使自我意识向着积极健康的方向发展。

(三)家庭环境因素

家长的自我意识和教养方式,影响着子女自我意识的发展。家长的言论、行为和思想,对子女自我意识的形成和发展产生很大影响。首先是父母的自我认可、自我信任和对待子女的态度,影响子女自我意识的发展;其次,父母的教养方式和家庭气氛,对子女自我意识的发展有很大的影响。一般来讲,宠爱型的家庭教养方式,会使孩子长大后表现为依赖性较强,自我评价高;民主型的家教方式,能引导孩子独立做出自己的选择、决定,培养孩子自立精神,使孩子长大后表现为自主、自信、自控力强。

(四)同龄群体因素

一是群体的归属感。这是个体自觉地归属于群体的一种情感。有了这种情感,个体就会以这个群体为准则,进行自己的活动、认识和评价,努力让自己与群体的其他成员在情感上产生共鸣,行动上保持一致,个体亦从中感受到自己在群体中的地位、作用。二是群体的促进作用。个体在群体中无形地得到一种支持力量。当个体做出符合群体期待的事时,就会受到群体的赞扬和鼓励,增强个体自信心、自尊心,强化个体的行为。

社会文化、家庭、同龄群体三个环境因素,相互联系、相互作用,影响着个体自我意识的发展。

第二节　大学生自我意识的发展

大学是自我意识迅速发展的特殊时期和关键时期。此时,大学生的生理、心理趋向成熟,与人交往和社会接触的机会明显增多,社会和成年人对他们也改变了态度,他们越来越把注意力指向自身,把自身变成意识的对象,他们的自我意识发展正经历着一个明显而典型的分化、矛盾、整合的过程。

一、自我意识的分化

青年期自我意识的发展是从明显的自我分化开始的。原来完整的我被打破了,出现了两个我:主观的我(I)和客观的我(Me),即大学生既是观察者又是被观察者。"I"往往代表了社会的要求,在头脑中塑造了一个"理想的我"的形象。"Me"实质上就是现实生活中的我的形象,即"现实的我"。伴随着主观我和客观我的分化,使大学生主动地、迅速地关注自己的内心世界和行为,产生新的认识和体验。于是,自我内心活动复杂了,由此带来的种种激动不安、焦虑、喜悦增加,自我沉思、内省的时候明显增多了,并开始考虑自己应怎样做、能怎样做和不应怎样做、不能怎样做等人生观问题,要求有属于自己的空间和世界,渴望被理解、被关怀。

二、自我意识的矛盾

自我意识的分化,使大学生开始意识到自己不曾留意的许多"我"的方面和细节,另一方面也带来了主体我和客体我的斗争,呈现理想我和现实我的矛盾并且加剧。归纳起来,当代大学生自我意识的矛盾主要表现在以下几个方面。

(一)独立意向与依附心理的矛盾

大学生一方面具有一般青年人的特点,希望能像成年人一样在经济、生活、学习、思想各方面独立,希望摆脱成人对他们的约束与干涉,要求独立自主地处理一切涉及自己的事情。另一方面,大学生又存在着对父母、家庭、学校、师长的根深蒂固的依赖心理,无法真正做到人格上的独立。这种渴望独立而实际上又不可能完全真正独立的矛盾是大学生成长的契机。

(二)理想我与现实我的矛盾

大学生有理想、有抱负、有追求,成就欲望强烈,对自己、对未来充满了信心,为自己的未来进行了理想化的设定。然而,当他们付诸行动时,却发现理想与现实有巨大的差距。于是他们对现实的自我开始不满,甚至是怀疑自己。这种理想自我与现实自我的矛盾是大学生在成长过程中不可避免的。这种矛盾和冲突使他们重新认识和评价自己,不断寻找理想自我与现实自我的最佳结合点。

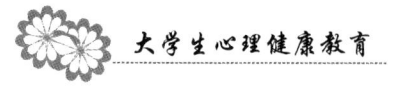

【案例 5-1】

麻烦不断的阿力

大学生阿力，学习上还算用功，成绩还行，但对课外集体活动却仅凭兴趣，很少参加。班干部为此多次找他谈心，他总有很多理由搪塞，或者是身体不舒服，或者是自己有急事，其中说得最多的是"每次参加活动，我都感觉没意思，还不如干点别的"，"假如让我组织这项活动，绝对比这好"。班干部听了，虽然心里有些不高兴，但还是原谅了他，并和老师商定由他来设计并具体负责一项联谊活动。联谊活动举办那天，全班同学满怀兴致来到活动现场，却发现场景、桌椅、茶水、瓜果等物品还没准备好，而焦急的阿力还在大声地指责配合他做事的同学："你们还坐在这里干什么？你们是干什么吃的……"在随后的节目演出中，负责主持的阿力好几次说错了台词，讲错了意思，引得大家哄堂大笑，而此时那几个被指责的同学也不再配合他。最后，活动在老师的协调和班干部的帮助下勉强结束。事后了解到，这位阿力同学平时喜欢对人指手画脚，不善于计划，与人接触中批评多，沟通少，自我反思少，和他配合的人越干越没劲，而他仍然认为是别人干得不好，觉得要是自己一个人干，事情会做得更好。

（三）自尊与自卑的矛盾

大学生在自我认知方面，容易出现偏差，缺乏客观全面的自我评价。他们在进入大学的时候，对自己的能力、水平和未来充满了自信。但经过一段时间的共同学习生活之后，他们越来越吃惊地发现周围有许多比自己更强的人，不再是班上举足轻重的干部，在文体或社会活动中表现平平、缺乏才华等，从而轻视、怀疑，甚至否定自己，产生自卑感。一些大学生正是因此而经常陷于自尊心与自卑感纠缠不清的困惑之中。

【知识窗口 5-2】

如何面对失败的经历？

"习得性无助"是美国宾夕法尼亚大学心理学教授塞利格曼（Seligman, M. E. P）在1967年提出的，他用狗做了一项经典实验。他把狗分为两组：首先，把其中一组放进一个设有电击装置但又无法逃脱的笼子里，然后给狗施加电击，电击的强度足以引起狗的痛苦体验，在实验中发现，这些狗最初被电击时拼命挣扎，想逃脱这个笼子，但发现经过再三努力仍无法逃脱后，它们挣扎的程度逐渐降低了。随后，把这些狗放进另一个用隔板隔开的笼子里，隔板的高度是狗可以轻易跳过去的。隔板的一边有电击，另一边没有电击。实验的结果：当经过前面实验的狗被放进这个笼子并受到电击时，它们除了在前半分钟惊恐一阵子之外，此后一直卧倒在地上接受电击的痛苦，呻吟颤抖；面对容易逃脱的环境，它们连试也不去试一下。相比之下，实验者把另一组没有经过前面实验的狗直接放进

有隔板的笼子里,发现它们全部都能轻而易举地从有电击的一边跳到安全的另一边。当狗处于无法避开的、有害的或不愉快的情境时获得的失败经验,会对以后应付特定事件的能力起破坏效应,它们会消极地接受预定的命运,不做任何尝试和努力。

其实在每个人的身上都蕴含着巨大的潜能,它酣睡着,一旦被唤醒,将会爆发出惊人的力量。所以,认清你自己,发现存在于你身上的优势与劣势,培优补缺,你就是最大的赢家。

(四)交往需要与心灵闭锁的冲突

没有哪个时期比青少年时期更加渴望友情与爱情的滋养,更加渴望同辈群体的认同与归属感了。然而另一方面,大学生的自我表露又受到心灵闭锁的影响,总是不经意地将自己的心灵深藏起来,始终在心理上与他人保持一定的距离,存在着戒备心理,不能完全敞开心扉交流与沟通思想。这也是大学生常常感到的"交往不如中学那么自如真诚"的原因所在。同学们天天在一起生活学习,也似乎很亲近,可心与心之间的距离却似乎很远,就像每个人都封闭在玻璃罩内,看得见,却"触"不到。这种心灵闭锁的倾向与强烈的交往需要之间的矛盾,使不少大学生处于"孤独感"的煎熬中。

【案例5-2】

杨同学,大四女生,人很瘦,一眼看去精神状态不好。她谈到自己学习成绩很好,同学都认可她的聪明,表面上她和许多同学关系不错,甚至可以和男生打打闹闹,许多男生也愿意陪她玩,很关心她,她也愿意为他们出主意,可内心里,私下里,在安静的时候,她还是感到空虚落寞。其实她并没有和他们说心里话,她因为失恋一直都很痛苦,但她没有把自己的痛苦告诉他们,她相信也没有人可以帮助她,她表面上的嘻嘻哈哈掩盖的是内心真正的孤独,他们并不是她真正值得信任和可以交心的朋友。

专家分析:进入大学,新的伙伴,新的环境,要求大学生独立地与各种陌生人交往,但由于缺乏交往技巧或自身性格等原因,难以建立友好的深入的持久的人际关系。心理体验上表现为缺少知心朋友,不愿与人主动交流,有的同学主动适应,寻求改善,渐渐适应了大学人际关系,有一些同学则可能在大学期间都没有寻找到知心朋友,友谊还是停留在过去,密切交往的依然是中学时代的同学。

三、大学生自我意识的整合

自我意识的分化、矛盾常常会给大学生带来不安与痛苦,他们总是力图通过自我探究来摆脱这种不安与痛苦,其间大学生的自我意识得到不断调整、发展。一般来说,大学生自我意识的整合结果表现在三个方面。

(一)积极自我的建立:自我肯定

自我肯定,即对自我的认识比较清晰、客观、全面、深刻。这种积极自我的特点是在经

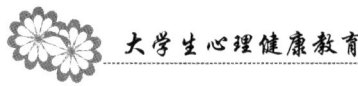

过痛苦的选择与调整之后,大学生逐渐成长,使自己的理想我与现实我趋于统一,主观我与客观我趋于一致,对自我的认识更加深刻、客观、理性。积极的自我不仅了解自己的长处与优势,也了解自己的不足与劣势,他能够分析哪些是通过努力可以达到的,哪些是属于无法企及的,从而进行积极的自我肯定,向着理想自我迈进。

(二)消极自我的建立:自我否定

消极的自我意识分为两种:自我贬损型与自我夸大型。

1. 自我贬损型的人由于总在积累失败与挫折的经历,对现实自我的评价较低,并时常伴有没有价值感、自我排斥、自我否定。他们不但不接纳自己,甚至自我拒绝、自我放弃,表现为没有朝气、随波逐流、缺少激情,生活没有目标,其结果则更加自卑,从而失去进取的动力。

2. 自我夸大型的人正好相反,他们对自我的评价非常高,往往脱离客观实际,常常以理想自我代替现实自我,盲目自尊,虚荣心强,心理防御意识强。其行为结果要么表现为缺乏理智,情绪冲动,忘记现实自我而沉浸于虚无缥缈的自我设计中;要么自吹自擂、自我陶醉,却不去为实现自我做出努力。

自我贬损型与自我夸大型的共同特点是对自我评估不正确,缺乏实现理想自我的手段,形成后的自我虚弱而不完整,是一种不健康的自我整合。

(三)自我冲突

自我冲突是难以达到整合的自我意识,它表现为自我评价始终在真实自我上下徘徊,自我认知或高或低,自我体验或好或坏,自我控制时强时弱,心理发展极不平衡,有时显得自信而成熟;有时又表现出自卑而不成熟,让人无法评估。自我冲突的人表现为两种类型:自我矛盾型与自我萎缩型。

1. 自我矛盾型的大学生理想我和现实我难以统一,对自己所作所为缺乏"我是我"的统和感觉,而产生"我非我""我不知我"的分离倾向,内心冲突激烈,持续时间长,自我认识、自我体验、自我控制缺乏稳定性和确定性,新的自我无法统一。例如,有的大学生可能既是一个自信的人,也可能是一个自卑的人;既是一个诚实的人,也可能是一个骗子;既是一个性格孤僻的人,也是一个善于交际的人。这种自我整合的最终结果是自我矛盾类型的人占极少数。

2. 自我萎缩型的大学生缺乏或丧失理想自我,但又对现实自我深感不满,他们要么放弃对理想自我的追求,消极放任、玩世不恭;要么自轻自贱、自怨自艾;或几近麻木,出现自我拒绝心理,甚至产生心理变态,出现理想自我与现实自我的抵抗。

【知识窗口5-3】

自我同一性

埃里克森(Erikson,1902—1994)认为,自我同一性是"一种熟悉自身的感觉,一种'知道个人未来目标'的感觉,一种从他所信赖的人中得到期待认可的自信",是在青年后期出现的、自我的一种综合功能,是从过去的经验中获得的一种综合成就。

青少年同一性发展有同一性达成、同一性拒斥、同一性分散和延期偿付4种情形。

同一性达成(identity achievement)表明个体考虑了各种实际选项,做出了选择,并实践选择。在结束高中学习生活之前,似乎没有学生能够达到这种情形。跨入大学校门的学生也需要花一定的时间做出决定。对一些成人来说,在他们生命中的某一阶段,也许会达成稳固的自我同一性。之后,还可能放弃前一种同一性,而形成新的同一性。对某一个个体而言,自我同一性一旦达成,也不意味着一成不变。

同一性拒斥(identity foreclosure)描述的是个体过早地将自我意象固定化,没有考虑各种选择的可能,而停止了同一性的探求。同一性拒斥的青少年往往缺乏主见,遵从他人的目标、价值观和生活方式。这里的他人包括父母、宗教群体等。同一性完成过早的人会显得刻板与肤浅,不会沉思,应变能力差,但很少会忧虑。这类人倾向于与父母保持密切的关系,并采纳父母的价值观。他们喜欢有组织、有秩序的生活,尊重权威。

同一性分散(identity diffusion)是和同一性拒斥联系在一起的。个体很少"发现自己",不知道自己是谁,不知道想做什么,没有明确的发展方向。经历着同一性分散的青少年无法成功地做出选择,或者他们会逃避思考问题。缺乏兴趣,孤独,对未来不抱希望,或者可能很叛逆。他们宁可塞着耳塞听音乐或睡觉,也不愿意接触父母和老师。

延期偿付(moratorium)表示青少年延迟做出个人生活或职业的选择和承诺。埃里克森认为,在一个复杂社会,在这个"延期偿付"的阶段,青少年势必会经历自我同一性危机。而今,这一阶段不再称为危机了,因为对大多数人来说,自我同一性的达成是一个逐渐缓慢的探索过程,而不是外在的急剧变化。延期选择很正常,而且是健康有益的。

延期偿付和自我同一性达成都被认为是健康的。发展自我同一性,是为完成即将面临的成人任务做准备,是为了用它来指导生活。它是青年人在选择职业、婚姻等方面的一种标准。青少年时期如果不能获得自我同一性,就会产生角色混乱的消极同一性,角色混乱的青年无法"发现自己",不知道自己究竟是什么样的人,想要成为什么样的人。消极同一性的青年,社会对其不承认,成为社会反对和不被容纳的危险角色。自我意识发展过程中的矛盾冲突、社会和个人因素等是导致大学生自我认同危机出现的原因;认识自我、悦纳自我、完善自我是化解危机的主要途径。

第三节　自我意识的完善

赵海鹏和陶剑飞研究表明,自我意识发展程度越完善,积极心理品质发展越好。李洁和宋尚桂研究发现,自我意识对个体的行为具有导向作用,能调节个体适应环境的能力,张亚宁和彭海豪研究认为,自我意识可以通过影响时间管理和心理健康进而影响学习适应。

一、健全自我意识的标准

自我意识对人的心理健康起着很重要的作用,它制约着人格的形成发展,在人格的优化中发挥着强大的动力功能。健全的自我意识是心理健康的重要标准。

1. 有自知之明。既知道自己的优势,也知道自己的劣势,能正确评价自我和肯定自我。
2. 具有自我反省、自我体验和自我控制相协调一致的能力。
3. 具有独立的与外界保持协调一致的能力。
4. 理想自我与现实自我统一,有积极的目标意识和内省意识,积极进取、永无止境。
5. 能够不断健康发展,且其发展与人类社会文明和进步相一致。

二、自我意识完善的途径

(一)正确的自我认知

认识自己并不容易,这不仅仅是因为自我是丰富、复杂的,而且还由于自我是随着个体的成长在不断地变化着。要想不断了解自己,人们不能单凭自己的主观想象,而是要在与他人的交往活动中、在社会实践中逐渐形成对自己比较客观、合理的认识。美国心理学家约翰(John)和哈里(Harry)提出了关于认识自我的理论,即乔韩窗口理论。他们认为,每个人的自我都由四个部分组成,即公开的自我、盲目的自我、秘密的自我和未知的自我(图5-1)。通过与人分享秘密,根据他人的反馈,每个人都可以像照镜子一样,减少盲目自我,对自己的了解更客观、更多。

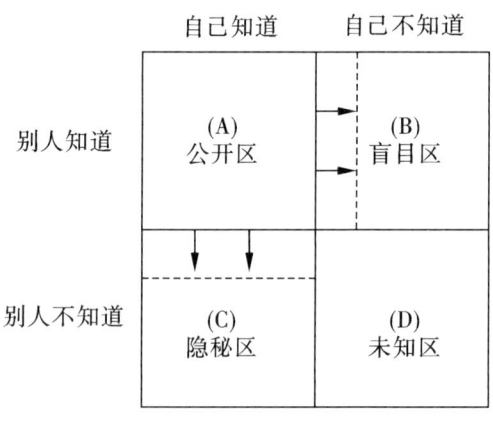

图 5-1 乔韩窗口理论

与乔韩窗口理论相类似的具体做法还有下面几种。

1. 从我与自己的关系中认识自我 首先,从自己眼中的"我"认识自我,即对作为客体我的认识,包括身体、容貌、性别、年龄、职业、性格、气质、能力等。其次,从别人眼中的"我"认识自己,在交往过程中,从他人表现出来的态度和情感中可以认识自己。在与不同人的交往时,反应和态度并不完全相同,在不同的关系中可以反映自己不同的侧面。最后,从自己心目中的"我"认识自己,理想我反映出个体对自己的期望。将多个侧面的"我"统合起来,就可以形成对自己比较客观、全面的认识。

2. 从我与人的关系中认识自我　与他人比较是个人获得自我概念的重要信息来源。合理运用社会比较策略,确立合适的参照体系对于认识自我是极为重要的。

3. 从我与事的关系中认识自我　个体在做事情的过程中可以获得有关自己能力、意志和兴趣等方面的认识。但做事的经验,无论成败与否,其价值视个体差异而有很大的不同。有些人可以从成功中获得经验,从失败中获得教训,因为他们善于从各种经验中学习,不断增长自己的才干,而有些人遇到挫折后一蹶不振,不敢面对现实和迎接挑战;还有一些人获得成功后就沾沾自喜、狂妄自大,以后做事时变得自不量力等。因此,只有对成败经验仔细分析,深入思考,才会有益于个体的成长和发展。

个体从多方面、多途径全面地观察自己,从对周围世界中获取的有关自我的信息进行分析、综合和比较。通过对过去自我、现实自我与理想自我的纵向比较,可以发现自己的进步与变化,通过自己与各种人的横向比较,可以发现自己的优势与差距,并经常自我反思,逐渐形成对自己的客观认识和评价。只有对自己有正确的认识,才有可能根据自己的实际情况选择相应的奋斗目标,使自己不断发展和完善。

(二)积极悦纳自我

接受自己是培养健全的自我概念的核心和关键。积极悦纳自我就是做到如下几点。

1. 接受自己,对自己的表现比较满意,有自豪感、成功感、价值感和愉悦感。

2. 开朗乐观,感到生活充满乐趣和温暖,对未来充满憧憬。

3. 冷静而又理智地对待自己的得与失、成与败,客观看待自己的长处与短处。

4. 既不以虚幻的自我补偿内心的空虚,自欺欺人,又不以消极回避漠视自己的现实,更不以哀怨、自责甚至厌恶来否定自己。

在现实生活中,只有无条件地接受自己的一切,才有可能理智地看待自己的优势,冷静地分析自己的得失,扬长避短、取长补短,更好地发挥自己的潜能,保持适度的自我期望水平,不断调整目标和行为,以提高个体的自我接受水平。

【故事点击5-2】

悦纳自己的时刻你最美

有一段时间,我喜欢问身边的女性朋友一个问题:你觉得自己什么时候最美?有的说,当我恋爱的时候,感觉自己最美;有的说,当我在职场中打败竞争对手,拿下一个项目的时候,感觉自己最美;有的说,当我一边看自己喜欢的书,一边敷面膜的时候,感觉自己最美;有的说,当我穿着运动服,完成10千米慢跑的时候,感觉自己最美;有的说,当我自信地跳着肚皮舞的时候,感觉自己最美;有的说,当我得到别人赞美的时候,感觉自己最美;有的说,当我给别人带来快乐的时候,感觉自己最美;还有的说,当我打扮精致,一个人在街上闲逛的时候,感觉自己最美……每个人的答案都不同,这正印证了罗素的那句话:参差多态乃幸福本源。在我看来，这些朋友说的美丽时刻，大多都是爱自己，悦纳自己的时刻。

爱自己，悦纳自己当然不单单指让自己外表美起来，它更多的是一种内心的自我取悦，自我接纳。何为爱自己，悦纳自己？简单讲就是自己让自己快乐，自己令自己心满意足，不再等待别人来斟满自己的杯子，而是接纳自己，取悦自己，珍爱自己，并且认为自己值得拥有这些美好。费尔巴哈说过："你的第一个责任，就是让自己幸福。"我的理解是，爱自己首先要做的是为自己人生的幸福负起责任来。你的幸福快乐掌握在自己手中，而不是别人对我好，我才能快乐，别人对我不好，我就只能郁闷。只有愿意为自己的快乐幸福负责，你才能真的幸福快乐起来。当你自己幸福快乐时，才有能力让别人也幸福快乐。悦纳自己要学会尊重自己的内心，按照自己的心意而活。倾听自己的心声，不要因为他人的目光，挑剔自己，为难自己，委屈自己。取悦自己放在取悦他人之前，不要为了取悦他人做会使得自己特别痛苦的事情。你是否有这样的经历：因为不好意思拒绝他人的请求，而做违背自己本心的事情，结果搞得自己痛苦不堪，怨气冲天？因为要取悦他人，结果却把自己和他人都弄得不开心？

英国才子王尔德曾经说过："爱自己是一场终生恋情的开始。"知名的服装设计师张天爱在接受记者采访时说："我的内心依然保持着20岁的好奇和30岁的干练，同时又有40岁的成熟和50岁的端庄。所以现在就是最好的年龄。"悦纳自己，能够从容面对时光流逝的时候，就是你最好的年龄，就是你最美的时刻。

（三）合理有效地控制自我

有效控制自我是保证个体主动调整自我意识、完善自我的根本途径。对自我抱有过高期望的人，如果没有足够的自制力和意志，就会经受不住挫折和失意，无法实现自我理想。而那些自卑自怨、自暴自弃的大学生，如果没有足够的自制力控制自己的消极情绪，就无法摆脱恶劣的心境而有所作为。

心理学的研究把人分成外控型和内控型两种类型。外控型的人经常会这样说："命运不是自己说了算的，我对发生在我身上的事无能为力。我的快乐和痛苦也不是我能决定的，这取决于别人或命运。"所以，他们对自身价值的判断和自己行动的选择很大程度上依赖于别人的看法。内控型的人常常这样描述自己："我身上发生的事很大程度上取决于我自己所做的决定和我付出的努力。我相信我总是能够找到办法解决我的问题。"外控型的人因对自己的人生缺乏把握，所以进一步影响对自己的监控和管理。如何做到良好的监控和管理？一是要学会自我审查和分析，即古人所说的"自省"；二是将远大的理想与具体的目标结合起来，做好时间管理，在一个又一个的阶段目标达成中激励自己不断努力。

【知识窗口5-4】

健全自我意识的四个A

有人提出大学生健全自我意识包括4个A：①接纳（Acceptance），接纳自我与自我所在的现实环境;②行动(Action),对自己决定的事,付诸行动,并全力以赴;③情感(Affection),工作时投入情感(乐在其中);④成就(Achievement),是努力奋斗的回报,也是以上三步完成的自然成果,如果每个大学生都经历了这个过程,他基本就领到了一张健全自我的合格证。

【活动天地】

活动一:20个"我是谁?"

1.首先在下面写出20句"我是怎样的人",要求尽量选择一些能反映个人风格的语句,避免出现"我是一个男生"这样的句子。

2.然后将陈述的20项内容做下列归类。

(1)身体状况(属于你的体貌特征,如年龄、身高、体型等)编号。

(2)情绪状况(你常持有的情绪情感,如乐观开朗、振奋人心、烦恼沮丧等)编号。

(3)才智状况(你的智力、能力状况,如聪明、灵活、迟钝、能力、精灵等)编号。

(4)社会关系状况(与他人的关系、如何和别人应对进退、对他人常持有的态度和原则,如乐于助人、爱交朋友、坦诚、孤独等)编号。

3.评估一下你对自己陈述是积极的还是消极的。在你列出的每句话的后面加上加号(+)或减号(-),加号表示"这句话表达了你对自己肯定、满意的态度",减号的意义则相反,表示"这句话表达了你对自己不满意、否定的态度"。看看你的减号与加号的数量各是多少。如果你加号的数量大于减号的,说明你的自我接纳状况良好;相反,你的减号将近一半甚至超过一半,这显示你不能很好地接纳自己,你的自尊程度很低,这时你需要内省一番,寻找问题的根源。比如,你是否过低地评价了自己?什么原因使你成为这样?有没有改善的可能?

活动二:人际关系中的我

请补全下面的句子,尽量描述得详细些。

父母眼中的我是——

兄弟姐妹眼中的我是——

朋友眼中的我是——

自己眼中的我是——

同学眼中的我是——

老师眼中的我是——

爱人眼中的我是——

自己理想中的我是——

学生各自填写上表。指导者注意观察,填写的过程会反映出不同的心态。填完后固定小组内交流。指导者要特别注意:学生对哪一个人的看法最重视,为什么?最难填写的是什么?为什么有人填不出来?

活动三:完成句子

1. 我会很高兴,当
2. 我很喜欢,因为
3. 当时,我会嫉妒,因为
4. 当时,我会害怕,因为
5. 当时,我会很生气,因为
6. 当时,我会充满自信。
7. 当时,我会感到很彷徨。
8. 当我单独一个人时,
9. 当我与朋友一起时,
10. 我的爱好是
11. 我最崇拜或尊敬的人是,因为
12. 当别人对我哭时
13. 快乐就是
14. 美丽就是
15. 我的愿望是

思考:在活动过程中你有什么感悟?请在小组内相互分享。

【成长感悟】

1. 结合自身实际情况,谈谈你自己是否存在自我意识偏差,你是如何看待的?
2. 怎么去做最好的自己?

【好书推荐】

1.《自我分析》,(美)霍妮(Homey,K.)著,许泽民译,贵州人民出版社出版。

作者是德裔美国心理学家和精神病学家,精神分析学说中新弗洛伊德主义的主要代表人物。精神分析的自我疗愈经典,手把手教你剥离神经症性人格。克里希那穆提说:"认识自己是智慧的开端,你不可能依赖任何人,事实上并没有向导,没有老师,也没有权威,只有靠你自己,你和他人,以及你和世界的关系。"霍妮在《自我分析》中说:"我经常告诉我的来访者,如果将解决心理问题比喻成翻大山,那么理想的情况是心理分析师只充当向导,指出最佳路线。病人自身才是这条道路的翻越者、实施者,自我分析的目的在于提升个体的自我觉察,自己解决自身问题的能力,在自我成长的道路上,实现心灵自由。"

2.《感谢自己的不完美》,武志红著,中国华侨出版社出版。

我们一直以为一些负面情绪,如坏习惯、痛苦、悲伤、愤怒、恐惧等是不好的,甚至认为这些是不完美的,阻碍了我们成长,我们努力去避免和克服它们。作者从心理学角度出发,剖析实际生活中出现的、常见的一些对不完美现象的误解。因为这些误解,我们不接纳自己,由此自寻烦恼,不开心、不快乐,埋怨他人,埋怨自己的缺点。事实上,这些缺点,甚至自己经历的一些痛苦,都在伴随我们成长,让我们愈加坚强,愈加完美。

【参考文献】

[1] 窦凯,聂衍刚,王玉洁,等.青少年情绪调节自我效能感与主观幸福感:情绪调节方式的中介作用[J].心理科学,2013,36(1):139-144.

[2] 袁亚兵.大学生自我同一性、核心自我评价与主观幸福感的关系研究[J].社会心理科学,2010,25(Z2):46-50,92.

[3] DOU K,NIE Y G,WANG Y J,et al. The relationship between self-control, jobsatisfaction and life satisfaction in Chinese employees:A preliminary study[J]. Work,2016.55(4):797-803.

[4] LI J B,DELVECCHIO E,LIS A,et al. Positive coping as mediator between self-control and life satisfaction:Evidence from two Chinese samples[J]. Personality & Individual Differences,2016,97:130-133.

[5] 刘云翎,徐晓飞,大学生身体自我意识情绪量表修订及对策构建[J].牡丹江师范学院学报(自然科学版),2019(03):66-72,76.

[6] 迟宝策.大学生自我认同危机成因及化解途径探究[J].辽宁师专学报(社会科学版),2018(04):85-87.

[7] 聂娟.大学生自我意识培养的重要性及其策略[J].社会心理科学,2010,25(08):32-35.

[8] 赵海鹏,陶剑,仇妙芹.大学生积极心理品质与新生适应、人际困扰、自我意识的关系[J].广州大学学报(自然科学版),2018,17(05):91-95.

[9] 李洁,宋尚桂.大学生学业自我效能感、学业情绪与学习适应性[J].中国健康心理学杂志,2013,21(09):1429-1431.

[10] 张亚宁,彭海豪.大学生时间管理倾向在自我意识和学习适应性之间的中介效应[J].山西高等学校社会科学学报 2020,32(01):47-51.

[11] 壹心理.悦纳自己的时刻你最美[EB/OL].(2014-07-04)[2020-08-23]. https://www.xinli001.com/info/100012493.

第六章

提升魅力展现精彩
——大学生人格发展与心理健康

第六章 提升魅力展现精彩——大学生人格发展与心理健康

【哲理名言】

播种一种行为就会收获一种习惯,播种一种习惯就会收获一种性格,播种一种性格就会收获一种命运。

——威廉·詹姆斯

患难与困苦是磨炼人格的最高学府。

——苏格拉底

【故事点击6-1】

一位老教授昔日培养的三个得意门生皆事业有成,一个在官场上春风得意,一个在商场上捷报频传,一个埋头做学问如今也苦尽甘来,成了学术明星。

于是有人问老教授:你以为三人中哪个会更有出息?

老教授说:"现在还看不出来。人生的较量有三个层次,最低层次是技巧的较量,其次是智慧的较量,他们现在正处于这一层次,而最高层次的较量则是人格的较量。"

《西游记》中的唐僧师徒四人是我们非常熟悉的人物,唐僧宅心仁厚,做事锲而不舍;孙悟空侠义心肠,嫉恶如仇;猪八戒好吃懒做,曲意奉承;沙僧老实可爱,任劳任怨。在取经路上,师徒四人经历了艰难困苦,最终圆满完成了取经任务,修成正果。经历了漫长的历练,四个人的个性虽有改变,但本质上还保持着原来的基本特征,唐僧还是相信世上都是好人,孙悟空还是爱打抱不平,猪八戒依然好吃懒做、爱贪小便宜,沙僧仍是循规蹈矩,这就是我们常说的"江山易改,本性难移",这里的"本性"就是指人格。

大学阶段是人格形成和确定的关键时期。大学生作为一个比较特殊的青年群体,他们正处于身心急剧发展和自我意识由分化、矛盾逐渐走向整合的特殊时期。对大学生来说,这一时期标志着他们逐渐步入社会的特定轨迹,此后人格发展的许多问题都取决于这一时期的发展状况。有研究表明,大学期间形成的人格特点(如态度、价值观等)在其后的一生中有相当的稳定性。

第一节 人格概述

一、人格及其结构

人格是指一个人整体的精神面貌,是具有一定倾向性的、稳定的心理特征的总和。同时,人格是一个复杂的结构系统,一般包括人格倾向性和人格心理特征两个相互联系的方面。

(一)人格倾向性

人格倾向性是人格结构中最活跃的因素,是人进行活动的基本动力。它决定着人对现实的态度,决定着人对认识对象的趋向和选择,决定着人格发展的方向。主要包括需要、动机、理想、信念、世界观等。

(二)人格心理特征

人格心理特征是指一个人经常地、稳定地表现出的心理特点,是人的多种心理特点的独特结合,构成了一个人心理面貌的独特性。人格心理特征包括能力、气质、性格。

1. 气质　气质是指个体表现在心理活动的强度、速度、灵活性与指向性的一种稳定的心理特征。这种特征既赋予了个体心理活动的动力特征,又给每个人的心理活动添上了一层独特的色彩。气质最初是由古希腊的医生兼学者希波克利特提出的,他把气质分为胆汁、多血、黏液和抑郁4种。这四种气质类型典型特征如下。

(1)胆汁质(兴奋型)。外向,直率,精力旺盛,行动敏捷,性情急躁,心境变换剧烈。这类人反应迅速,行为果断,不愿受人指挥,而喜欢指挥别人;学习、工作热情高涨,能吃苦,但不够细致;热情、活动效率高,想干的事未完成,饭可不吃,觉可不睡。说话喜欢与同学争辩,喜欢在公开场合表现自己;能以极大的热情和旺盛的精力投入学习和工作。

(2)多血质(活泼型)。外向、活泼好动,反应迅速,情绪发生快而多变,兴趣广泛。这类人在学习和工作上肯动脑,常表现出较强的工作能力和办事效率;内心体验多在面部表情和眼神中明显地表现出来;易于适应环境的变化,性情活泼、热情,善于交际,容易交上朋友,但友谊常不巩固;对外界事物兴趣广泛,但容易失于浮躁,见异思迁;容易激动,但情绪表现不强烈;情绪变化快。

(3)黏液质(安静型)。内向、稳重,反应缓慢,沉默寡言,情绪不易外露,注意稳定难于转移,善于忍耐。这类人一般很少发脾气,情感很少外露,面部表情单一;反应较为迟缓,无论环境如何变化,都能基本保持心理平衡;凡事深思熟虑,力求稳妥,一般不做无把握的事情,表现出较强的自我克制能力;学习、工作有板有眼,踏实肯干。

(4)抑郁质(抑郁型)。内向、孤僻、行动迟缓、情感体验细腻、深刻。这类人喜欢安静独处,与人交往时显得腼腆、忸怩,善于领会别人的意图,在团结友爱的集体中,很可能是一个容易相处的人;自己心里有话,宁愿自己品味,也不愿向别人倾诉;不爱表现自己;感情细腻而脆弱,常为区区小事引起情绪波动,容易神经过敏,患得患失;在困难面前常怯懦、自卑和优柔寡断;当学习或工作失利时,会感到很痛苦。

希波克利特的这一分类,后来被俄国生理学家和心理学家巴甫洛夫所证实。根据巴甫洛夫的高级神经活动的类型学说,气质是人的高级神经活动类型决定的。巴甫洛夫认为,人的高级神经活动类型是人的气质的生理基础,气质是高级神经活动类型的外在表现,神经活动类型分别与上述4种气质类型相对应。它们的关系如表6-1所示。

第六章 提升魅力展现精彩——大学生人格发展与心理健康

表6-1　高级神经活动类型与气质类型对照

神经类型	强度	平衡性	灵活性	气质类型
兴奋型	强	不平衡	灵活	胆汁质
活泼型	强	平衡	灵活	多血质
安静型	强	平衡	惰性	黏液质
抑制型	弱	不平衡	不灵活	抑郁质

上述为典型气质类型,近似其中一种者为一般型,这种人比较少,具有2种或2种以上类型者为中间型或混合型,这种类型在人群中占的比例较多。

气质先天决定的,无好坏之分,任何一种气质类型都有其积极和消极的方面,气质不能决定一个人的社会价值和成就高低。因此,大学生应当正确看待自己的气质类型,扬长避短,以有利于形成良好的个性。

【知识窗口6-1】

达维多娃的实验

苏联心理学家达维多娃曾用一个故事形象描述了四种基本气质类型的人在同一情景中的不同行为表现。四个不同气质类型的人同时上剧院看戏,但是他们都迟到了。他们的行为表现却不同:

胆汁质的人和检票员争吵,企图闯入剧院。他辩解道,剧院的钟快了,他进去看戏不会影响别人,并且企图推开检票员闯入剧场。

多血质的人立刻明白,检票员不会放他进入剧场的,但是通过楼厅进场容易,就跑到楼上去了。

黏液质的人看到检票员不让他进入剧场,就想:第一场不太精彩。我到小卖部等一会,幕间休息时再进去。

抑郁质的人说:"我运气不好,偶尔看一场戏,就这样倒霉。"很不开心,就悻悻地回家去了。

二、性格及性格类型

按照个体的心理倾向,可分为外倾型和内倾型。外倾型的人心理活动倾向于外部,活泼开朗,善于交际,感情易于外露,处事不拘小节,独立性较强,但有时粗心、轻率,容易轻信;内倾型的人心理活动倾向于内部,感情含蓄,处事谨慎,自制力强,但交往面窄,适应环境比较困难。

按照个体独立性程度,可分为独立型和顺从型。独立型的人意志坚强,不易受外来事物的干扰,能独立地判断事物,发现问题解决问题,在紧急和困难的情况下不慌张,但有时会把自己的意志强加于人,固执己见,不易合群;顺从型的人,随和、谦虚,易与人合作,但独立性较差,易受暗示,容易接受别人的意见,在紧急情况下易惊惶失措。典型性格的人很少见,一般人都处于两种性格之间或偏向某种类型性格。

【知识窗口6-2】

卡特尔16种人格特质理论

美国心理学家卡特尔认为人格基本结构的元素是特质,特质使人在不同时间和情境中都保持的一致性。1949年卡特尔用因素分析法筛选出16种人格根源特质,问卷简称16PF,它是目前世界公认的最具权威的个性测验方法,在临床医学中被广泛应用于心理障碍、行为障碍、心身疾病的个性特征的研究,对人才选拔和培养也很有参考价值(表6-2)。卡特认为每个人的人格都可以用这16种特质来描述,只是不同的人在每种特质上得分高低差异而已。

表6-2 卡特尔16种人格特质

人格因素	低分者特征	高分者特征
因素A:乐群性	缄默、孤独、冷漠	外向、热情、乐群
因素B:聪慧性	愚钝、学识浅薄,抽象思考能力弱。	聪慧、善于抽象思考、学习能力强
因素C:稳定性	情绪不稳定、无耐心	情绪不稳定、有耐心
因素E:恃强性	谦逊、顺从、通融、恭顺	好强固执、独立积极
因素F:兴奋性	严肃、审慎、冷静、寡言	轻松兴奋、随遇而安
因素G:有恒性	苟且敷衍、缺乏奉公守法的精神	有恒负责、做事尽职
因素H:敢为性	畏怯退缩、缺乏自信心	冒险敢为、少有顾忌
因素I:敏感性	理智的,着重现实,自恃其力	敏感,感情用事
因素L:怀疑	依赖随和,易与人相处	怀疑、刚愎、固执己见
因素M:幻想性	现实,合乎成规,力求妥善合理	幻想的、狂放不羁
因素N:世故性	坦白,直率,天真	精明能干,世故
因素O:忧虑性	安详,沉着,有自信心	忧虑抑郁,烦恼自扰
因素Q1:实验性	保守的,尊重传统观念和规则	自由的、批评激进、不拘泥于现实
因素Q2:独立性	依赖,随群附众	自立自强,当机立断
因素Q3:自律性	矛盾冲突,不顾大体	知己知彼,自律谨严
因素Q4:紧张性	心平气和,闲散宁静	紧张困扰,激动挣扎

三、影响人格形成与发展的因素

(一)生物遗传因素

人格的形成依赖于一定的自然基础,即遗传素质。遗传因素为人格的发展提供了可能性,并为人格差异提供了最初的生理基础。遗传因素对人格的作用程度随人格特质的不同而异,通常与生物因素相关较大的特征,如智力、气质等,遗传因素所起的作用较为重要;而在价值观、信念、性格等与社会因素关系密切的特征上,后天环境因素更重要。

(二)社会文化因素

社会文化对人格的影响力因文化而异,社会对文化的要求越严格,其影响力就越大。如果一个人具有偏离其社会文化所要求的人格特质,或与社会文化相冲突,就可能被视为行为偏差或患有心理疾病。林晓帆通过对2007—2018中国大学生人格横断研究发现,我国男女大学生尽责性随年代变化呈下降的趋势,所以,我们现在必须行动起来,对大学生进行责任感教育,这不仅对社会有益,对大学生自身的发展也是有好处的。

(三)家庭环境因素

家庭常被视为"人类性格的加工厂",它塑造了不同的人格特征,对人格的形成和培育起到了至关重要的作用。

1. **家庭教养方式** 孩子的人格是在与父母持续相互作用中逐渐形成的。批评中长大的孩子,学会了责难;在敌意中长大的孩子,学会了争斗;在虐待中长大的孩子,学会了伤害;在支配中长大的孩子,学会了依赖;在干涉中长大的孩子,学会了被动与胆怯;在娇宠中长大的孩子,学会了任性;在否定中长大的孩子,学会了拒绝;在鼓励中长大的孩子,学会了自信;在公平中长大的孩子,学会了正义;在宽容中长大的孩子,学会了耐心;在赞赏中长大的孩子,学会了欣赏;在爱中长大的孩子,学会了爱人。

家庭教养方式一般可以分为三类,如表6-3所示。

表6-3 家庭教养方式分类表

家庭类型	家教表现	孩子个性
民主型(宽容)	保护与文化教养并重,满足与限制并用,父母与孩子关系和谐、融洽	谦虚、有礼貌,待人诚恳、亲切,自立、乐观、自信
权威型(专断)	严格控制、严厉惩罚、斥责、打骂	畏缩怯懦、不信任、内向、孤僻、性情暴躁等
放纵型(溺爱)	过分娇惯宠爱、百依百顺、放任自流、随意	自理能力差、好吃懒惰、自私蛮横、不负责任、任性没礼貌

2. **父母的人格特征** 父母的言行举止、人格风范会对孩子人格品质的形成产生潜移默化的影响。心理学研究表明:孩子通过观察和模仿父母的行为,把这种行为内化为自身的习惯,从而把父母的行为变成自己的行为、把父母的人格特征转化为自己的人格特征。

3. **家庭成员之间的关系** 家庭成员之间相互信任、尊重、关心体贴,不仅能使孩子生活得安全、幸福、温暖,而且还会使孩子对生活充满希望,养成尊敬、理解、信任、关怀、自信、乐观等良好的个性品质,为人格发展打下坚实的基础。相反,则容易形成抑郁、焦虑、自卑、孤僻等消极心理特征。

(四)学校教育因素

帕金森把学校称为"修正人格的工厂",学校是人格社会化的主要场所,学校生活的体验影响人格的构建。良好的校风、积极的教学氛围、教师的榜样作用、同伴群体正确的价值观念和文明的行为对大学生对人格发展会起到"弃恶扬善"的作用。

【故事点击6-2】

人格是最高的学位

　　有一个秋天,北大新学期开始了,一个外地来的学子背着大包小包走进了校园,实在太累了,就把包放在路边。这时正好一位老人走来,年轻学子就拜托老人替自己看一下包。而自己则轻装去办理手续。老人爽快地答应了。近一个小时过去,学子归来,老人还在尽职尽责地看守。谢过老人,两人分别。几日后是北大的开学典礼,这位年轻学子惊讶地发现,主席台上就坐的北大副校长季羡林正是那天替自己看行李的老人。

第二节　大学生的人格特征

大学生相对于其他年龄阶段和群体来说,其人格具有以下几个共同特征。

一、自我意识趋向成熟

大学生能够开始认识自己、评价自己、反省自身的存在价值和发展的目标,对自己的优点和缺点有较清晰的认识,理解现实自我与理想自我之间的差别。基本上能接受一切属于自己的东西,从而对自己形成较为积极的看法。多数大学生都有自己明确的奋斗目标。大学生的记忆、思维、注意和想象等各种认知能力正常,且能有机结合并发挥其应有效用。

二、情绪体验丰富

大学生在情绪上,稳定性与波动性、外显性与内隐性并存,情绪体验丰富多彩,积极的情绪体验在学习、生活中居于主导地位,多数学生有较高的自信心和生活满意度。另外,大学生的道德感、理智感等高级情感也得到了充分发展。

大学生乐于交往,在处理人际关系时通常会考虑社会和他人的利益,也具备了一定的交往技能,但尚不够稳定和成熟,容易从众。

三、具有竞争意识,渴望成功

大学生具有竞争意识和开放的观念;喜欢创造,勇于创新、冒险,独立性强,富有幽默感,态度务实。渴望取得成就,在事业上有较强的进取心。但功利意识比较强烈。

四、大学生人格特征的差异性

余亮等针对中国大学生的人格调查研究发现,男生在稳定性、实验性、感情用事与安详机警型、怯懦与果断、专业成就、创造能力等方面的分数高于女生,说明男生情绪稳定,面对现实又不拘泥于现实,积极进取,刚毅果断,精力充沛;而女生在乐群性、敏感性、紧张性、内向与外向等方面分数比男生高,表明女生相对男生外向热情,易固执己见,易紧张怀疑等。张冉冉等研究也发现,女生的神经质与外向性得分高于男生,责任性与风险决策得分低于男生。

胡健等研究发现,城市学生在外向、勇敢、果断、独立积极等方面比农村学生更好,但更加固执己见,遇事缺乏耐心,更容易冲动和感情用事;农村学生在责任、能干、自律、专业成就、成长能力等方面比城市学生强,更加成熟冷静,但更易患得患失和多虑等。

第三节　大学生人格发展异常问题

一、人格障碍与分类

人格障碍(personality disorder)是指明显偏离正常且根深蒂固的行为方式,具有适应不良的性质,其人格在内容和质量上或整个人格方面异常,患者自己遭受痛苦也往往使他人遭受痛苦,或给个人和(或)社会带来不良影响。人格的异常妨碍人自身情感和意志活动,破坏其行为的目的性和统一性,其行为表现给人与众不同的感觉,在待人接物方面尤为突出。人格障碍通常开始于童年、青少年或成年早期,并一直持续到成年乃至终生。人格障碍并非精神病,亦非神经病,但能给患者或社会造成精神痛苦和危害。心理活动的"常态"和"变态"是相对而言的,人格健全到人格异常并无绝对的界限,呈现着由量变到质变的状态。

人格障碍的类型很多,精神医学将人格障碍大致分为三类。

第一类为偏执型、分裂型、强迫型人格障碍,以行为怪癖、奇异为特点。例如:偏执型人格,其特点是对自己过分关心,自我评价过高,不信任别人的动机,情感冷淡,孤独多疑,乖僻古怪,多幻想或常有奇怪观念,总认为别人要和自己过不去;强迫型人格,其特点是过分自我约束和自制,常有不安全感和不完善感,过于追求完美,谨小慎微,顾虑多端,墨守成规,对人对事死板,缺乏随机应变的能力。

第二类为自恋型、反社会型、冲动型人格障碍,以情感强烈、不稳定为特点。例如:反社会型人格,其特点是缺乏道德责任感,情绪活动呈爆发性,行动呈冲动性,对他人和社会冷酷无情,缺乏同情心和羞耻感,往往目无法纪,且不能从挫折和惩罚中吸取教训等。

第三类为回避型、依赖型、被动攻击型人格障碍,以紧张、退缩为主要特点。(该内容详见第三章"大学生心理障碍",本章重点讨论大学生常见的人格问题)

二、大学生常见人格问题

人格缺陷是介于正常人格与人格障碍之间的一种人格状态,是一种人格发展的不良倾向,或者说是某种轻度的人格障碍。调查显示,相当一部分大学生存在不同程度的人格发展缺陷。

(一)懒散

懒散是指一种慵懒、闲散、拖拉、松垮的生存状态。主要表现为：生活缺乏目标，没有计划，随波逐流，无所事事，懒散倦怠，浑浑噩噩；无法将精力集中在学业中，得过且过，百无聊赖，做事疲沓，无进取心。

比尔·盖茨说过："懒惰、好逸恶劳乃是万恶之源，懒惰会吞噬一个人心灵，就像灰尘可使铁生锈一样，懒惰可以轻而易举地毁掉一个人，乃至一个民族。"青年大学生要克服懒散，首先要确定一个坚定而有价值的奋斗目标，对自己负责，振作精神，"起而行之"；其次制订切实可行的近期计划，有计划就有了行动的动力，可以一步步实现目标，从而具备了现实意义；最后加强自我监控，养成第一时间行动的习惯，力争今日事今日毕，不给自己找借口，提高自制力。

(二)不良意志品质

不良意志品质是指意志发展的不良倾向，主要表现为：意志力缺乏，不能在同一件事上持续付出努力；还有曲解意志品质，把刚愎自用、轻率当作果断，把犹豫、彷徨当作沉着冷静，把固执己见、执着一念当作顽强等。不良意志品质一经形成，会带来很多性格缺陷，最后发展为人格缺陷。

克服不良意志品质，首先要矫正自我认知中的非理性观念，正确理解意志品质的内涵；其次发展自觉性、果断性、坚韧性和自制力；最后，树立远大的理想信念，远大的理想、坚定的信念和正确的世界观，是人生奋斗的动力之源。

(三)虚荣

虚荣是指过分看重荣誉、他人的赞美。虚荣心往往与自尊心、自卑感紧紧相联，是扭曲的自尊心与自卑感的混合产物。爱慕虚荣的大学生常担心被别人瞧不起而超经济能力的消费、摆阔，不合现实条件地追求时髦，说大话，吹牛，自尊敏感，虽然有些自卑，又担心别人伤害自己的尊严，过分介意别人的评论与批评，与人交往时防御性强，喜欢抬高自己的形象，他们捍卫的是虚假的、脆弱的自我。克服过强的虚荣心，首先要对虚荣心的危害性有明确的认识；其次要正确看待名利，正视自己的优势与不足，扬长避短；再次要树立健康与积极的荣誉心，正确表现自己，不卑不亢，正确对待个人得失与他人评价。

【案例6-1】

我到底要证明什么？

我来自农村，在这个现代的城市和时尚的校园里，我是如此的寒酸，为了改变这种状况，我开始逛街、化妆，把早餐的钱省下来去买那奢侈的时尚杂志……渐渐的，我也成为一个靓丽可爱的女孩，同学也不再疏远我，我的心里有一种满足感。可有时却隐隐作痛：我来这里是为了证明这些吗？

专家分析：这个案例带有很大的普遍性，这是大多数来自于农村女孩的常见心态。原因有：①由于城乡差异导致农村女孩心理自卑，妄图用外表上的改变来消除来自于内心的失落。②能从农村走出来的女孩一般都比较上进，不服输，很要强,这些人在农村都是佼佼者。因此她们也不愿意在外表上看起来比别人差,所以她们会在打扮上费尽心思。然而,事实上这往往制约了一部分人的发展,使她们过度注重外表而失去了对思想和个性修养的提升。③社会舆论的影响。以貌取人的人的不良诱导恰恰使这些刚刚走出农村的不谙世事的女孩子们走入了一种误区:能体现出城里人和文化人的最佳途径就是扮靓自己。④来自于内心的多年的压抑,和追求城里人生活的渴求是最根本的原因。

其实打扮得时尚、靓丽是获得自信的方式。在人际交往中,外在美是内在修养的表现,装饰是品位的表现,从不看时尚杂志的人,也能有高的品位,品位跟个人修养是息息相关的。所以说,与其整天为穿衣打扮发愁,不如先从修身养性开始。

(四)急躁

急躁是指不冷静、好冲动、没耐心的人格缺陷。其表现为碰到不称心的事情马上情绪激动;做事缺乏充分准备,盲目行动,急功近利;缺乏耐心、细心和恒心;说话办事速度快、竞争意识强、容易冲动、表情常常处于紧张状态。大学生中有这种缺陷的人为数不少,常常什么都想学,而且想短时间内学会,生怕比别人落后,急于求成,但实际效果常常达不到期望的目标,从而泄气、发怒,既影响自己的健康和效率,又妨碍人际关系。

要克服急躁的缺点,首先要思先于行,培养冷静思考的习惯,"遇事三思而后行"。其次,改变行为,认真行事。改变凡事匆匆忙忙的习惯,从日常生活中的小事做起。比如,吃饭时细嚼慢咽,说话控制语速,看书边读边思考,走路、骑车时不有意超过别人等。

第四节 大学生健康人格的塑造

顾寿全等人调查发现,大学生人格与大学生心理健康状况显著关联。宜人性和严谨性的得分越高,心理健康的分数越高;神经质的分数越高,心理健康的得分越低。大学生优化人格整合、塑造健全人格的目的不仅仅是为了避免身心疾病,更重要的是发挥人格的最佳作用,达到自我实现。所谓最佳作用,即:人是可变的,人是最佳的,人能够实现任何一种个体潜能,能够塑造自己的生活,促进周围环境的发展。发挥最佳作用是实现自我,不断超越自我的必由之路。大学生如何通过实践活动来塑造自己的健康人格呢?

一、当代大学生完善人格的标准

健康人格是个人在其生活经历中以其生活方式和生活风格逐步建立起来的一种自我意识,是人的世界观、心理素质、道德修养等方面的综合体现和重要标志,也是人能够准确把握自己、寻找适合自己发展的社会位置及获得他人尊重和好感的基础。现代社会对当代中国大学生人格特点的要求,可归纳为以下几个方面:

1. 和谐的人际关系 人际关系最能体现一个人人格完善的程度。人格完善的人乐于与他人交往,并与他人建立良好的关系;与人相处时,尊敬、信任等正面态度多于嫉妒、怀疑等消极态度。人格完善的人常常以诚恳、公平、谦虚、宽容的态度尊重他人,同时也受到他人的尊重与接纳。

2. 良好的社会适应能力　社会适应能力反映了人与社会的协调程度。人格完善的大学生能够和社会保持良好密切的接触,以一种开放的态度,主动关心社会,了解社会;在认识社会的同时,使自己的思想、行为跟上时代的发展,与社会的要求相符合,表现出能很快适应新的环境。积极、愉快、乐观地面对生活,能及时化解心理挫折和困扰,对周围的客观世界有着较强的适应性,坦然面对竞争和压力,有广泛的社会活动范围。

3. 正确的自我意识　自我意识是个体对自己和自己与他人、与周围世界有关的认识。具有健全人格的大学生对自己有恰如其分的评价,具有自我发展、自我塑造与自我完善的能力。能够充分开发自身的创造力,创造性地生活,发现生命的意义并选择有意义的生活。

4. 乐观向上的生活态度　积极的人生态度是人类在社会实践中获得的本质力量的表现。乐观的大学生常常能看到生活的光明面,对前途充满希望和信心,对自己所从事的工作或学习抱有浓厚的兴趣,并在其中发挥自身的智慧和能力。即使在遇到困难和挫折时,也能乐观去应对。

5. 良好的情绪调控能力　情绪标志着人格的成熟程度。人格完善的大学生情绪反应适度,具有调节和控制情绪的能力,经常保持愉快、满意和开朗的心境,并富有幽默感。当消极情绪出现时能合情合理地宣泄、排解、转移和升华。

【知识窗口 6-3】

美国人本主义心理学家、人类潜能运动的先驱者马斯洛,对"自我实现者"进行了深入研究。发现这些高成就者都满足了自我实现的需要,所有的能力都得到了运用,所有的潜能都得以实现。马斯洛从"自我实现者"身上归纳出 15 种特点。

1. 了解并认识客观现实,持有较为实际的人生观。
2. 对自己、对他人、对整个自然能够做到最大限度的认同和接纳。
3. 在情绪与思想表达上较为自然。
4. 有较广的视野,就事论事,较少考虑个人利害。
5. 喜欢独处,有超俗的品质。
6. 有独立自主的性格。
7. 对平凡事不觉厌烦,对日常生活永感新鲜,并有高品位的鉴赏力。
8. 对事业与生活富有激情,常有高峰体验。
9. 能建立持久的友谊。
10. 民主的价值观,尊重别人的意见。
11. 有伦理观念,能区别手段与目的,绝不为达到目的而不择手段。
12. 带有哲学气质,有幽默感。
13. 有创见,不墨守成规。
14. 对世俗,和而不同。
15. 对生活环境有时时改进的意愿与能力。

二、大学生人格完善的途径与方法

(一)培养健康的自我意识

首先,要形成正确的自我认知。人格是在社会环境中形成,并在社会实践活动中展现的。大学生要积极融入社会,在活动中通过与群体的交流、沟通,使自我体验得到强化。通过看到别人的长处、自己的不足,客观、全面地认识自我,及时调整自我人格的发展方向。从各个角度、多渠道地了解自己,积极地从自己周围的环境中提取有关自我的真实反馈,形成良好的自我认识。同时,人格的优化要从身边小事做起,积极参加公益活动,主动帮助周围的人。经过长期的锻炼,形成优良的人格。

其次,要学会自我调节,做自己的主人。自我调控是对自身的心理及行为的把握,主动确立目标,克服困难,控制自己的言行,从而实现目标。自我调节是大学生良好性格形成的基本保证。

最后,要积极超越自我。大学生不可以满足于当前的自我,要勇于革新,突破局限,不断挖掘自己的潜能。追求卓越,超越自我是每个人一生的课题,大学生要在学识、才能上有所成就,不断突破自我,并且具有高度的社会责任感,这样才是符合时代要求全面发展的人。

(二)全面提高文化素质

荣格曾经说过:"文化的最后成果是人格。"人的知识越多,人的本身也就越趋完善,孔子说:"博学而笃志,切问而近思,仁在其中矣。"学习科学文化、增长智慧的过程也是优化人格的过程。实际上,有不少人格缺陷源于无知。比如,无知容易使人自卑、粗鲁、懦弱等,而丰富的知识则会使人自信、理智、坚强等。知识的全面发展是人格健全发展的智力基础,有了智力基础,人格发展的速度和质量才能保证。正如培根所说:"读史使人明智,读诗使人灵秀,数学使人周密,科学使人深刻,伦理学使人庄重,逻辑修辞学使人善辩,有凡所学,皆成性格。"许多理工科大学生缺乏人文知识,而文科大学生缺乏理工科知识,这对于人格的健康发展是非常不利的,当代大学生不能只局限于自己的专业学习,应做到科学与人文并重,加强人文修养,用丰富的知识充实自己。

(三)发展良好的人际关系

人格发展、塑造的过程是个体实现社会化的过程,是个体与他人、集体、社会相互作用的过程。在现实生活中,不管我们愿意与否,每个人都要与他人发生千丝万缕的联系,能否与他人建立良好和谐的人际关系是衡量一个人心理是否健康的重要标准。倘若人际关系不良,出现人际交往障碍,则会引发许多心理问题。塑造健康人格,必须培养良好的人际关系:多与他人沟通,关心他人需要,保持自尊和独立,尊重社会世俗等。人际交往是塑造人格的土壤,通过人际交往,自己的某些人格品质或受到鼓励、赞扬,或受到排斥、压制,这都有利于对自己的人格结构做出调整,以更好地适应社会,形成良性互动,有助于人格的优化与完善。

(四)锻炼身体、强健体魄

人格发展的过程是生理因素、心理因素与社会因素协同作用、相互促进的结果。健康的体质是人格健康发展的物质基础。倘若一个人体弱多病就很容易形成悲观、孤独、怯懦等不健康的人格品质。锻炼我们的身体,提升我们的自制力,保持一个健康的体魄和良好的心境,是塑造健康人格的基础。

人格的健康是心理健康的标志之一,重视人格的培养,既是健康的需要,也是发展的需要;既是现实的需要,又是未来的需要。大学生要充分认识到健康人格对自身发展的必要性,要充分发现自己的长处,但又要寻找和承认自己的不足,勇敢地面对挑战,不断地发展自己,促使自身健康人格的完善。

(五)修身以成就完满的德行和人格

从中国传统文化中汲取营养,修身以成就完满的德行和人格。儒家理想人格学说以其强大的包容度和向心力,成为历代中国人在生存发展和文明创造过程中赖以依托的力量之源和坚守奉行的价值典范。对内,仁义礼智信修正自己的道德认知和行为;对外,"内圣外王"积极参加社会实践,把自身理想自觉统一到民族复兴、国家富强的时代洪流中。当代大学生在建构自身人格时,要紧紧依循时代主题的要求,规避传统文化的历史的局限性,汲取营养,砥砺自己的道德品格。

心理学家认为,以上这些方面有助于一个人的人格成长和健全。每个人都有自己的特点,所选择的方式方法也会有差异,重要的是明确自己人格优化的目标,持之以恒地努力。

【知识窗口6-4】

心理学家的十条建议

1. 对自己和生活的世界有积极的看法。把自己看作是被喜欢的,被需要的,被热情接待的,而且是有能力的,并生活在自己能应付的世界上的人。

2. 和别人有着热情的亲密的人际关系,和别人有基本信任的关系。

3. 有时间完全冷静地独处反省,使自己有机会揣摸、体验各种人的情感,而这有助于更好地理解自己的人格。

4. 在发展社会性的、智力的以及职业的各种技能方面取得成功,即在学习上、工作上和与人交往上有成功的体验。

5. 接受新思想、新观点,以及和有独特见解的人交往。新的思想可以从读书中、从对戏曲音乐的感染中取得,也可以从与陌生人交谈中获得。

6. 找出充分表达自己情绪的方法、嗜好,如和朋友间的亲密关系或与青年人聚在一起,都有助于情绪的释放。

7. 经常提高独立性的程度。逐步减少对他人的依赖而更多地依靠自己的能力和价值体系,如对工作和家庭、人类社会承担更多的责任;在该做该说时,无拘无束地表达自己的意见;自爱和自尊。

8. 灵活性和创造性。并非在任何情境中都按一个标准行事,学会知道不总是"非此即彼",而是"这个、那个和无限量的各种组合"。

9. 在关心他人方面达到高水平。

10. 在每一生活阶段,学会和别人一起时变得更人性些。

三、大学生创造性人格及塑造

人本主义心理学家马斯洛认为自我实现的人就是具有创造精神的人,而创造性正是心理健康的重要标准。也就是说在培养我们的创造性人格的同时,也培养了我们健康的人格。

(一)激发好奇心,提高创新意识

好奇心是主体具有创新意识的前提。创新意识表现为一种内在的创新欲望,表现为在创新活动中高度的热情、足够的自信心、独立思考和勇于探索的品质。好奇心是对新、特、奇事物进行探索的一种心理倾向,是人类本性中最大的驱动力,是一种要求去理解、认识和发现的欲望,是创新性人才最重要的素质,它影响大学生创新人格的形成。爱因斯坦在幼年时曾惊讶罗盘的指针永远指向北方,唤起了对科学研究的好奇心;爱迪生小时候某次抬头看到鸟在空中自由飞翔,对这一司空见惯的现象他十分惊奇,"鸟能飞,人能不能飞呢?"正是由于好奇心驱使他们去探索和研究,才有日后的发现、发明和创造。

(二)尝试探究性学习

创新离不开对事物的探究,长期保持独立思考精神和探求疑难问题的欲望,将会大大促进学生创新能力的提高,通过探究性学习,不仅让学生有勇于改变客观现状的理想,更使他们养成自我加压、自我超越的人格特征,以使他们今后能始终以昂扬的精神去开拓一个个未知新领域,使他们始终把昨日的成就当成今日进取探索的新起点,获取一个又一个新成就。

(三)磨炼百折不挠的意志力

创新是一项艰辛、漫长、复杂的活动,漫长的创新实践会遇到许多意想不到的困难和障碍,这就需要创新者有异乎寻常的恒心和毅力,才能专心致志,坚持不懈,战胜自我,克服困难,最终取得创新的成功。对于一个有志于创新的大学生来说,必须有坚强的意志力,如此才能排除各种干扰,朝着创新目标不断迈进。坚韧的意志力品质是创造性人格的基石,自控自律、严谨细致、一丝不苟、百折不挠、持之以恒、愈挫弥坚,如此,方能排除各种干扰,朝着创新目标不断迈进。发明电磁感应定律的法拉第说:"每 10 个有希望的初步结论中,能实现的不到 1 个。"通过发现电子而证明了原子可分性的汤姆逊明确表示:"我坚持奋战 55 年,致力于科学的发展,用一个词可以道出我最艰辛的工作特点,这个词就是失败。"

【故事点击6-3】

莱斯研究过传声装置,能用电流传送音乐。可惜这套装置不能用来传送话音,无法用来与远处的人交谈。莱斯的装置之所以不实用,重要原因是这一装置的螺丝钉往里少拧了1/2圈——大约5丝米。贝尔在莱斯研究的基础上,一方面采取了新措施(例如使用连续的直流电,解决了讲话声传送短促、多变的问题),另一方面将莱斯装置上的那颗螺丝针往里拧了1/2圈。莱斯的疏忽被贝尔纠正了,奇迹也随之出现:不能通话的莱斯装置终于成了实用的电话机。贝尔的改进使莱斯瞠目结舌、感慨万千,他说:"在离成功5丝米的地方我灰心了,我将终生记住这个教训。"(1丝米=10^{-4}米)

(四)培养独立性的批判精神

创新在某种意义上就是独立,创造性人格作为一种自觉的、积极的、稳定的心理特征,它的形成、存在和发展都离不开独立人格作为基础。只有喜欢独立自主地思考问题,不怕团体的压力,爱用疑问的眼光来审视事物,具有批判精神,不迷信书本,敢于质疑,敢于提出异议,发表自己的意见,才能标新立异,积极努力探索未知问题,才有利于创造性人格的形成。大学生应不迷信权威,敢于提出自己的新见解,培养"敢为天下先"的勇气和科学怀疑、理性批判的精神,不唯上、不唯书,对现有知识进行科学的怀疑和理性的批判,并勇于提出自己的见解,塑造自己的创造性人格。

(五)以开放的心态,培养团结协作的精神

随着时代的进步和科技发展,知识量在成倍地增加,个人不可能知晓一切。只有正确处理继承与创新的关系,善于学习,积极吸纳各种知识成果,在实践中善于同他人团结协作,才能避免个人知识和能力的不足的局限性。兼收并蓄,集思广益,才能有所突破,有所创新。

(六)重视社会实践,增强创造力

大学生创造性人格的形成离不开实践活动。社会实践活动是创新能力养成的重要环节。大学生不仅要在校内积极参加各种实验、科技创新、专业设计、学术辩论,同时还要走出校门,走向社会,到农村、街道、企业、军营进行社会调查,注意观察,从中发现社会科学和自然科学中的热点、难点和疑点等问题,训练自己的创新思维,激发自己的创新欲望,磨炼自己的创新意志,养成自己的创新行为习惯,最终形成创造性人格。

(七)以放松的心态,发现创新契机

每个人都天生具有一部创造机器,使我们在生活面前不会束手无策。但是,只有我们放松心态,给机器松绑,让它自由运转,才会在无意中收获更多的成果。大多数发明家、作家或有发明创造经历的人都承认:创造性的想法并不是头脑的意识思考,而是不再想难题,去想其他事情的时候,像晴天霹雳般突然自动产生。一张一弛才是生活之真谛,在轻松、挥洒自如的过程中,我们更能在潜移默化中点燃思维的火把,到达"有心栽花花不发,无心插柳柳成荫"的绝妙境界。

【故事点击6-4】

1821年,德国音乐家布什曼拿了一把木梳在家门口玩弄。很无意地,他拿来两张纸片贴在木梳的两面,接着把木梳放在嘴边吹,居然能够发出"呜哩呜哩"的声音。他心血来潮,深受启发,参照木梳的结构,结合笙和笛的发音吹奏原理,用象牙做出了世界上第一只口琴,给乐器家族添了新丁。

第六章 提升魅力展现精彩——大学生人格发展与心理健康

【活动天地】

人格的塑造在于日常积累。下面是一个积极人格训练表,每天对照检查一下自己,做得到的打"√",没做到打"×",并写出改进的方法。坚持一段时间,看看自己发生了哪些变化。

	星期一	星期二	星期三	星期四	星期五	星期六	星期日	改进措施
勤奋								
进取								
积极								
认真								
好学								
坚持								
及时								
诚信								
负责								
宽容								
热忱								
谦虚								
适度								
整洁								

【测测你自己】

气质调查问卷

下面60道题,可以帮助你大致确定自己的气质类型,在回答这些问题时,你认为:

A:很符合自己情况的记2分

B:比较符合的记1分

C:介于符合与不符合之间的记0分

D:比较不符合的记-1分

E:完全不符合的记-2分

1. 做事力求稳妥,不做无把握的事。
2. 遇到可气的事就怒不可遏,想把心里话全说出来才痛快。
3. 宁可一个人干事,不愿很多人在一起。
4. 到一个新环境下很快就能适应。

5. 厌恶那些强烈的刺激,如尖叫、噪声、危险的情景等。

6. 和人争吵时,总是先发制人,喜欢挑衅别人。

7. 喜欢安静的环境。

8. 善于和人交往。

9. 羡慕那种善于克制自己感情的人。

10. 生活有规律,很少违反作息制度。

11. 在多数情况下情绪是乐观的。

12. 碰到陌生人觉得很拘束。

13. 遇到令人气愤的事,能很好地自我克制。

14. 做事总是有旺盛的精力。

15. 遇到问题常常举棋不定、优柔寡断。

16. 在人群中不觉得过分拘束。

17. 情绪高昂时,觉得干什么都有趣;情绪低落时,又觉得什么都没有意思。

18. 当注意力集中于一事物时,别的事很难使我分心。

19. 理解问题总比别人快。

20. 碰到危险情景,常有一种极度恐怖感。

21. 对学习、工作,事业怀有很高的热情。

22. 能够很长时间做枯燥、单调的工作。

23. 符合兴趣的事情,干起来劲头十足,否则就不想干。

24. 一点小事就能引起情绪波动。

25. 讨厌那种需要耐心、细致的工作。

26. 与人交往不卑不亢。

27. 喜欢参加热烈的活动。

28. 爱看描写感情细腻、描写人物内心活动的文学作品。

29. 工作学习时间长了,常感到厌倦。

30. 不喜欢长时间讨论一个问题,愿意实际动手干。

31. 宁愿侃侃而谈,不愿窃窃私语。

32. 别人说我总是闷闷不乐。

33. 理解问题常比别人慢。

34. 疲倦时只要短暂的休息就能精神抖擞,重新投入工作。

35. 心里有话宁愿自己想,不愿说出来。

36. 认准一个目标就希望尽快实现,不达目的,誓不罢休。

37. 学习、工作同样长的一段时间后,常比别人更厌倦。

38. 做事有些莽撞,常常不考虑后果。

39. 老师或他人讲授新知识、技术时,总希望他讲慢些,多重复几遍。

40. 能够很快地忘记那些不愉快的事情。

41. 做作业或完成一件事情,总比别人花的时间多。

42. 喜欢运动量大的剧烈体育运动,或参加各种文艺活动。

43. 不能很快地把注意力从一件事转移到另一件事上去。
44. 接受一个任务后,就希望把它迅速解决。
45. 认为墨守成规比冒风险要强一些。
46. 能够同时注意几件事物。
47. 当我烦闷的时候,别人很难使我高兴。
48. 爱看情节起伏跌宕、激动人心的小说。
49. 对工作抱认真严谨、始终一贯的态度。
50. 和周围人的关系总是相处不好。
51. 喜欢学习学过的知识,重复做自己掌握的工作。
52. 希望做变化大、花样多的工作。
53. 小时候会背的诗歌,我似乎比别人记得清楚。
54. 别人说我"出语伤人",可我并不觉得这样。
55. 在体育活动中,常因反应慢而落后。
56. 反应敏捷、头脑机智。
57. 喜欢有条理而不甚麻烦的工作。
58. 兴奋的事常使我失眠。
59. 老师讲新概念,常常听不懂,但是弄懂了以后就难忘记。
60. 假如工作枯燥乏味,马上就会情绪低落。

气质类型计分表如表6-4所示:

表6-4 气质类型计分表

胆汁质	题号	2、6、9、14、17、21、27、31、36、38、42、48、50、54、58
	得分	
多血质	题号	4、8、11、16、19、23、25、29、34、40、44、46、52、56、60
	得分	
黏液质	题号	1、7、10、13、18、22、26、30、33、39、43、45、49、55、57
	得分	
抑郁质	题号	3、5、12、15、20、24、28、32、35、37、41、47、51、53、59
	得分	
结果		你的气质是?

如胆汁质栏得分在10~20分,并高于其他3栏,则为一般胆汁质,其余类推;如出现两栏得分接近(小于3分),并明显高于其他两栏(大于4分),则为混合型;如一栏得分很低,而其余3栏得分接近,则为3种气质的混合型,如胆汁-多血-黏液混合型;如4栏分数皆不高且相近(3分),则为4种气质的混合型。

【成长感悟】

1. 请结合所学知识,谈谈你是一个什么样的人,你的人格有哪些特征?
2. 谈谈在生活实践中,你打算如何塑造自己健全的人格?

【好书推荐】

《自卑与超越》,(奥地利)阿尔弗雷德·阿德勒(Alfred Adler,1870~1937)著,曹晚红/魏雪萍译,汕头大学出版社。

"一切人类文明都是基于自卑感而发展起来的"。本书作者阿尔弗雷德.阿德勒一生阅历丰富,磨难颇多。他在幼年时期患上了佝偻病,看上去又矮又丑,又曾在5岁那年患上肺炎险些丧命。不幸的童年也使他常感到自卑,但生活的挫折并未使他消沉。相反,他通过自己的努力不断超越自己。1895年,他获得了维也纳大学医学博士学位并逐渐成为个体心理学的创始人。阿德勒通过深入剖析与研究每个人生命中的一系列自卑/不足情结,提供了克服自卑心理,从而化自卑为动力、不断超越自己、追求优越、实现个人与社会和谐发展的有效途径。

【参考文献】

[1] 彭聃龄.普通心理学[M].4版.北京:北京师范大学出版社,2012.
[2] 维基百科,https://baike.hk.xileso.top/wiki/%E4%BA%BA%E6%A0%BC.
[3] 胡启迪,周守珍.人格障碍症状水平评估研究综述[J].课程教育研究,2018(35):7-8.
[4] 林晓帆.中国大学生人格变迁的横断历史研究[J].潍坊工程职业学院学报.2019,32(04):68-75.
[5] 余亮,李娜,鲁玮,等.某高校2014~2016级大学生人格特征的调查研究[J].皖南医学院学报,2018,37(01):85-88.
[6] 张冉冉,黄列玉,陈永,等.大学生人格特质与性别因素和风险决策行为的关系[J].心理卫生评估,2020,34(01):56-60.
[7] 胡健,蔡太生,王志平.高中生16PF测试结果的城乡及性别差异比[J].中国临床心理学杂志,2006,14(03):319-320.
[8] 马前广.当前大学生人格障碍状况分析及对策探讨[J].思想理论教育,2016(05):89-93.
[9] 顾寿全,奚晓岚,程灶火,等.大学生大五人格与心理健康的关系[J].中国临床心理学杂志,2014,22(02):354-356.
[10] 郑雪.人格心理学[M].北京:高等教育出版社,2004.
[11] 常建勇.儒家理想人格学说对当代大学生人格建构的价值论析[J].河北大学学报(哲学社会科学版),2018,43(06):27-32.

第七章

我的情绪我做主
——大学生的情绪管理

【故事点击7-1】

　　金元名医朱丹溪曾遇到一青年秀才,婚后不久突然亡妻,故终日哭泣悲伤,终成疾病。求尽名医,用尽名药,久治无效。朱丹溪为其诊脉后说:"你有喜脉,看样子恐怕已有数月了。"秀才捧腹大笑,并说:"什么名医,男女都不分,庸医也!"此后,每想起此事,就会自然发笑,亦常将此事作为奇谈笑料告诉别人,与众人同乐。移月转,秀才食欲增加,心情开朗,病态消除。这时,朱丹溪才告诉他这是以喜乐制胜悲忧的疗法。

【案例7-1】

　　王某,大学二年级学生。她是家里的老三,有两个姐姐和一个弟弟。小学时父母因为要外出打工,没有时间照顾孩子,她年纪比较小,因此父母就把她留在了乡下让爷爷奶奶照顾,而带着两个姐姐在打工地读书。后来弟弟出生,家里的条件变好,父母也一直把弟弟待在身边。王某一直到了初中才回到父母身边。虽然父母平时对她很好,但她一直觉得和父母亲近不起来,平时父母打电话给她,她也觉得没什么好说的,平时也很少回家。疫情期间,她在家里和父母朝夕相处,看到父母和其他兄弟姐妹有说有笑,她就心里很难受。如果父母说她一句不好,她就会大发雷霆。她说她也知道自己的情绪有问题,自己也很希望和父母相处得更好,但是她就是管不住自己的情绪。

　　专家分析:因童年的经历,王某对父母有一些潜在的愤怒,但是却从来没有向父母表达过,所以很容易因为生活中的一些小事而生父母的气。王某对自己的情绪有所察觉,但是缺乏相应的情绪管理方法。

第一节　情绪概述

一、情绪与情绪结构

　　情绪是以个体的愿望和需要为中介的一种心理活动。当客观事物或情境符合主题的愿望和需要时,就能引起积极的、肯定的情绪。例如,渴求知识的人得到了一本好书就会感到满意;生活中遇到知己会感到欣慰;看到助人为乐的行为会产生敬慕;找到志同道合的情侣会感到幸福等。当客观事物或情境不符合主题的愿望和需要时,就会产生消极、否定的情绪,如失去亲人会引起悲痛,无端遭到攻击会产生愤怒,失业会出现内疚和苦恼。情绪是一种混合的心理现象,它是由独特的主观体验、外部表现和生理唤醒3种成分组成。

　　1.主观体验　每种情绪有不同的主观体验,它们代表了人的不同感受,如快乐还是痛苦等,构成了情绪的心理内容。情绪体验是一种主观感受,很难确定产生情绪体验的客观刺激是什么,而且不同人对同一刺激也可能产生不同的情绪。

2. 情绪的外部表现　表情包括面部表情、姿态表情和语调表情。面部表情是所有面部肌肉变化所组成的模式,如高兴时额眉平展、面颊上提、嘴角上翘。面部表情模式能精细地表达不同性质的情绪,因此是鉴别情绪的主要标志。姿态表情是指面部以外的身体其他部分的表情动作,包括手势、身体姿势等,如人在痛苦时捶胸顿足,愤怒时摩拳擦掌等。语调也是表达情绪的一种重要形式。语调表情是通过言语的语调、节奏和速度等方面的变化来表达的,如高兴时语调高,语速快;痛苦时语调低沉,语速慢。

3. 生理唤醒　生理唤醒是指情绪产生的生理反应。生理唤醒是一种生理的激活水平。不同情绪的生理反应模式是不一样的,如满意、愉快时心跳节律正常;恐惧或暴怒时,心跳加速、血压升高、呼吸频率增加,甚至出现间歇或停顿;痛苦时血管容积缩小等。

说到情绪,不能不提到情感一词,情绪和情感是一个统一的心理过程的两个不同方面,情绪和情感既有区别又有联系,广义而言,情感与情绪一样也是人对客观事物的态度体验;狭义而言,它又不同于情绪,情感是和人的社会性需要相联系的一种较复杂而又稳定的态度体验。

【活动天地7-1】

照镜子识情绪

我们有的时候会听到别人对我们说:"哦,你很烦恼啊,都写在脸上了。"这时我们会很纳闷我们的脸是如何把我们的心情泄露给别人的。其实,我们的面部表情也能告诉我们关于自己情绪的线索。现在不妨准备一面镜子,在你感受到以下情绪的时候,照一照镜子,然后把你观察到的表情记录在表7-1中,你就会明白你的表情是如何把你的心情泄露给别人的。

表7-1　情绪记录表

部位	焦虑	愤怒	悲痛	抑郁	狂喜
额头 (冒汗、皱纹等)					
眉毛 (上扬、耷拉等)					
眼睛 (眯、睁、流泪等)					
鼻子 (皱、鼻孔张大等)					
嘴巴 (咧嘴巴、露牙等)					

二、情绪的功能

1. 适应功能　情绪是人类早期赖以生存的重要手段。婴儿出生时,还不具备独立的维持生存的能力,这时主要依赖情绪来传递信息,与成人进行交流,得到成人的抚养。成人也是通过婴儿的情绪反应比如哭泣,及时为婴儿提供各种生活条件。当然,情绪有时也有负面作用,如有一些球迷会因为输球闹情绪而在赛场闹事、斗殴、破坏公共财产,甚至造成人身伤亡。

2. 动机功能　情绪能激励人的活动,提高人的活动效率。适度的情绪兴奋,可以使身心处于活动的最佳状态,推动人们有效地完成任务。研究表明,适度的紧张和焦虑能促使人积极地思考和解决问题。赫布认为唤醒水平和绩效之间存在着倒U形曲线的关系。换句话说,太低或太高的唤醒水平都会损害工作效率。故高考时我们说最好的状态是适度焦虑。

3. 组织功能　这种组织作用表现为积极情绪的协调作用和消极情绪的破坏、瓦解作用。中等强度的愉快情绪,有利于提高认知活动的效果,而消极情绪如恐惧、痛苦等会对操作产生负面影响。消极情绪的激活水平越高,操作效果越差。

情绪的组织功能还表现在人的行为上,当人处在积极、乐观的情绪状态时,易注意事物美好的一方面,其行为比较开放,愿意接纳外界的事物;而当人处在消极的情绪状态时,容易失望、悲观,放弃自己的愿望,或者产生攻击性行为。

【经典实验7-1】

>　　伊奇等人采用欢快与严肃的音乐引发愉快和不愉快的情绪,要求被试看一些中性词(如玫瑰),并努力回忆在他们生活中与之相关的一些事件。结果表明,带有快乐情绪的被试,回忆起更多(72%)的积极事件,而带有不愉愉快情绪的被试只回忆起较少的(52%)积极事件。两天后被试又回到实验室,让其回忆上次实验的内容,其中,一半被试所处的音乐情境与上次样,另一半不一样。结果显示,情绪匹配组被试能回忆35%的事件(包括积极的或消极的),而情绪不匹配组被试只能回忆26%的事件。

4. 社会功能　情绪在人际间具有传递信息、沟通思想的功能。这种功能是通过情绪的外部表现,即表情来实现。表情也是言语交流的重要补充,如手势、语调等能使言语信息表达得更加明显或确定。从信息交流的发生上看,表情交流比言语交流要早得多,如在前言语阶段,婴儿与成人相互交流的唯一手段就是情绪。

【经典实验7-2】

>　　佛格斯做了一个实验,他请被试分组看不同的影片,通过影片被试分别被诱发出高兴的、中性的和悲伤的情绪。当被试产生相应的情绪后,要求他们到实验助手那里要一份文件,并记录被试索要文件时的语言,然后请评价者对每一位被试用语的礼貌程进行评估。结果显示,情绪对于礼貌有很大的影响:处在悲伤中

第七章 我的情绪我做主——大学生的情绪管理

的人最礼貌。他们格外谨慎,不向他人提出直接或不礼貌的要求。有的研究还表明,当个体处于最佳健康状态时,更愿意做出各种助人的行为。

三、情绪状态的分类

情绪状态是指在某种事件或情境的影响下在一定时间内所产生,其中较典型的情绪状态有心境、激情和应激 3 种。

1. 心境　心境是一种持续的、微弱的、影响人的整个精神活动的情绪状态。心境具有弥漫性和渲染性,当一个人处于某种心境时,会以同样的情绪看待周围的一切事物。例如,人逢喜事精神爽、"感时花溅泪,恨别鸟惊心"等就是对心境的写照。

2. 激情　激情是一种爆发快、强烈而短暂的情绪体验。例如,在突如其来的情境刺激下,人会产生勃然大怒、欣喜若狂等情绪反应。在这样的激情状态下,人的外部行为表现比较明显,如狂喜时手舞足蹈、兴高采烈,愤怒时怒发冲冠、暴跳如雷等。

3. 应激　应激是出乎意料的紧张所引起的情绪状态。在突如其来的或十分危险的条件下,必须迅速地、几乎没有选择余地做出决定的时刻,容易出现应激状态。应激状态会发生一系列生理反应,如肌肉紧张、心率加快、呼吸变快、血压升高、血糖增高等。

【故事点击 7-2】

1965 年 9 月 7 日,世界台球冠军争夺赛在纽约举行。路易斯·福克思(Lonis Fox)的得分遥遥领先,只要再得几分就能稳拿冠军。就在这时他发现一只苍蝇落在主球上,他挥挥手赶走了。可是他伏身击球时苍蝇又飞回来了,他起身驱赶,但苍蝇好像在跟他作对,他一回身,苍蝇又落在主球上,周围的观众发现了这个现象,开始哈哈大笑。他的情绪恶劣到了极点,终于失去了理智,愤怒地用球杆去击打苍蝇,结果碰到了主球,裁判判他击到了球,于是他失去了一轮机会。他因此方寸大乱,连连失利,而对手约翰·迪瑞越战越勇,最后获得了冠军。第二天人们发现了路易斯的尸体,他投河自杀了。一只小小的苍蝇,竟然打垮了大名鼎鼎的世界冠军。

第二节　大学生的情绪特征及常见的消极情绪

【案例 7-2】

李某,大一学生。李某自述:刚上大学时,有些不习惯,不过我适应能力还算好,不觉得很生疏,我与班里的同学相处还比较好,大家对我的印象还不错,可是我却总觉得自己压力很大,干什么事情总是没有精神,情绪很不稳定,尤其是这几天,大家都在复习,我看到大家都在读书,我就不想看书,觉得很难受,甚至有点痛恨她们在读书。我也和从前的同学说我现在的情况,他们劝我说,大学和高中是不同的,没有必要被别人左右,不要管别人如何学习,你只要有自己的学习方法就可以了,在自己原来的基础上提高自己,尽最大的努力。可是我发现我还是控制不了自己的情绪。

当我情绪不好的时候,就吃东西。常常是一个人在这个食堂吃过,又跑到另一个去吃,然后再到超市买一大堆饼干或者别的什么东西回宿舍吃,我觉得我近乎疯狂,不可理喻,我就想让胃撑满,有时近于疼痛,好像这样我会得到快感和满足,当我吃东西的时候,我也知道这样不对,但是就是无法控制自己。

我的生活不规律,学习不规律,饮食不规律,我觉得生活学习一团糟,对什么都很没有信心,也许这就是我情绪不稳定,对什么都没兴趣的原因吧。我觉得我对不起很多人,对不起所有对我有期望的人,父母、同学、师长,包括我自己,可是我还是很难控制我自己的情绪,我觉得我好像有两种人格在厮杀。我很害怕,但是不知该如何做……

专家分析:这是一例以抑郁情绪为主要特征的情绪问题,具体表现为难以控制自己的情绪、兴趣减退、饮食不规律。从以上案例中可以看出,李某对于自己的情绪缺乏觉察和管理。他不仅不知道自己为什么会有这样的情绪,也不知道自己该怎样管理自己的情绪。

一、大学生的情绪特征

(一)情绪的丰富性与波动性

大学生情绪活动非常丰富,但带有明显的波动性,有时甚至大起大落。有些大学生情绪高涨时,觉得一切顺利,自己能力超强,表现得非常自负;情绪低落时,觉得一切不顺,所有的人和事都和自己作对,觉得自己一无是处,表现得非常自卑。学习、生活、交往中的一些小小事件都会引起其情绪的波动,时而高涨,时而低落,呈现出周期性反应,不够稳定。

(二)情绪的强烈性与冲动性

由于大学生处在激情澎湃的年龄,有时情绪一旦爆发就难以控制。他们中的大多数人对符合自己信念、观点和理想的事件或行为迅速发生热烈的情绪,个别的有时甚至会盲目的狂热;对于不符合自己信念、观点和理想的事件或行为,则迅速出现否定情绪,不计后果的冲动,以致做出一些违反校规校纪、违反法律的事。而一旦遇到挫折或失败又会灰心丧气,对世间的万事万物都没有了兴趣。他们情绪带有明显的两极性。

(三)情绪体验的延续性和心境化

大学生在某一方面得到满足的快乐的情绪会延长为良好的心境;由于挫折或失败引起的不快或苦恼的情绪也会延续较长的时间,而成为闷闷不乐的不良心境。这种不良心境如果延续较长时间,发生移情作用,不仅会影响人际关系,也会影响大学生的身心健康。

(四)情绪外显性与内隐性并存

大学生对外界刺激反应迅速敏感,喜怒哀乐常形之于色,具有外显性特点。由于大学生自制力的逐渐增强,以及思维的独立性和自尊心的发展,使得大学生情绪情感的外在表现和内心体验并不总是一致的。在某些场合和特定问题上,有些大学生会文饰、隐藏或抑制自己的真实情感,不像少年时期那么坦率直露,会表现出内隐、含蓄的特点。

(五)情绪的想象性

从情绪情感体验的性质来看,大学生的情绪还具有想象性的特点。即新发生的情绪会延长一段时间,而出现陶醉于以前某种愉快的、肯定的情绪状态中,或者沉湎于某种负性的情绪状态中。

二、大学生的消极情绪体验

由于生理和心理的迅速成熟,生活环境的变动,成长任务内容的增加,情绪的波动性大,大学生容易陷入情绪困扰,产生消极的情绪体验。

1. 热情减退　在我们身边,常常会看到一些同学,对什么事情都没有激情,不爱学习、不爱上课、不爱与人交往、不爱体育锻炼,对很多事情提不起兴趣,好像感情枯竭了一样,只对电子游戏等一类娱乐活动感兴趣,心理学上称为"有选择性的退却反应"。

2. 抑郁　抑郁是一种持续时间较长的低落消沉的情绪体验。处于抑郁状态中的大学生,看到的一切仿佛都笼罩着一层暗淡的灰色,对什么事都提不起兴趣,常常感到精力不足、注意力难集中、思维迟钝,同时伴有痛苦、羞愧、自怨自责、悲伤忧郁的情绪体验,自我评价偏低,对前途悲观失望。

3. 焦虑　大学生是一个情绪变化较大的群体,在大学生中存在着比较强的焦虑比如人际焦虑、考试焦虑等。研究显示,在大学生人群中,经常带有焦虑不安、恐惧、抑郁等焦虑症病理指标的人,目前已经超过了大学生总人数的16%。

4. 愤怒　大学生正处在热情高涨、激情澎湃的青年时期,有时候激情似乎难以控制,容易发怒是大学生中常见的一种消极激情。有的大学生因一句刺耳的话,一件不顺心的事,就激动得暴跳如雷,或出口伤人,或挥拳相向,铸成大错。

5. 嫉妒　嫉妒是大学生中普遍存在的不良情绪,表现为看到他人的才华、能力、品行、荣誉,甚至相貌、衣着等超过自己时,感到恼怒、痛苦、愤愤不平,当别人遭到不幸或灾难时则幸灾乐祸、言语上讥讽嘲笑、行动上冷淡疏远,甚至在人后恶语诋毁、中伤,蓄意打击报复。严重的嫉妒感是一种极不健康的心态,它使人的心灵扭曲变形,使美好的情感被抹杀。嫉妒会不同程度地破坏人际关系。

6. 压抑　大学时期是情感最丰富强烈的时期,同时也是一个充满压力和冲突的时期。情绪的压抑也是大学生中常见的情绪问题。相当多的大学生常常感到自己的情感不能得到尽情倾诉。2020年疫情期间,长时间在家网络上课和学习导致的"郁闷"情绪即是压抑的表现。

【经典实验7-3】

情绪与认知的关系

美国心理学家沙赫特于1962年设计了一项实验,用来证明环境影响、生理唤醒和认识过程三因素在情绪产生中的作用。实验前实验者告诉被试者,要考察一种新维生素化合物对视敏度的影响效果。在被试同意的前提下,给他们注射药物。但实际上控制组被试接受的是生理盐水,实验组被试接受的是肾上腺素。肾上腺素使被试出现心悸、颤抖、灼热、血压升高、呼吸加快等反应而处于典型的生理唤醒状态。药物注射后,实验组被分作三组:"告知组",告诉被试药物会导致心悸、颤抖、兴奋等反应;"未告知组",对被试说药物是温和的,不会有副作用;"误告知组",告诉被试药物会导致全身麻木、发痒和头痛。然后人为地安排两个实验情境:"欣快"情境与"愤怒"情境。实验组三组被试各一半人进入"欣快"情境,另一半人进入"愤怒"情境。当被试进入"欣快"情境时,看见一个人(实验助手)在室内唱歌、跳舞、玩耍,表现得十分快乐,并邀请被试一同玩耍。而进入"愤怒"情境的被试则看见一个人(实验助手)正对填写着的一张调查表发怒、咒骂、跺脚,并最后撕毁调查表,被试也被要求填写同样的调查表,表上的题目带有人身攻击和侮辱性,并会引起人极大的愤怒。

实验结果发现,控制组和告知组被试在室内安静地等待并镇静地进行他们的工作,毫不理会同伴的古怪行为;未告知组和误告知组被试则倾向于追随室内同伴的行为,变得愉快或愤怒。

这个研究结果表明,当个体能正确解释自身的生理唤醒时,他们就不会被环境中同伴的情绪所影响。当个体对自身的生理唤醒没有现成的解释,则会受到环境中同伴行为的暗示,表现出和同伴一致的情绪。所以,无论生理唤醒还是环境因素都不能单独地决定情绪,情绪发生的关键取决于认知因素。

第三节 管理我们的情绪

一、情绪健康要素

健康的情绪是大学生成长和成才的基础。现代心理学研究发现,一个人的成功20%取决于智商,80%取决于情商,可见情商培养的重要性。

美国人本主义心理学家马斯洛认为健康情绪有6个特征:适度的欲望;清醒的理智;平和、稳定、愉悦和接纳自我;对人类有深厚的感情;富有哲理、善意的幽默感;丰富、深刻的自我情感体验。

我国学者认为情绪健康包含乐观、拥有幸福感、快乐平和、仁爱等情绪要素。

【故事点击7-3】

一个小男孩,他常常无缘无故地发脾气。于是父亲给了他一大包钉子,让他每发一次脾气就用铁锤在后院的栅栏上钉一颗钉子。第一天,小男孩共在栅栏上钉了37颗钉子。后来,小男孩渐渐学会了控制自己的愤怒,在栅栏上钉钉子的数目也逐渐减少了。他发现控制自己的脾气比往栅栏上钉钉子要容易得

第七章 我的情绪我做主——大学生的情绪管理

多——终于有一天,小男孩没有再在栅栏上钉下一颗钉子了。于是,父亲又建议:"如果你能坚持一整天不发脾气,就从栅栏上拔下一颗钉子。"经过一段时间,小男孩终于把栅栏上所有的钉子都拔掉了。

父亲拉着他的手来到栅栏边,对小男孩说:"儿子,你做得很好。但是,你看看那些钉子在栅栏上留下的小孔,就算经过了很长时间它们也还将继续存在。同样地,当你向别人发过脾气之后,你的言语就像这些钉子一样,会在人们的心灵中留下疤痕。你这样做就好比用刀子刺向了某人的身体,然后再拔出来。无论你说多少次'对不起',那伤口都会永远存在。"

二、情绪管理

情绪管理是一个人适应社会环境、获得事业成功、建立良好人际关系获得幸福生活的重要保证,情绪管理分为两种,一是重大紧急事件引起的过度情绪反应,一是非紧急重大事件引起的持久性的消极情绪。

(一)紧急事件中的负性情绪的管理

紧急事件是指一些突发的、又比较重大的事件,这些事件引起的情绪比较激烈,具有突发性。那么紧急事件中的负性情绪如何管理呢?

1. 合理发泄情绪　所谓合理发泄情绪,是指在适当的场合,采取适当的方法,排解心中的不良情绪。

(1)哭泣。当你遭到突如其来的灾祸,精神受到打击,心理不能承受时,可以在适当的场合放声大哭。这是一种有效的发泄不良情绪的方法。

(2)倾诉。当你心中积满苦闷、烦恼、抑郁等不良情绪无法疏散时,可以向父母、老师、同学、知心朋友尽情倾诉,发发牢骚,吐吐委屈。这样使消极情绪发泄出来后,精神就会放松,心中的不平之事也会渐渐消除。

(3)活动。当你的消极心理使情绪极度低落时,越不愿参加活动,情绪就越低落。而情绪越低落,又越不愿意参加活动。这样就形成了恶性循环,使不良情绪加重。如果参加一些适当有益的活动,或跑跑步、打打球、干干体力活,或唱唱歌、跳跳舞,就可以使郁积的怒气和不良情绪得到发泄,这样,原本十分低落的情绪就可以改变。

2. 自我控制情绪　在陷入消极情绪而难以自拔时,如何进行情绪管理?

(1)自我暗示。采取这种方法,可以抑制不良情绪的产生。当你参加一些紧张的活动如重要的考试或竞赛前,要在心里暗暗提醒自己:沉住气,别紧张,胜利一定是属于自己的。这样就能增强自信心,情绪就会慢慢冷静下来。

(2)自我激励。当一个人在困难面前或身处逆境时,自我激励能使人从困难和逆境造成的不良情绪中振作起来。"失败是成功之母"是大家都熟知的一句名言,也是一种有效的自我激励。

(3)心理换位。就是与他人互换位置角色,即俗话所说的将心比心,站在对方的角度思考。通过心理换位,体会别人的情绪和思想。这样就有利于消除和防止不良情绪。如当受到家长和老师的批评时,自己心里有气,这时要设身处地想一想,假如我是老师、家长,遇到此类情况会怎样呢?这样,往往就能理解家长、老师对自己的态度,从而使心情平静下来。

(4)升华转化。就是将痛苦、烦恼和忧愁等消极情绪升华转化为积极有益的行动,将压抑的心理能量转化为一种建设性的力量。如失恋后,化痛苦为力量,发奋努力,不断提高自己的能力,成为自己理想中的强者。

3.注意力转移法 当遇到挫折感到苦闷、烦恼,情绪处于低潮时,就暂时抛开眼前的麻烦不要再去想引起苦闷、烦恼的事,而把注意力转移到较感兴趣的活动和话题中去,这是一种有效的方法。比如可以自觉地改换环境,外出散步、旅游参观,调换居住地点等,来冲淡、缓解消极的心理情绪,但这种方法只能是权宜之策,等情绪平静下来后还是要面对现实,积极解决问题。

(二)非紧急事件中负性情绪的管理

非紧急事件引起的持久性的消极情绪主要表现为心境。如何保持良好的心境如乐观、积极、幸福感、感激等,而避免消极的心境如抑郁、焦虑、恐惧等。

1.充实精神生活 一是树立远大理想抱负。有理想的人精神有寄托,工作学习有动力,生活得充实,而且为了实现理想会自觉调整情绪,情绪就自然处于积极、稳定、乐观、向上的状态。二是提高思想文化修养。有思想文化修养的人胸襟开阔,少猜疑,不嫉妒,不斤斤计较,寸利必得,情绪也就能够保持在健康、良性状态。

2.增强自信心 自信是一个人对自己积极的感受,是觉得自己有能力、有价值,自己看重自己。怎样保持自信呢?一是要善于发现自己的优点,不要过分关注自己无法改变的先天条件,如身高、出身等;二是要用发展的眼光评价自己,要看到自己的变化和进步;三是悦纳自己,凡是自身现实的一切都应该积极地接受,无论是好是坏,不回避、不哀怨、不厌恶自己,在自我悦纳的基础上,积极地发展自我,更新自我;四是注意自我激励,要经常对自己说"别人能行我也能行","我能够做得比别人更好"。

3.磨炼意志 意志品质对情绪管理产生深远影响。意志薄弱者永远只能做不良情绪的俘虏,只有意志坚强的人才能做自己情绪的主人。有的人说:"我知道发火不对,可就是控制不住。"其实,如果你尝试把发火的时间推迟15秒,下一次再要求自己推迟30秒,以后不断向后推延。只要你能推迟动怒,你便学会了自我控制情绪管理,坚持这样做下去,你就能够做自己情绪的主人。

4.合理需求 情绪是人们需要满足与否的反应。在现实环境中,对他人、对自己、对事物期望值太高,势必难以满足需要而产生失望、绝望、不满等不良情绪。因此,要学会把期望值调整到适当的高度,要能够在一定范围内懂得知足

5.建立良好的人际关系 一个人在良好的人际关系中获得的理解、尊重、同情、安慰等精神上的支持,可以减轻和消除心理应激带来的紧张、痛苦、焦虑、抑郁等不良情绪。良好的人际关系能够满足人的安全感和归属感的需要,使人情绪稳定,精神愉快。

6.学会幽默 当你遇到某些无关大局的不良刺激时,要避免使自己陷入被动局面或激惹状态,最好的办法就是以超然洒脱的态度去应付。此时,一句得体的幽默话,往往可以使你摆脱窘迫,使愤怒、不安的情绪得以缓解。

7.适当娱乐 娱乐是调节情绪、愉悦身心的好方法。娱乐内容要丰富、健康。可积极

参加各种文体活动,如打球、登山、跑步、唱歌、看电影、练书法、下棋等。

8.学会与各种情绪共存　消极情绪对于我们人生具有很大的作用和力量,比如痛苦,可以让我们避免很多伤害。同时积极的情绪也有程度的控制,过强过久的都不利于人的心理健康。我们学会觉察自己的情绪,学会和自己情绪对话,学会和他们共存。

【知识窗口 7-1】

情绪 ABC 理论

情绪 ABC 理论是由美国心理学家艾利斯创建的。在情绪 ABC 理论中,A是指发生的事件,B是指你所持有的观念,C是指事件的结果,人们通常认为,是事件发生(A)导致了某种结果(C),但实际上却是你的观念和想法(B)导致了你的情绪、行为的结果(C)。这一理论很具有革命性,如果客观环境或者你无法控制的事件导致了最后消极的情绪,那么你根本就无法改善和管理情绪,因为人永远无法如自己所愿地改变环境和别人的观念。而如果是我们的观念和认知导致了消极情绪,那么我们就可以通过调整和改变观念,最终达到管理情绪的目的。

我们可以举一个实例,看看如何通过改变我们的想法来改变我们的情绪。

小丽是个内向的女孩,她觉得自己永远没有同学有魅力,不仅在工作能力方面不如同学,在人际交往方面更是有很大差距。这让她在同学面前很没自信,时间长了,她越来越颓废和封闭。在和心理咨询师的交流中,老师发现小杨身上有很多闪光点,她字写得很漂亮,拿过一些书法奖项,舞也跳得很好,是学校舞蹈队的成员,另外学习成绩也不错。可是咨询师发现小丽自己却看不上这些优点。因为小李心目中将成功与失败的标准仅仅限定为"我必须是第一名"。书法写得好,但有比我写得更好的;舞跳得还不错,但是比起某同学差多了。

用情绪 ABC 理论分析,小丽自己的观念和思维方式(B)是:"我必须是第一名","如果我不是第一名,那我就是一个失败的人",结果(C)是:越来越封闭,越来越自卑,拒绝尝试新经验的机会。

所以我们调节我们的情绪重点在于改变对于事件的观念 B。如果小丽能够改变自己的观念,把原来的不合理信念"我必须是第一名"变成"我希望自己努力成为第一名,但如果不是也没有关系,我依然是一个优秀的人",那么她也会变得会更自信更快乐。

【活动天地 7-2】

转换不合理信念

很多时候,我们没有办法接纳自己的情绪是因为我们持有了一些对情绪不合理的想法,通过转变这些想法,可以帮助我们更好地接纳情绪。表 7-2 里列举了一些转换不合理信念的例子,请大家认真阅读这些例子,看看自己是不是也有这些不合理信念,然后试着自己转换一下不合理信念,体验一下你的情绪的变化。

表 7-2　转换不合理信念

不合理信念	支持不合理信念的理由	反对不合理信念的理由	转化成合理信念
我不应该有__愤怒__的情绪	因为愤怒会让我做出不得体的行为,说不好的话	不得体的行为和言语是不好,但愤怒跟它们没有必然联系	我可以愤怒,但要改变表达愤怒的方式
我不应该有__焦虑__的情绪	因为焦虑会让我很紧张,没有办法做好事情	过度焦虑是不好,但适度的焦虑会让人更集中专注	我可以焦虑,但要找到焦虑的原因,去解决问题
我不应该有_____的情绪			
我不应该有_____的情绪			
我不应该有_____的情绪			

第四节　情绪智力与培养

【案例 7-3】

第一名并不是快乐的源泉

小金是某重点大学商学院研究生二年级学生,小金的父亲是某医院外科医生,母亲是中学数学老师,父母身体健康,他们都是事业比较成功的人。其父做事严谨,十分注重细节,对自己独生女的行为举止要求很具体,其女稍不符合他的要求就会受到不同程度的处罚。母亲和父亲一样对她要求极为严厉,几岁时,母亲就开始给她灌输"无论做什么都要超过别人,不能让别人在你前面"之类的信念。

她在小学是好学生,考进重点中学又是尖子生,考进重点大学后还是连年拿一等奖学金,十多年来,她拼命争来了许许多多的第一,但第一并没有给她带来快乐。两年前因成绩优异被保送读研究生,她的导师是一名知名的女经济学家,对学生要求极为严厉。小金自读研究生近两年以来,情绪一直低落,整天没精打采的,注意力难以集中,学习效率低,对什么都没有兴趣,觉得自己很无能,甚至有过轻生的念头。小金说:"我的导师一开始很器重我,她的研究生中只有我一个女生,她对人严厉得很像我的父亲,我从心里害怕她。刚进校时,我因为英语口语、听力及数学都出色,击败众多高手,成为学校参加省部级科技大赛的几位研究生之一,导师对我寄予厚望,我为自己制定了夺冠的目标,但很快我就被一些竞赛活动中的细节所纠缠,总觉得自己做得不是十分理想。随着竞赛时间的逼近,眼看自己夺冠无望,紧张焦虑到了极点,夜夜失眠,疲惫不堪,最后惨败。导师虽然没有责备我,但我觉得太出丑,感到无脸见人,不断责备自己无能,觉得自己根本就没什么希望了,甚至有想死的念头。这时幸好我现在的男朋友接纳了我,他陪伴我安慰我,我的情绪也稍稍好了一些。可接着,我的同学频传捷报,有的获了奖,有的在重点刊物上发表了文章,而我什么都没有,看到自己落在别人后面,我的自信心一扫而光。觉得自己什么都不如别人,并开始怀疑自己的智力有问题。"

专家分析:在一个竞争的社会里,一个人的成功可能就是另一个人的失败。无论是学校还是家庭都容易用要么成功,要么失败的绝对化标准要求学生或者子女。孩子们一旦接受了绝对化标准,自我结构也就很死板,没有一点点弹性,一遇挫折就没有回旋的余地,容易走极端。

一、情绪智力的概念

戈尔曼(Goleman)在《Emotional Intelligence》一书中将情绪智力界定为5个方面:①认识自己情绪的能力;②妥善管理自己情绪的能力;③自我激励的能力;④理解他人情绪的能力;⑤人际关系的管理能力。

情绪智力是指个体对自己和他人情绪状态的识别和理解,并利用这些信息来解决问题和调节行为的过程。情绪智力的高低可以用情商来衡量,情商是一个人情绪智力水平高低的一项指标,它反映了情绪发展的水平。

【知识窗口 7-2】

高、低情商的情绪反应模式

高情商者对外界刺激的情绪反应模式:高情商者在受到外界刺激之后,不是马上回应,而是迅速地发挥人类特有的四大天赋,即价值观、想象力、良知和独立意志,进行理性判断、分析和思考。他会有意识或者潜意识地问自己:我应该如何做出反应才能得体地、利人利己地处理眼前的事情?比如,当下属出现明显的、不该出现的错误时,面对手足无措的下属,他会心平气和地指出以后不要再犯相同的错误,然后拍拍下属的肩膀:"没什么大不了的,只要下次注意就是了。"再比如,听到下属报告的坏消息,他明白就是再歇斯底里地咆哮也是无济于事的,如果冷静理智、处变不惊、沉着应对,反而会提升自己的威信、魅力和影响力。这并不是说高情商者遇到刺激都要经过一个复杂的分析与决策过程,而是他们在经过刻苦的自我训练之后,已经形成了自己梳理自己情绪的潜意识和习惯。

二、培养大学生情绪智力的途径

心理学家认为情绪智力能通过训练和矫正措施,以及通过治疗干预得到改善和提高,那么如何培养、提高和改善他们的情绪智力呢?

(一)提高情绪的自我意识,正确认识自己的情绪

情绪的自我意识,是指个体对自我感觉和体验到的情绪变化的敏锐认知,它是情绪智力的核心。因为某种情绪一旦被我们觉察,我们控制它的机会和力量就会得到相应加强。因此,对于大学生而言,当一种情绪出现时,可以通过自我反省,从不同的角度去了解自己的情绪及情绪产生的原因,以此来提高情绪管理的自我意识。

(二)善于调控自己的情绪

调控情绪不是对情绪的简单压抑,而是通过控制激情,保持积极情绪与消极情绪之间的平衡。有人认为,愤怒时发泄一下内心的不满就会觉得舒服些,但是,研究发现,发泄也会使人更加怒火中烧,因为勃然大怒通常会使情绪中枢兴奋,让人欲罢不能,反而延续了不愉快的心情。比较有效的情绪调控方法是从积极的角度重新看待一件事。

情绪调控的另一种方法是转移情绪。心情不好的时候可以去参加户外运动,如散散步、跑步、打球等,也可以去找老师、朋友倾诉。

情绪调控还有一种方法,即用理性压抑冲动,为了长远的发展和未来的成就,不能只迷恋于眼前的诱惑,不能只图一时的痛快,而应时刻提醒自己不要忘记长远目标,努力提高自己的理性约束力,成为情绪的主人。

(三)正确认识他人情绪,建立良好人际关系

人的情绪情感常常通过面部表情、身段表情和言语表情来表现出来,建立良好的人际关系需要我们能正确认识他人的情绪,也就是学会察言观色。在我们跟他人交往的过程中我们要从他人的表情中读出别人的情绪,只有这样我们才能建立良好的人际关系。比如我们跟别人聊天,别人打哈欠了,那很有可能是对这个话题不感兴趣,或希望结束这段谈话想要休息了,如果我们继续这个话题就可能招致别人的反感。生活中我们评价一个人"没眼色",就是说这人不能对别人的情绪正确识别,而这样的人也是不受欢迎的,因此,正确地识别他人的情绪,有助于建立良好人际关系。

(四)学会自我激励

激励是诱发行为动机和积极性的过程。进行自我激励,要相信自己的能力,坚定地认为自己能行,这种积极的心理暗示会使一个人情绪饱满、精力充沛地投入到工作与学习中去,从而把许多"不可能"变为现实。许多研究表明,经常处于积极乐观的情绪状态中的人比经常处于消极悲观的情绪状态中的人更易获得成功。所以大学生应当学会自信,学会自我激励,积极乐观地对待人生。

(五)提高移情能力

移情有两层含义:一是同情心,指能主观地体验到别人内心的感情。别人痛苦,自己也感到痛苦;别人快乐,自己也感到快乐。二是同理心,即设身处地为他人着想,理解他人

第七章　我的情绪我做主——大学生的情绪管理

的情感、想法和感受。同情心与同理心,构成一个人的移情能力。研究表明,移情能力高的人,往往更善于调控自己与他人的情绪,更懂得人际交往的艺术,人缘更好;而那些不能识别他人情绪、缺乏移情能力的人,不仅不能维系良好的人际关系,而且对个人未来的发展也将产生不利的影响。

三、正确评价自我,积极接纳自我

在大学校园里,我们也经常见到这样一些同学:情绪高涨时,满怀信心,似乎世界上没有攻不下的难题,觉得干什么都得心应手,看什么都赏心悦目;当情绪低落时,似乎任何事情都和自己过不去,觉得自己无能、笨拙,干什么都不顺手,对什么都不感兴趣,甚至觉得生活都变得阴冷凄凉。一个人一定要对自己有全面的认识,既了解自己的长处和优点,也了解自己的短处和缺陷,对自己的优点不能沾沾自喜,对自己的缺陷也不能回避,更不能只见别人的优点不见自己的长处而产生自卑心理。

四、情绪紧张适度,促进身心和谐

有些学生喜欢看惊悚电影,有些喜欢从事冒险活动,这些活动可以提供刺激以促使生活富有激情,而且能发挥身心的最高效率,从而获得较高级的身心和谐和健康人格。现在社会完完全全没有竞争和压力的真空是不存在的,而且在松松垮垮的情境下是很难有所作为的,但是持续超负荷的紧张也是不利于工作学习和身心健康的。

【测测你自己】

情商调查问卷

这是一组欧洲流行的测试题,可口可乐公司、麦当劳公司、诺基亚公司等世界500强企业曾以此作为员工EQ测试的模板,帮助员工了解自己的EQ状况。本调查问卷共33题,测试时间25分钟。如果你已经准备就绪,请开始计时。

第1~9题:请从下面的问题中,选择一个和自己最符合的答案。

1. 我有能力克服各种困难(　　)。
   A. 是的　　　　　　　　B. 不一定　　　　　　　　C. 不是的
2. 如果我能到一个新的环境,我要把生活安排得(　　)。
   A. 和从前相仿　　　　　B. 不一定　　　　　　　　C. 和从前不一样
3. 一生中,我觉得自己能达到我所预想的目标(　　)。
   A. 是的　　　　　　　　B. 不一定　　　　　　　　C. 不是的
4. 不知为什么,有些人总是回避我或对我冷淡(　　)。
   A. 不是的　　　　　　　B. 不一定　　　　　　　　C. 是的
5. 在大街上,我常常避开我不愿打招呼的人(　　)。
   A. 从未如此　　　　　　B. 偶尔如此　　　　　　　C. 有时如此
6. 当我集中精力工作时,假使有人在旁边高谈阔论(　　)。
   A. 我仍能专心工作　　　B. 介于A,C之间　　　　　C. 我不能专心且感到愤怒

7. 我不论到什么地方,都能清楚地辨别方向(　　)。
   A. 是的　　　　　　　　B. 不一定　　　　　　　　C. 不是的

8. 我热爱所学的专业和所从事的工作(　　)。
   A. 是的　　　　　　　　B. 不一定　　　　　　　　C. 不是的

9. 气候的变化不会影响我的情绪(　　)。
   A. 是的　　　　　　　　B. 介于A,C之间　　　　　C. 不是的

第10~16题:请如实回答下列问题,将答案填入括号内。

10. 我从不因流言蜚语而生气(　　)。
    A. 是的　　　　　　　　B. 介于A,C之间　　　　　C. 不是的

11. 我善于控制自己的面部表情(　　)。
    A. 是的　　　　　　　　B. 不太确定　　　　　　　C. 不是的

12. 在就寝时,我常常(　　)。
    A. 极易入睡　　　　　　B. 介于A,C之间　　　　　C. 不易入睡

13. 有人侵扰我时,我(　　)。
    A. 不露声色　　　　　　B. 介于A,C之间　　　　　C. 大声抗议,以泄己愤

14. 在和人争辩或工作出现失误后,我常常感到震颤,精疲力竭,而不能继续安心工作(　　)。
    A. 不是的　　　　　　　B. 介于A,C之间　　　　　C. 是的

15. 我常常被一些无谓的小事困扰(　　)。
    A. 不是的　　　　　　　B. 介于A,C之间　　　　　C. 是的

16. 我宁愿住在僻静的郊区,也不愿住在嘈杂的市区(　　)。
    A. 不是的　　　　　　　B. 不太确定　　　　　　　C. 是的

第17~25题:在下面问题中,选择一个和自己最切合的答案。

17. 我被朋友、同事起过绰号、挖苦过(　　)。
    A. 从来没有　　　　　　B. 偶尔有过　　　　　　　C. 这是常有的事

18. 有一种食物使我吃后呕吐(　　)。
    A. 没有　　　　　　　　B. 记不清　　　　　　　　C. 有

19. 除去看见的世界外,我的心中没有另外的世界(　　)。
    A. 没有　　　　　　　　B. 记不清　　　　　　　　C. 有

20. 我会想到若干年后有什么使自己极为不安的事(　　)。
    A. 从来没有想过　　　　B. 偶尔想到过　　　　　　C. 经常想到

21. 常觉得自己家庭对自己不好,但是我又确切地知道他们的确对我好(　　)。
    A. 否　　　　　　　　　B. 说不清楚　　　　　　　C. 是

22. 每天我一回家就立刻把门关上(　　)。
    A. 否　　　　　　　　　B. 不清楚　　　　　　　　C. 是

23. 我坐在小房间里把门关上,但我仍觉得心里不安(　　)。
    A. 否　　　　　　　　　B. 偶尔是　　　　　　　　C. 是

24. 当一件事需要我作决定时,我常觉得很难(　　)。

第七章 我的情绪我做主——大学生的情绪管理

 A. 否 　　　　　　　　B. 偶尔是 　　　　　　　　C. 是
25. 我常常用抛硬币、翻纸、抽签之类的游戏来预测凶吉(　　)。
 A. 否 　　　　　　　　B. 偶尔是 　　　　　　　　C. 是

第26~29题:请按实际情况如实回答下面的各题,仅须回答"是"或"否"即可。
26. 为了工作我早出晚归,早晨起床我常常感到疲惫不堪(　　)。
27. 在某种心境下,我会因为困惑陷入空想,将工作搁置下来(　　)。
28. 我的神经脆弱,稍有刺激就会使我战栗(　　)。
29. 睡梦中,我常常被噩梦惊醒(　　)。

第30~33题:本组测试共4题,每题按照程度有A,B,C,D,E共5种答案,请选择与自己最切合的答案。
 A. 从不 　　　　　　　B. 几乎不 　　　　　　　C. 一半时间
 D. 大多数时间 　　　　E. 总是
30. 工作中我愿意挑战艰巨的任务(　　)。
31. 我常发现别人好的意愿(　　)。
32. 能听取不同的意见,包括对自己的批评(　　)。
33. 我时常勉励自己,对未来充满希望(　　)。

【计分与评价】

请按照记分标准,先算出各部分得分,最后将各部分得分相加,即得到总分值。总分值即为你的最终得分(表7-3,表7-4)。

表7-3　情商调查问卷评分标准

题目	计分标准
第1~9题	每回答一个A得6分,回答一个B得3分,回答一个C得0分
第10~16题	每回答一个A得5分,回答一个B得2分,回答一个C得0分
第17~25题	每回答一个A得5分,回答一个B得2分,回答一个C得0分
第26~29题	每回答一个"是"得0分,回答一个"否"得5分
第30~33题	从左至右分数分别为1分、2分、3分、4分、5分

表7-4　情商调查问卷评分解释

分值	解释
90分以下	你的EQ较低。你常常不能控制自己,极易被自己的情绪所影响。很多时候,你容易被激怒、发脾气,这是非常危险的信号——你的事业可能会毁于你的急躁。对此,最好的解决办法是能够给不好的东西一个好的解释,保持头脑冷静,使自己心情开朗,正如富兰克林所说:"任何人生气都是有理的,但很少有令人信服的理由。"

续表7-4

分值	解释
90~129分	你的EQ一般。对于同一件事,你不同时候的表现可能不一样,这与你的意识有关,你比前者更具有EQ意识,但这种意识不是常常都有,因此需要你多加注意、时时提醒
130~149分	你的EQ较高。你是一个快乐的人,不易恐惧担忧,对于工作你热情投入、敢于负责,你为人正义正直、同情关怀他人,这是你的优点,应该努力保持
150分以上	你就是个EQ高手。你的情绪智慧不但是你事业成功的关键,更是你事业有成的一个重要前提条件

【电影欣赏】

《头脑特工队》

《头脑特工队》以动画的形式讲述人类大脑中情绪变化的原理过程。影片将人类最常见的五大情绪高兴、悲伤、愤怒、厌恶、恐惧,分别对应化身为金黄色、蓝色、红色、绿色和紫色动画人物,分别掌握快乐悲伤、愤怒、厌恶和恐惧。

莱莉的父亲因为工作原因举家搬迁到旧金山,莱莉只得和熟悉的中西部生活说再见。和所有人一样,莱莉也是被五种情绪共同支配的。这五位情绪(乐乐、忧忧、怒怒、怕怕和恶恶)居住在莱莉脑海里的控制中心,在那里他们可以通过适当调配来指导莱莉的日常生活。然而搬来旧金山,全新的环境与生活都需要莱莉适应,混乱渐渐在控制中心里滋生。虽然快乐是莱莉最主要也最重要的情绪,它尝试着解决纷争,但如何才能更好适应新城市、新家与新学校还是让情绪们产生了冲突。

影片将人的情感人物化,清晰地讲述了情绪、情感产生的过程,讲述了记忆、幻想等常见的心理现象,对于理解压力、情绪、情感可以说是一部非常好的影片。

【好书推荐】

1. 阿尔伯特·埃利斯. 理性情绪[M]. 机械工业出版社. 2014.
2. 阿尔伯特·埃利斯. 无条件接纳自己[M]. 机械工业出版社. 2017.
3. 奥马尔·马涅瓦拉. 与自我和解:超越强迫、成瘾和自毁行为的治愈之旅[M]. 人民邮电出版社. 2015.
4. 苏珊·福沃德博士,克雷格·巴克. 原生家庭:如何修补自己的性格缺陷[M]. 北京时代华文书局. 2018.

【参考文献】

[1] 孙凌,王一吉,符仲芳,等. 自我抽离和分心策略调节愤怒情绪的时间效应[J]. 中国临床心理学杂志,2020,28(02):409-412.

[2]本报评论员.会管理的人生更精彩[N].中国教师报,2020-03-25(001).
[3]朱娅娜,刘郁.情绪管理小组活动中的认知行为理论运用分析[J].大众文艺,2020(05):194-195.
[4]揭美珠.共情护理对抑郁症患者抑郁情绪及生活功能的改善作用[J].心理月刊,2019,14(24):84.
[5]王春梅,吕勇.高、低回避性消极情绪影响抑制功能的神经机制:ERP研究[J].心理与行为研究,2019,17(05):577-582.
[6]任成林,曹国华,林川.理性情绪、非理性情绪与IPO定价[J].管理工程学报,2019,33(04):88-96.
[7]侯晓莹.基于深度学习和脑电信号的情感分类方法研究[D].济南:山东大学,2019.
[8]柳长源,李文强,毕晓君.基于脑电信号的情绪特征提取与分类[J].传感技术学报,2019,32(01):82-88.
[9]李然,林政,林海伦,等.文本情绪分析综述[J].计算机研究与发展,2018,55(01):30-52.
[10]张迪,万柏坤,明东.基于生理信号的情绪识别研究进展[J].生物医学工程学杂志,2015,32(01):229-234.
[11]汤超颖,艾树,龚增良.积极情绪的社会功能及其对团队创造力的影响:隐性知识共享的中介作用[J].南开管理评论,2011,14(04):129-137.
[12]徐文炜.Ellis理性情绪行为疗法对抑郁症的作用[J].临床精神医学杂志,2006(04):205-206.
[13]彭聃龄.普通心理学[M].北京:北京师范大学出版社.2019.
[14]丹尼尔·戈尔曼.情商:为什么情商比智商更重要[M].北京:中信出版社.2018.
[15]阿尔伯特艾利斯.理性情绪行为疗法[M].重庆:重庆大学出版社出版.2015.
[16]EMMA T H,BARNABY D D,LAURA H,et al. Beneficial effects of training in self-distancing and perspective broadening for people with a history of recurrent depression[J]. Behaviour Research and Therapy. 2017,95:19-28.
[17]DENSON T F,MOULDS M L,GRISHAM J R. The effects of analytical rumination, reappraisal,and distraction on anger experience.[J]. Behavior Therapy,2012,43(2):355-364.
[18]XU W,JIA K,LIU X,et al. The Effects of Mindfulness Training on Emotional Health in Chinese Long-Term Male Prison Inmates[J]. Mindfulness,2016,7(5):1-8.

第八章

学并快乐着
——大学生学习心理

第八章 学并快乐着——大学生学习心理

【哲理名言】

玉不琢,不成器。人不学,不知义。

——古语

未来的文盲不是目不识丁的人,而是那些没有学习能力的人。

——〔美〕阿尔文·托夫勒

学会学习的人,是非常幸福的人。

——古希腊剧作家米南德

学习是大学生活的主旋律和首要任务。由中学升入大学,角色和环境的变化,许多大学生都会在学习方面产生各种各样的问题,因此,帮助大学生正确认识学习,学会学习并能快乐地成长,是大学生心理健康教育的主要内容。

【故事点击8-1】

宋朝的苏东坡,年轻时就已是知识渊博,人见人夸的青年才俊。日子一久,不免自满起来。一天苏东坡在书房门上贴了一副对联:

识遍天下字

读尽人间书

苏东坡的父亲苏洵看了,担心儿子自大,不知求进,又怕撕下对联伤了儿子的自尊心,于是提笔在对联上各加了两个字:

发愤识遍天下字

立志读尽人间书

苏东坡回来,看见父亲的字,心中十分惭愧,从此虚心学习,终于有了非凡的成就。

启示:这个小故事告诉我们,吾生有涯,而知无涯。掌握本领是无止境的,决不能轻易言满。无数事实证明,知识永无止境。对学习不感兴趣,或是"忙得没工夫看书"的人,终会被时代的激流所淘汰。

第一节 大学学习的特点

学习是大学生生活的主要任务。与中学阶段不同,大学学习有着很强的目的性、自主性与选择性,它不单纯是为了学习而学习,而是为了兴趣而学习,是为了未来而学习,为了成长而学习。更为重要的是,大学时期是每位学子们记忆力和理解力最佳的黄金时期。学习,不仅是大学生未来事业的基础,更是其成长历程的关键。

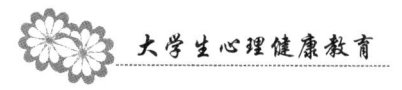

【案例8-1】

学习"没劲",根源何在?

李某,男,19岁,某工科大学二年级学生,班长。该生主诉:"现代社会确实很需要知识,可我学习就是没劲,为什么学?学什么?现在所学的每门课我都不用上课,只需两三天就可考出较好成绩,剩下的时间没事可干,我就上网玩游戏。我最感兴趣的是当警察,做侦探工作。我考大学时所有志愿都报公安学校,没想到录取到工科院校,真是一点办法也没有。也想过退学重考,可左思右想不行,还得在这儿继续学。"

专家分析:所学专业与自己的志向兴趣不同,是小李学习"没劲"的根源所在,加上他学习能力较强不用下功夫学习也可考得好成绩,养成了松散的学习习惯,既不满意现状,又很难集中精力学习。小李应建立一个做侦探的大目标和学习各种知识小目标,把自己当前所学专业知识与侦探工作联系起来,了解到做一个好侦探所需要全面知识的要求,提高学习的动力,并逐步养成良好的学习习惯。

一、学习心理概述

大学生的学习心理由学习动机、学习兴趣、学习态度等要素构成。学习动机是学生将学习愿望转变为学习行为的心理动因,是发动和维持学习活动的内在力量,它反应了学生的需要和愿望,并体现在意志行动过程中;学习兴趣是学生的内部动机在学习上的体现,来自学生内部的好奇心、求知欲和抱负,对学习行为有导向作用;学习态度是学生对学习的情绪体验和行为的表现。

在构成学习动力系统的3个组成部分中,学习动机的导向功能、激励功能和调节功能的作用最大,这主要是因为大学生的学习行为是一个复杂的、高级的、自觉自律的行为,具有更大的探索性和主动性。随着大学生身体心理与社会性发展,大学生的学习动机呈多元化特点。

1. 学习动机的多元性 大学生学习动机的多元性主要表现为四大类:第一类是报答性和附属性学习动机。如为了报答父母的养育之恩,为了不辜负老师的教诲,为了取得其他同学的认可和获得朋友的支持等。第二类属于自我实现和自我提高的学习动机。如为了满足荣誉感、自尊心、自信心、满足求知欲等而学习。第三类属于谋求职业和保证生活的学习动机。如为了获得一个理想的职业和高回报的收入而学习。第四类属于事业成就的学习动机。如希望自己在专业上有所建树,希望自己能对社会有所贡献,深感使命感、责任感和义务感等。

赵雪婷对旅游管理专业本科生的学习动机调查结果表明,大学生各种学习动机中,能力追求得分最高,利他取向得分第二,声誉取向得分第三,求知兴趣得分最低。这说明对自身能力的追求是学生持续学习的重要动力。

2. 学习动机的间接性 肖钱瑛对华南四所大学的调查表明,大学生的直接性学习动机,如分数赞赏、奖励、避免惩罚等随着年级的升高而逐渐减弱;而间接性学习动机,如求知欲、探索、成就、创造、贡献等,随年级的升高而逐渐加强。而且各年级的直接性学习动机均未超过35%。这说明间接性学习动机是大学生的主要学习动机。

3. 学习动机的职业性　我国在校的大学生,虽然绝大多数是按其报考志愿录取的,但学生的高考志愿往往并非出自学生个人的意愿(如囿于高考分数的限制或听从父母的意见等)而带有相当大的盲目性。因此,不少大学一年级学生都有专业思想不巩固的问题。但是随着年级的升高,学生对所学专业的了解日益加深,认识到所学专业的作用,从而对自己所学专业的喜爱程度逐年加深,职业化的学习动机开始逐渐巩固。

二、大学生学习的特点

初来大学的新鲜劲一过,很多大学生就发现各种各样的学习挑战接踵而至,要顺利通过这些考验,并不像中学时候老师和家长所描述的那样轻松美好。大学是培养德、智、体、美等全面发展,具有社会责任感、创新精神和实践能力的高级专门人才的场所。大学教育完全不同于中学教育,对大学生的学习方式提出了新的更高要求。

【案例8-2】

目标明确是成功的前提

小G,女,某师范院校学生。她从小的志向是当一名优秀的教师,如愿考上师范大学后,她的学习目的更加明确。除了学好老师教授的课程之外,她大量地阅读课外书籍,培养自己的自学能力,增加自己的知识面。作为一名未来的教师,她觉得自身的综合素质非常重要,所以她利用业余时间学习一切有意义的知识。大学的许多课程对小G来说很陌生,有些可以说是很困难。比如一年级开设的大学物理课,小G开始学得很困难,阶段考试打了个不及格。沮丧之余,她并不泄气。而是请老师帮助她分析考试失败的原因,和学习好的同学一起探讨学习方法,大量做针对性的练习。半学期努力下来,成绩显著提高,期末还得了个优秀。大学毕业时,小G以优秀的成绩和出众的个人素质被录用于一所重点中学任教。

专家分析:小G是个成功的案例,她对大学的学习目标非常明确,能自主安排自己的学习生活。在遇到学习困难和学习挫折时,能够主动积极地寻求应对策略,正确地面对和解决困难、战胜挫折,并得以顺利完成学业、成功就业。

(一)培养目标全面化

大学教育以全面发展为目标,在进行专业知识教育的同时,还着力培养学生高尚的道德情操、扎实的科学文化素质、健康的身心和良好的审美情趣等素质。大学生要明确意识到自己就读大学期间,不仅要掌握扎实的专业知识与技能,还要自觉将情感、态度和价值观的塑造融入大学的学习与生活中,培养能够适应终身发展和社会发展需要的必备品格与综合素质。

（二）学习内容的专业性与综合性

一方面，专业差异反映在学科体系、课程结构、教学内容、教学实践和学习方法各个方面。在校园里经常可以看到各具特色的专业学习场景，美术类的学生写生办画展，法学专业的学生忙于司法考试，奔波于法院与律所见习……各专业的培养目标不同，要求学生达到的知识、技能类型与水平各异，所以培养出来的学生在知识结构、能力结构和心理品质上存在鲜明的专业烙印。

另一方面，大学生走上实际工作岗位，需要知识技能的综合性，现代社会对一专多能复合型人才的需求，决定了大学生的知识与能力学习绝不仅仅限于某一专业领域。大学阶段是学生步入社会前全面系统学习的最后阶段，这就要求大学生正确处理好"专"与"博"的关系。

（三）大学学习的自主性

大学的学习氛围是相对宽松自由的，这也正是许多大学新生入学后深感迷茫的重要原因。要适应大学的学习，必须转变学习方式，由被动的"要我学"转变为自觉的"我要学"。

之所以大学生的学习强调其自主性，原因有四：一是大学学习的目的和奋斗目标是个性化的，是需要自己去思考和规划；二是大学学习无固定教室、固定老师、固定同学，具有很多自主选择的机会；三是大学老师教的少，要求学生自学的多，要求学习者必须拥有独立的思想和见解；四是在当今信息化社会，多媒体、网络等现代技术给学习带来了便利，也给大学生带来挑战，如何正确利用信息技术更需要学生自主决策。崔莹研究发现，本科生自主性学习的总体水平较好但仍有提升空间。

（四）大学学习方式的多样性、选择性和广泛性

大学生学习空间大大扩展，有知识密集的教师群体，有设备先进的实验室，有藏书丰富的图书馆。学习方法有课堂讨论、看参考书、写读书笔记或论文，学习途径多样，上选修课、听学术讲座、参与教师的科研、自学、实验、教学实习、生产实习、社会实践，增加了学习的选择性和广泛性，使大学生可以积极主动地获取知识。

（五）大学学习的实践性特点

理论学习的目的主要是让学生明了学科知识的原理、框架、内涵等；而实践学习则是以动手操作为主，将学生置于真实的社会情境中解决实际问题，促使学生学会更深刻地理解、验证以及运用理论知识，提升学生的技能及思维能力。当今世界瞬息万变，知识日新月异，注重实践学习显得更加重要。

第二节　大学生常见的学习心理问题及调适

一、学习动机缺乏

（一）学习动机缺乏及其原因

学习动机缺乏表现为：①无明确的学习目标；②无学习计划；③学习动机弱。大学生

学习动机缺乏的原因是多种多样的。

1. 升学导致的不适应　中小学时期的应试教育,往往将考上大学作为学生的学习目标进行鼓励,因此考上好的大学甚至成为学生的人生终极目标。一旦考上大学后,目标立即消失了,而新的目标还没有产生,大学既没有繁重的课业,也没有老师和家长的严格管束,大学宽松的生活使得学生终于一下子得到了解脱,于是不再将注意力放在学习上,更谈不上什么学习动力了。

2. 学习目的不明确或趋于功利化　当前大学生往往以找到一份理想工作为目标,读大学开始蜕变为一种谋生的"手段",加上日趋严峻的就业问题,高房价的压力,以及"大学生工资不如民工"之类的报道增多,"学习无用论"开始盛行,读大学的意义变得更加模糊,连作为一种就业的"敲门砖"都存在一定的问题,特别是所学专业实用性不强的学生,由于所学知识被认为在工作中用不到,就更加觉得学习于发展无益,导致学习动力不足。

3. 教育模式问题　大学之前的学习以老师讲课为主,在"唯一性"目标与老师监管的双重作用下已经失去了其本身的"教育"意义,学生完全处于一种培训状态。上了大学之后,老师不再进行严格监管,且大学知识比较深奥,更进一步的研习要靠学生自己的主动,这就造成了依赖老师的学生进入大学后逐渐发现无法掌握大学知识,学习没有成就感,渐渐失去了对学习的兴趣。

4. 学生学习习惯的影响　由于高中阶段是在封闭的环境、在老师的题海战术中被动度过的,部分学生进入大学后不适应新的教学环境,没有好的学习方法,没有了老师的过多约束和作业,学习比较盲目,过度放松自己,不能很好地安排学习和生活,易产生惰性,受外界因素影响大。李琳琳研究发现,我国大学生课外学习时间相对较少,与课堂学习时间的比例较低。

(二)大学生学习动机缺乏的对策

1. 大学生应接受学业规划和职业规划教育

首先,入学教育内容应重点设置学业规划和职业规划教育,使学生根据自己的专业特点和职业兴趣,制订切实可行的学业计划和职业规划。

其次,完善就业指导体系,创建提高就业能力的平台。就业是学习的短期风向标,就业指导体系应贯穿大学全程,建立分年级、分阶段、有侧重的就业指导课程体系,从大一入学开始引导学生逐步对自己的未来做科学、合理的规划,辅导提高学生就业时遇到不同状况时分析和解决问题的能力。

2. 激发学习兴趣和独立思考　有了兴趣才能真正踏实学习,减少学习动力中功利化的成分,因此应从根本上激发学生的学习兴趣。独立思考也是当代大学生所缺乏的品质,而这一品质对于做学问来说是非常关键的,因此应该在教学中努力激发学生的独立思考能力和学习兴趣。

3. 营造适宜的学习环境　诸如寝室环境、教室环境都会对学生的学习产生一定的影响,而学校正是这些硬件条件的提供者,应在这些方面尽量创造好的条件。而班级学风、寝室文化又是另外一种"学习环境",营造一个良好的学习氛围也是学生管理工作中重要的一个方面。

二、学习倦怠

据《中国青年报》的一项调查显示,高校大学生基础课逃课率在25%以上,专业课逃课率在20%左右,至于思想政治教育等公共课的逃课率在50%以上,在一些高校,因不喜欢所学专业而厌学的学生高达40%,甚至少数大学生有退学思想或提出了退学。于鑫悦等对2005—2017年间120篇测查大学生学习倦怠的调查报告(共55510名被试)进行元分析发现,近13年来我国大学生的学习倦怠水平在逐年提高。

(一)大学生学习倦怠的主要表现

学习倦怠(learning burnout)是一种持续的、负性的与学习相关的状态,指学生对学习没有兴趣或缺乏动力却又不得不为之时,就会感到厌倦、疲乏、沮丧和挫折,从而产生一系列不适当的逃避学习的行为。

(二)大学生学习倦怠的影响因素

首先,社会上的不良风气是导致大学生学习倦怠的重要原因。

其次,学校环境因素,主要体现在学生的课程学习自主权少,课堂教学方式与管理体制死板,评定学习成绩手段单一,部分教师授课方式枯燥单调等。

最后,部分大学生缺乏远大理想,对所学专业缺乏兴趣,抱负水平低,专业承诺不够或是对专业不感兴趣是影响倦怠程度的最重要因素。

(三)大学生学习倦怠的对策

1. 确立专业学习信念和理想　学习的信念和理想是学习倦怠的最好"解毒剂"。研究发现,专业承诺水平越高的大学生对自己的学业投入水平越高,他们会更加积极主动地去了解自己所学的专业,提高学习兴趣、发掘其所学专业的优势,其学习动机会更加强烈,学习愈加态度端正,学习目标也更加明确,最终结果就是在学业上有所成就。

2. 树立清晰的人生目标　在给自己确定抱负水平时,要和自己的实际情况及所要完成的学习任务相结合,客观地分析自己的状况,为自己设定恰当的抱负水平,制订切实可行的学习计划,在自己原有的基础上逐步取得一些较好的成绩,使自己在每次的学习成功中体验到快乐,树立起自信心。

3. 学习心理知识　增强自我调适能力当发现自己有学习倦怠的征兆时,应勇于面对现实,正确认识学习倦怠的各种症状,反思自己的压力来源,主动寻求帮助,采用降低压力的心理治疗方法,如系统脱敏法、放松训练等方法加以化解。

【活动天地8-1】

知识拍卖场

目的:引导学生重新审视和思考不同专业/课程所蕴含的趣味性与价值,转变对专业/课程的认识和对学习的抵触情绪,培养积极的学习心态。

材料:若干代币、海报纸和水彩笔,具体数量视人数而定。

操作步骤:

(1) 分组。按 6~8 人随机分为一组,各组领取等量代币、海报纸和水彩笔。

(2) 推选最讨厌的专业/课程。小组成员共同讨论确定小组最不喜欢/最不感兴趣/最讨厌的一个专业/一门课程。

(3) 明确任务。引导语如"假设我们的教室是一个大型拍卖场,里面有很多摊位,分别贩卖不同专业/课程的知识。你们的任务是把本组最讨厌的专业/课程,用尽可能高的价格卖给尽可能多的采购员。你们需要设计吸引人的海报,列出其优势和价值,使用表演、手工等各种方式宣传你们的商品。目标很简单,让采购员喜欢上此专业/课程,并掏钱买下它"。

(4) 设计拍卖方案。每组用 15 分钟讨论并制定"拍卖方案",完成广告宣传语、海报设计与推销方式的确定等。

(5) 专业/课程买卖。每组派一人担任采购员(不得购买本组)去采购最有吸引力的专业/课程,必须花完所有代币。其余组员负责大力宣传推销。

(6) 盘点收益。获得代币最多的小组为胜利者。

(7) 讨论分享。讨论内容如"你们宣传的那些专业/课程优势和价值是否真实可信?""在说服别人的过程中,你自己对专业/课程的想法有改变吗?"

三、学习拖延

学习拖延(learning delay)是指学习者有意而无必要地推迟启动或推迟完成学习任务的行为。我国大学生学习拖延现象比较普遍,朱迦迦在 2016 年的调查发现,有 40% 左右的大学生存在各类学习拖延现象;其他研究结果还显示,有 69% 的大学生受到学习拖延的消极影响。

大学生学习拖延的主要原因是学习动机不足、时间管理技能缺乏、受消极情绪影响、完美主义倾向和懒惰个性等。所以,高校应针对大学生学习拖延行为建立应对策略。

(1) 应该把改变学生学习拖延作为入学教育和日常学习管理的重要内容,帮助学生切实树立起克服学习拖延这一不良学习行为的意识。

(2) 应针对大学二年级开始作业拖延迅速增加这一趋势,在大一学期末或大二学期之初开展专题教育,避免学习拖延随年级升高日趋突出。

(3) 对于男生,要特别关注他们的作业拖延问题,要加强对他们的作业检查和督促;而对于女生,则要注意她们因学习拖延带来的情绪问题,防止由此引发的情绪障碍。

(4) 教师布置有趣和要求清晰的学习任务;把繁杂长期的作业分解成相互依赖的小作业,也可有效减轻其学习拖延现象。

四、考试焦虑

考试焦虑(test anxiety)是由于面临考试而引起的不安、忧虑、紧张甚至恐惧的情绪状态。具体表现为注意力难以集中,如失眠多梦、心悸气短、食欲不振等自主神经功能紊乱的症状。

【案例8-3】

一名女生的考试焦虑

曾某,女,18岁,大学一年级学生。自述到这个学校来以后,平时学习比较松散,不像高中时经常考试,对考试感觉很平常。可到了大学后,平时几乎没有什么考试,现在突然要进行期末考试,对考试感到特别紧张。上星期考《邓小平理论》时(属于非集中考试课,提前一周进行考核),手一直发抖,心理特别紧张。明天又要进行计算机的操作考试,现在自己心里觉得特别紧张,非常担心明天的考试。不知道该怎么办?

专家分析:

该生由于面临大学期间的第一次正式考试,心理上由以前松弛的状态转向需要面对严肃的考试的压力状态时,便出现了紧张、焦虑、甚至恐惧的心理,属于典型的考试焦虑。由于大学学习和中学学习存在很大差异,所以大一新生应及早转变学习习惯、学习方法等,学会自主性学习,在平时抓紧宝贵的学习时间多学多练,打好坚实的学习基础;不能停留在高中时为了应付考试而学习的状态,这样平时没有考试的压力便停滞学习,而一旦到了考试则由于平时没有积累而感到心虚、发慌、紧张。

(一)大学生考试焦虑的特点

①大学生考试焦虑的影响因素主要是受到了考试情境的刺激,属于状态焦虑(也称情境焦虑);②大学生考试焦虑持续的时间较短,多发生在考试之前和应试之中的数天之内;③大学生考试焦虑多为轻度焦虑,大多发生在新生与二年级学生,随着年级的提高和对大学考试的适应,大学生的考试焦虑水平会表现出逐渐下降的趋势。

(二)大学生考试焦虑的影响因素

第一,大学生的健康水平和身体状况会对其考试有一定的影响。

第二,动机太强的大学生,期望也高,过高的功利性和对考试失败的过度担忧,容易导致紧张焦虑的情绪。

第三,大学生的人格特点也会对考试焦虑产生一定程度的影响。研究发现,大学生完美主义个性中的担心错误维度与考试焦虑之间存在非常显著的正相关,当他们在考试中越害怕自己出现错误,则越有可能引发他们的焦虑紧张。

第四,大学生的知识储备与学习态度对考试焦虑有直接的影响。

【资料窗8-1】

穿针心理

有位心理学家曾做过这样一个实验:在给小小的缝衣针穿线的时候,越是集中注意力,越是瞄准目标,线却越是难以进入那小小的针眼。也就是说目的性越

第八章　学并快乐着——大学生学习心理

强,越不容易成功。这种现象在心理学上称为"目的颤抖",俗称"穿针心理"。其实,出现"穿针心理"现象并不奇怪。科学实验表明,一组儿童在情绪良好情况下平均智商为105,但在紧张状态下却降至91,两者相差十分显著。另据心理学家测试,75%的学生临考前都有紧张、焦虑乃至恐慌的情绪。面对一些重大考试,特别是面对决定人生前途的中考和高考,学生的精神压力、心理负担会大大加重,一进考场便会心跳加快,头晕耳鸣,两眼盯着试卷思维会突然短路,脑中一片空白。而一走出考场,又顿时会感到题题能解,并无什么难度。考试结果也表明,许多同学考试失利、高考落榜,并不完全是因为考题太难,而是因为思想过于紧张,以致记忆混乱,思维阻滞,一时茫然不知所措造成的。

(三)大学生考试焦虑的应对措施

对于处在考试焦虑中的大学生,要明确他们所处的焦虑水平,采取必要的措施、方式或方法以达到缓解和消除的目的;考试焦虑水平较重的大学生,则必须找专业的心理咨询人员,进行必要的心理咨询和治疗。

1. 正确认识考试的意义,端正考试动机　考试的目的是为了检查教师教学和学生学习的效果,是为了检查自己的学习态度和能力,有助于对自我有更加清晰的认识,并进行积极地调整与完善。所以即使考试失败,也不要灰心丧气,要从失败中吸取经验教训,从而对自我有所提高和完善。

2. 培养积极的学习情感　我们认为,只有在情感上接受和喜爱学习,才能始终保持稳定的热情,积极探索与发现,达到好的学习效果而不会进入考试焦虑的误区。学习过程中,培养学习上的理智感、道德感、美感,保持和激发良好的应试情绪,以更加主动、理智的态度来对待大学考试。

3. 功夫在平时,提前做好考试准备,树立自信心　克服考试焦虑最直接的方法就是平时认真学习,掌握好学科知识,考前再进行全面系统的复习。只有对考试准备好了,才能真正对它无所畏惧。

如果焦虑水平较高且迁延不愈,可以考虑使用药物来缓解焦虑,在药物的作用下,结合心理治疗,其效果更好。

【活动天地8-2】

肌肉放松练习

选择一个安静不受干扰的地方,躺下或坐着均可,闭眼。练习时注意力从一块肌肉移向另一块肌肉。每天练习1~2次,每次20分钟左右,每块肌肉收缩5秒,然后放松10秒,重复做2~3次。但这只是一个大概时间,切不要由于过多注意计时而分散了自己的意念。

步骤:
(1)右手用力握拳,体会紧张感;放松,再体会放松感。重复。
(2)左手用力握拳,体会紧张感;放松,再体会放松感。重复。

(3)弯曲右前臂,收缩肱二头肌;放松,体会放松感。重复。

(4)弯曲左前臂,收缩肱二头肌;放松,体会放松感。重复。

(5)锁眉,收缩前额肌肉,放松,重复;闭紧眼,放松,重复;咬紧牙,放松,重复;舌头顶紧上腭,放松,重复;闭紧双唇,放松,重复。

(6)头尽量向后仰,颈部紧张,放松;下巴尽量抵住胸部,体验喉部与颈部、背部紧张感,放松。重复。

(7)耸肩,头尽量往下缩,放松,重复。深吸气,同时弓起背、屏住气保持紧张;放松胸部,缓慢呼气。重复。

(8)收缩腹部肌肉,放松。重复。

(9)将臀部和大腿拉紧,放松,重复。绷紧脚尖,使小腿紧张,放松,重复。

(10)缓慢腹式深吸气,向腹部压气,使腹鼓起;缓慢呼气,使腹凹陷。重复深呼吸3次,将注意力集中于整个呼吸过程,让松弛加深时的感觉传遍全身,全身都松弛。在呼吸和放松的过程中,可使用一些提示语,如"我是松弛而平静的,我感到舒适和轻松,肌肉松弛柔软了"。

第三节　大学生如何学会学习

一、建立终身学习的意识

终生学习品质是强烈的学习愿望、积极的探索精神、独立的思考能力、有效的学习技能、精益求精、一丝不苟和追求高水准成效的科学态度的统一,是当今社会发展对人才素质的内在要求。

新时代需要两类人才:一是T型人才(复合型人才),即知识面广、综合能力强、学习能力强、具有一定专业能力的人才;二是专业人才,即精通专业、创新能力强的行业顶尖人才。而具有以下特征的人将被时代淘汰,即知识陈旧、技能单一、情商低、心理脆弱、目光短浅、反应迟钝、单打独斗、不善学习等。

二、自主选择学习目标

明确的学习目标是做好大学学习规划的基础。大一的新生,首先要制订好四年目标,在大目标下规划每一年的二级目标,然后是每个学期的小目标,在小目标的基础上制定学习计划。学习计划要遵照符合实际、切实可行、不断总结、适当调整的原则。

三、学会主动自由地学习

1. 学会追求知识　这是21世纪"学习化社会"必备的生存条件。学会寻求对某一事物、某一问题、某一理论或现象分析、解决、处理的方法,从而获得新知识,开启新思维。培养坚持不懈的意志品质,培养思维敏捷、想象丰富、观察敏锐、判断准确、推理迅速的自动化学习习惯。

2. 学会做事　国际21世纪教育委员会注重强调的是人的整体能力的培养。认为学会做事除了继续学习从事一种职业外,从更广的意义上说,还必须具备能够灵活而有效地应付各种复杂或紧急情况的能力。

3. 学会发展　学会发展是21世纪人类生存的必然选择。学会发展是人的自身完善和人的现代化的需要,学会发展是克服现代人发展中存在的各种问题的需要。

4. 学会改变　托尔斯泰说:"世界上只有两种人,一种是观望者,一种是行动者。大多数人都想改变这个世界,但没有人想改变自己。"要改变现状,就得改变自己,要改变自己,就得改变自己的观念。一切成就都是从观念开始的,一连串失败,也都是从错误观念开始的,要适应社会,适应变化,就要改变自己。

【资料窗8-2】

美国哈佛大学曾做过一个非常有名的实验。有一年他们对即将从哈佛大学毕业的一群学生进行了一次关于人生目标的调查,这群学生的智力、学历、环境条件都相差无几。调查结果是这样的:3%的人,有清晰而长远的目标;10%的人,有清晰但比较短期的目标;60%的人,目标模糊;27%的人,没有目标。

哈佛对这群学生进行了跟踪调查,25年后的结果:3%有长远目标的人,25年间他们朝着一个方向不懈努力,几乎都成为社会各界的成功之士,其中不乏行业领袖、社会精英;10%的人,他们的短期目标不断实现,成为各个领域中的专业人士,大都生活在社会的中上层;目标模糊的人,他们安逸地生活与工作,但都没有特别的成绩,生活在社会的中下层;剩下的27%的人,他们的生活没有目标,过得很不如意,并且常常在埋怨他人、抱怨社会、抱怨这个"不给他们机会"的世界。

四、培养学习兴趣和学习能力

(一)如何培养自己的学习兴趣

1. 积极期望　积极期望就是从改善学习者自身的心理状态入手。如一位学生对学习英语毫无兴趣,怀着一种焦急的心情等待下课铃声,为了培养对英语的兴趣,他作了这样的练习:"我喜欢你,英语!"重复几遍之后,他觉得英语不像从前那样枯燥无味了。第二天他在图书馆借了一本有关英语学习的书,回家后,收拾一下房间,高高兴兴地读了起来,再上英语课时也开始听老师讲解了。

2. 了解学习目的,间接建立兴趣　学习过程多半都是要经过长期艰苦努力的,这种艰巨性往往让人望而却步,而学习又是学生的天职,不能不学,所以要认真了解每门学科的学习目的。看书上的绪言部分,听老师介绍学科发展的趋势,或从国家、社会的发展前景的高度去看待各门学科。如果我们对学习的个人意义及社会意义有较深刻的理解,就会认真学习各门功课,从而对各科的学习发生浓厚的兴趣。

3. 培养自我成功感,以培养直接的学习兴趣　在学习的过程中每取得一个小的成功,就进行自我奖赏,达到什么目标,就给自己什么样的奖励。有小进步,实现小目标则小奖

赏,如让自己去玩一次想玩的东西;有中进步,实现中目标则中奖励,如买一本自己喜欢的书画或乐器等;有大进步,实现大目标则大奖励,如周末旅游等。这样通过渐次奖励来巩固自己的行为,有助于产生自我成功感,不知不觉就会建立起直接兴趣。

4. 把原有的其他兴趣转移到学习上来,以培养新的学习兴趣　要把所学的知识与自己的兴趣联系起来,建立一种关系。这样就把对学习的兴趣在原有的基础上发展起来。爱因斯坦中学时只对物理感兴趣,不喜欢数学,后来他在向纵深研究物理时发现数学是其基础,便又产生了对数学的兴趣。

5. 在解决实际问题的过程中,确立稳定的兴趣　用学得的知识解决实际问题,一是能巩固知识,二是能修正知识,三是能带来自我成功的喜悦情绪。这种喜悦情绪正是建立稳定持久的兴趣所必需的。

6. 保持兴趣的最容易的方法是不断地提问　当你为回答或解答一个问题而去读书时,你的学习就带有目的性,就有了兴趣。准备一些问题是很容易的,仅仅把每节的标题改成问题就是了。例如学习阿基米德定律时,你可问:阿基米德定律的内容是什么?它是怎样发现的?怎样证明它的结论是对的?它的公式是什么?使用它应注意什么问题?我能否用其他的办法推出?为了回答这些问题,一开始你强迫自己详细看下去,一旦你真正地往下看,你就会被吸引住。

7. 想象学习成功后的情景,激发学习兴趣　当我们满腔热情地去做任何一件事前,一般都对它的结果有了预期的想象而坚持去做这件事情。厨师想象出自己做出来的佳肴是什么味道,继而辛苦劳作;作曲家想象出自己做出的曲子会产生什么样的声音,从而激发出他的创作热情。你可以想象出考试成绩优秀,可以顺利大学毕业,为家庭为社会做出贡献,为个人创造好的前程。从而激发学习兴趣,想象会帮你成功。

【阅读感悟】

拳王阿里在一场争夺重量级冠军的决赛中,前12个回合一直被对手压制,被打得很惨,他的眼角裂了,鼻孔流出了鲜血,观众都认为阿里输定了。他的教练在休息时问他:"要不要放弃比赛?"阿里说:"这样的问题你应该在拳赛结束后再问我。"

在短暂的休息中,他反复想象着自己打倒对手时候的情景,想象千万人为自己欢呼的情景,口中念念有词,不断告诉自己:"我最强。"

奇迹在第13个回合发生了,阿里又恢复了拳王的气势,把对手打得落花流水,最后,他一记重勾拳击倒了对手而获胜。

(二)如何提高自己的学习能力

学习能力有三要素:规范的学习行为、良好的学习习惯和有效的学习方法。学习能力三要素可具体分解到以下学习的八大环节中。

1. 计划管理　计划管理就是对学习进行时间上的通盘计划。

2. 预习管理　预习目的就是要找到不懂的地方,找到自己思维上的断点。预习后听课效果会大幅度提高,成绩才会提高(表8-1)。

第八章 学并快乐着——大学生学习心理

表 8-1 预习三步法

读	通读教材,阅读中如有不懂的地方,不懂的地方就是你明天上课时需要重点弄懂的,预习的目的是形成问题,带着问题上课,自动增加上课的听课效率。
写	将不懂的地方简单记录在预习本上。当老师讲到此时,在预习本上简单记录,与听课笔记融为一体。预习笔记可以和听课笔记共用一个记录本,以方便查阅。
练	预习结果最后要体现在练一练上,课后做一做题,会做了,说明懂了,进行了有效复习,对你的自学能力会有很大的提高。应该有预习管理表:可以用课程表,预习了画√,没预习画×。

3.听课管理

(1)跟老师:跟老师思路走,这样,预习的内容才体现得出来。

(2)抓重点:抓个性化的重点,没有预习就形不成自己的个性化重点。

(3)当堂懂:当堂消化。

4.复习管理 有效复习的核心是"想""查""说"。

(1)想:回想。每天睡觉前,第一件事就要回想老师讲课内容,通过回想记忆老师讲课内容,通过这样一遍两遍的回想已经进行很好的记忆了。对回想时迷糊的内容是需要复习的,对回想时记忆不起来、不懂的问题是需要从头再学习弄懂的部分,这就是有针对性的重点复习。有时还需要查漏补缺,漏、缺在哪?回想就是最有效的查漏补缺的方法。

(2)查:查阅。不好的复习方法:打开书本从头到尾复习一遍,没有效果,事倍功半。有效的复习方法:回想以后,有针对性的查阅,这样才有效果、有效率,事半功倍。

(3)说:复述,对自己说。听明白不是明白,说明白才是真正地明白。这样的练习,2~3个月后会发现,记忆力提高了、概括能力提高了、领悟能力提高了、表达能力提高了、写作能力强了。

5.作业管理 记录作业时间,限时学习,提高学生在特定时间段内高效率完成任务的能力。考试的高效率来自于平时对高效率的训练。至少45分钟作为一个限时时间段。作业时间长的真正原因是没有在学习,时间越短效率越高。作业管理要做到以下方面:

(1)不复习不做作业:先复习。

(2)不计时不做作业:练速度。

(3)不检查不做作业:做作业的目的应该回归到它的本源,那就是检验知识所学的内容,真正弄懂问题,不是为做题而做题。

(4)不小结不做作业。需要自问:我学到了什么?我有什么体会?不断地总结提高。以上四点,计时、小结最重要,一定要做到。

6.错题管理 错题本。原题、错因、正确答案和举一反三(日后还不会做题再次查找原因时进行举一反三)。

7.难题管理 难题本。有了错题、难题本,就叫会考试。有此,就好进行归纳、总结。考题有基础题、中等难度题、高难度题。错题、难题就是后二者,把握住了这些题等于把高分握在手里,基础分谁都能拿到。最后还要进行总结归纳,归纳题型还有一个统计功能,哪一部分错题多说明哪一部分没学好,有针对性地重新学习,归纳题型还可以提高复习效率,比题海战术强。复习次数:每隔一段时间复习一遍,复习时先看原题,思考后再看结果对不对。

8.考试管理 丢分统计表。什么题型、什么知识点丢分,有针对性地解决问题。每隔一段时间需要统计一下错题本,复习时备用。

【测测你自己】

学习习惯测试

本测试共16道题目,每题都有三个备选答案:A—是;B—有时如此(或不一定);C—否。

请认真阅读每一道问题并如实回答:

1. 在固定的时间进行学习吗?
2. 学习时周围必须很安静吗?
3. 是否经常查用辞典、字典等工具书?
4. 学习时有下意识动作吗?
5. 是否在按自己制订的计划学习?
6. 在学习中有经常沉迷于空想的时候吗?
7. 学习结束后,收拾书桌吗?
8. 有一边听广播或看电视一边学习的时候吗?
9. 发回的试卷,自己能认真总结、分析缺陷吗?
10. 是否"平时不烧香,考前抱佛脚"?
11. 你认为自己的预习效果不错吗?
12. 不感兴趣的课程就不愿下大力气去学吗?
13. 对所学的知识能够立即复习吗?
14. 即使有不明白的问题,也不愿去办公室向老师请教吗?
15. 即使有你喜爱的电视节目,是否也要坚持完成当天的学习任务再去看?
16. 是否经常有对书本毫无兴趣而浪费时间的现象?

评分方法:

奇数题选A记2分,B记1分,C记0分;偶数题选择A记0分,B记1分,C记2分。将各题分数相加,得出总分。

总分在27分以上,表明你的学习习惯非常好;22~26分,学习习惯较好;16~21分,学习习惯一般;15分以下,你的学习习惯很差,需要改正。

【好书推荐】

1. 覃彪喜.读大学究竟读什么(上):一位80后董事长给大学生的26条忠告.广东南方日报出版社,2012.
2. 古典.拆掉思维里的墙.北京联合出版公司,2016.

3.卡尔·纽波特.如何在大学里脱颖而出:来自世界名校尖子生的75条经典实用法则.四川人民出版社,2018.

4.卡尔·纽波特.如何成为有效学习的高手.中国青年出版社,2018.

5.莫提默·J·艾德勒,查尔斯·范多伦.如何阅读一本书.商务印书馆,2004.

【电影赏析】

《风雨哈佛路》

《风雨哈佛路》的主角是Liz,她妈妈吸毒,Liz在15岁时妈妈死于艾滋病。她爸爸没有赚钱能力,进了收容所。Liz连这样一个贫困苦难的避风港也失去了,从此开始流浪,后来她意识到不能再这样混下去,要通过读书改变命运,她用真挚的语言打动了校长,给了她继续学习的机会。在这样一个苦难深重的环境下成长起来,并且最终考入了哈佛大学。

【参考文献】

[1]赵雪婷.学习动机对学习收获的实证研究——以学习投入为中介[D].太原:山西财经大学,2019.

[2]崔莹.吉林大学本科生自主性学习的抽样调查研究[D].长春:吉林大学,2019.

[3]常桐善.中美本科课程学习期望与学生学习投入度比较研究[J].中国高教研究,2019(4):10-19.

[4]李琳琳.本科生课外学习时间投入特征与影响因素研究[J].中国高教研究,2020(06):20-24,31.

[5]杨丹,梁三才,吴海梅.大学生成就动机与学习倦怠的关系:希望的中介作用[J].中国健康心理学杂志,2016,24(02):255-259.

[6]张苗.大学生专业承诺对学习收获的影响机制研究——基于学习投入的中介作用[D].天津:天津大学,2018.

[7]张涵涵.大学生学习拖延的现状及团体干预研究[D].长沙:湖南师范大学,2016.

[8]宋雨卿.大学生完美主义与情绪智力、考试焦虑的关系[J].中国健康心理学杂志,2017,25(12):1898-1900.

[9]庞维国.大学生学习拖延研究综述[J].心理科学,2010,33(01):147-150.

[10]连榕,杨丽娴,吴兰花.大学生专业承诺、学习倦怠的状况及其关系[J].心理科学,2006(01):47-51.

[11]严婧.国内外关于学习倦怠的研究综述[J].广东职业技术教育与研究,2017(06):142-144.

[12]韦宛余,韦世艺.近十年我国大学生学习心理问题研究综述[J].广西青年干部学院学报,2020,30(03):19-22.

[13]常桐善.中美研究型大学本科学生基本能力比较研究[J].中国高教研究,2018(02):48-55.

[14]朱莲花.课堂环境对大学生学习成果的影响——以学习投入为中介的实证研究

[D].大连:大连理工大学,2019.

[15] WILMAR B S, ISABEL M M, ALEXANDRA MARQUES P, et al. Burnout and Engagement in University Students: A Cross- National Study[J]. Journal of Cross-CulturalPsychology,2002,33(5):464-481.

[16] DOU GLASS J A, THOMSON G, ZHAO C M. The learning outcomes race: the value of self-reported gains in large research universities[J]. Higher Education,2012,64(3):317-335.

[17] SABANC OGULLARI S, DOGAN S. Effects of the professional identity development programme onthe professional identity, job satisfaction and burnout levels of nurses: A pilot study.[J]. International Journal of Nursing Practice,2015,21(6):847-857.

[18]林木明.大学生心理健康[M].武汉:华中师范大学出版社,2017.

第九章

建设友谊桥梁
——大学生人际交往

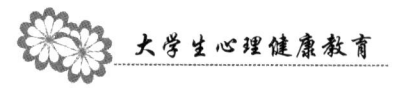

【名言哲语】

独学而无友,则孤陋而寡闻。

——孔子

一个生活在社会之外的人,同人不发生联系的人,不是动物就是神。

——亚里士多德

一个人事业上的成功,只有15%是由于他的专业技术,另外的85%要靠人际关系、处世技巧。

——戴尔·卡耐基

【故事点击9-1】

天堂与地狱

一个人想知道天堂与地狱的区别,于是他去求教上帝,上帝就带他去参观。到了地狱,在他们面前出现一张很大的餐桌,桌上摆满了丰盛的佳肴。用餐的时间到了,只见一群骨瘦如柴的饿鬼鱼贯入座。每个人手上拿着一双长十几尺的筷子。每个人用尽了各种方法,尝试用他们手中的筷子去夹菜吃。可是由于筷子实在是太长了,最后每个人都吃不到东西。

到了天堂,同样的情景,同样的佳肴,每个人同样用一双长十几尺的筷子。却人人红光满面,长得白白胖胖。原来不同之处在于,他们喂对面的人吃菜。而对方也喂他吃。因此每个人都吃得很愉快。原来不同之处在于,天堂的人们在相互喂食。

天堂与地狱的区别在于:是否为对方着想,互相协作。

很多同学怀揣着一颗憧憬的心,告别了父母亲人,告别了朋友,来到了大学校园,渴望在这里得到接纳、关爱、尊重、理解和慰藉。然而,步入大学后,很多同学发现自己的人际交往并不那么如愿,自己的人际关系并不那么和谐,人与人沟通并不那么简单,常常因此而苦恼,为什么人际交往中有的同学可以游刃有余,左右逢源,而有些同学却只能孤影自怜,独自神伤?怎样才能打破僵局,走出人际孤岛?本章将引领你走进良好人际关系的殿堂,享受人际交往带来的愉悦体验。

第一节 大学生人际交往概述

一、人际交往及人际关系的概念

人际交往是指社会上人与人之间,运用语言和非语言符号交换意见、交流信息、传达思想、表达情感和需要,从而在心理和行为上产生相互影响的过程。

在人际交往过程中所形成的人与人之间的心理关系就是人际关系,是人们在交往中发生的一种心理性连接,表现为人与人之间心理上的距离。可见,人际关系的实质是情感上的关系,它是以情感为纽带的,情感成分是构成人际关系的一种动力,而决定情感的远近亲疏则取决于交往双方心理需要的满足程度,双方相互满足程度越高,人际关系就越密切(图9-1)。

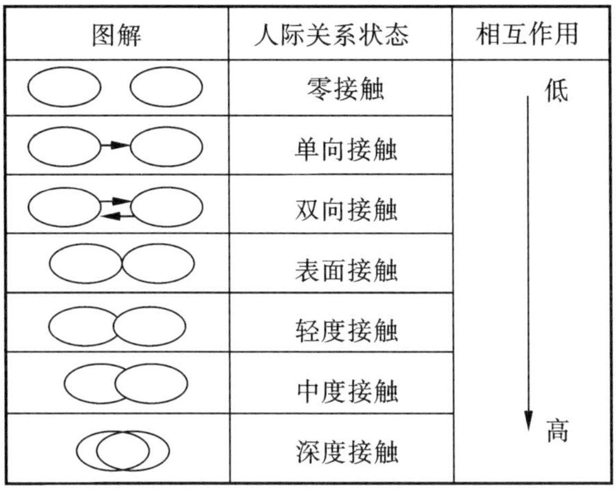

图解	人际关系状态	相互作用
○ ○	零接触	低
○→○	单向接触	
○⇄○	双向接触	
○○	表面接触	
◯◯	轻度接触	
◯◯	中度接触	
◯◯	深度接触	高

图9-1 人际关系发展示意图

【案例9-1】

蓝某是大学三年级的学生干部,学习成绩优秀,但人际关系比较紧张。与寝室同学相处不好,与班上的许多同学也无法正常交往。在同学们心目中,他是一个清高、傲慢的人,实在不好接近,虽然优秀,但对他的其他方面则不敢恭维。他几乎不接受别人的帮助,也认为自己没有帮助别人的义务,他成绩好,可每当班上同学向他求教时,他要么说不知道,要么就在给别人讲完之后,将别人奚落一顿,有时还要加上一句"拜托你上课时认真听讲,下次不要再来问我这么简单的问题"。时间一长,同学们都不愿意和他交往,人际关系越来越差。

二、大学生人际交往的特点

(一)开放性与自我性共存

一方面,在交往区域上,当代大学生的交往已不仅局限于一个宿舍、一个班级,还扩展到了网络,许多学生有了网友,甚至发生网恋。在交往内容上,随着社会的开放程度越来越大,大学生的交往内容不再仅限于感情交流、知识探讨以及就业方面,他们更加关注社会、经济、政治的发展,他们更热衷于参加各种学术团体活动及社团活动。在交往对象上也越来越开放。大学生异性交往的意识逐渐强烈,构建了一个属于自己的超越了亲情关系和地域关系的新的多维立体结构的人际关系网。另一方面,大学生人际交往的还具有自我性,即交往中自尊心过强,心理上渴望能找到了解自己、理解自己的人,强烈的自尊心又不会轻易相信一个人,从而关闭了自己的心灵之窗,形成了闭锁的思想领地,产生了很强的孤独感。

(二)现实性与虚拟性共存

大学生积极参加与生活、学习、娱乐、服务有关的活动,如参加各种协会、社团、联谊会、社会实践、勤工助学等,这些是大学生在现实生活中的交往。与此同时,以非直面性、身份隐蔽性、思想情感表达的随意性、自由性、超时空性为主要特征的网络交往已成为大学生新型的人际交往的重要方式。

(三)互利性与功利性共存

社会心理学研究表明,人的行为具有某种互酬性。"酬"包括物质内容也包括精神、情感内容。个别同学为了能考高分、找工作,故意和老师套近乎,拉关系,功利主义成为人际交往的指导思想。

(四)平等性与选择性共存

古人云:"爱人者人恒爱之,敬人者人恒敬之。"尽管人与人之间各方面情况可能存在不同,但是双方在人格上是平等的,平等是建立良好人际关系的前提。只有保持平等的心态才能保持真正的同学、朋友关系。

三、大学生人际交往的类型

大学生人际关系,从不同的视角可以分为不同类型。根据大学生人际交往的对象,将其划分为同学关系、师生关系、学生交际圈、网络人际交往等类型。

【案例9-2】

2020年突如其来的新型冠状病毒扰乱了大家正常的生活,给大学生的学习生活也带来了很多不便的影响。丁某,大学一年级学生,疫情期间长时间待在家里,长时间的蜗居和网络负面信息造成了他情绪的波动,在家缺少同龄人的陪伴感觉内心孤单,与父母沟通也很不畅,经常起冲突,心情很不好,打电话到学校心理咨询中心进行求助。

第二节 大学生人际交往的影响因素

一、人际吸引的影响因素

我们为什么喜欢别人或被别人喜欢呢?心理学家阿伦森认为有以下四点原因。第一是他人的信仰和利益与自己相同;第二是有技术,有能力,有成就;第三是具有令人愉快的人格和品质;第四是自我悦纳。可见人际交往的亲疏远近受到多种主客观因素的影响。

第九章 建设友谊桥梁——大学生人际交往

(一)时空因素

因接近机会多而相识,因相识而彼此吸引,最终建立友谊,甚至彼此相爱,是很常见的情况。例如,由于同在一个教室上课,或同住一个宿舍,或是同乡,或同在某一个社团工作,或经常一起去图书馆学习等原因,接触频繁,容易具有共同的话题,从而容易建立较为密切的人际关系。

(二)交往的频率

一般说来,交往的频率越多,就越容易形成密切的关系。但交往频率与亲密程度的关系呈倒U形曲线,过低与过高的交往频率都不会使彼此喜欢的程度提高,中等交往频率时,彼此喜欢程度较高。

(三)态度的相似性

人与人之间如果对事物有相同或相似的态度,有共同的理想、信念、人生观和价值观,就容易产生共鸣,在思想和情感上就比较融洽,容易形成密切的关系。因此,态度的相似性是建立人际关系的一个重要因素。正所谓"道不同,不相与谋"。

【资料窗9-1】

纽加姆的实验

实验对象是公开征求的住宿志愿者,共17人,都是大学生。实验者提供给被试免费住宿4个月,定期接受谈话和测验。实验过程是,进入宿舍之前,先测定被试关于经济、政治、社会福利、审美等方面的态度、价值观以及他们的人格特征。然后将对于上述问题的价值观、人格特征相似和不相似的大学生混合安排在几个宿舍里,一起生活4个月。4个月内定期测定他们对上述问题的看法和态度,让这些大学生互相评定室内人员,喜欢谁,不喜欢谁。实验结果表明,在相处的初期,空间距离决定他们之间的吸引,到了后期,他们的相互吸引发生了变化,彼此间的态度和价值观越是相似的人,相互之间的吸引力越大。说明态度的相似性是相处友好关系的重要因素。

(四)需要的互补性

当双方的需要以及对对方的期望正好成为互补关系时就会产生强烈的吸引力。例如,独立性较强的人,往往喜欢和依赖性较强的人在一起;脾气急躁的人,往往喜欢和脾气温和的人相处。这是因为个人的气质特点适合对方的需求,可以取长补短、互为补充、各得其所,相互满足对方的需要,从而构成协调的人际关系。

(五)才华与能力

"桃李不言,下自成蹊。"能力和才华在人际吸引中被认为更重要。人们喜欢与有才能的人在一起。与有才能的人在一起可以少犯错误,更有安全感,能获得更多的经验。研究表明,有才能的人如果犯一些"小错误",会增加他们的吸引力。

【资料窗9-2】

美国心理学家阿伦森进行了一则命名为"犯错误效应"的实验。

他准备了4个人的讲话录音,让众多被试者评定最喜欢的人。这4个人分别是:

1. 未犯错误,有超凡能力的人。
2. 犯了错误,但有超凡能力的人(讲话结束时,他笨拙地把一杯咖啡洒在自己身上)。
3. 犯了错误,能力平庸的人。
4. 未犯错误,能力平庸的人。

结果发现,犯错误而能力超凡的人被认为最有吸引力。

(六)外貌与仪表

美丽的外貌是人际吸引的最初动力,也会引发明显的"辐射效应",使人们对他的判断具有明显的倾向性。戴恩(K. Dion)及其同事在实验室向被试出示3张外表吸引力不同的照片:外貌有吸引力、外貌一般和无吸引力。请他们在27项特质上给照片上的3个人打分,预测这3个人未来的幸福程度。结果是大多数被试者对外貌好的给予较高的评价与预测。

(七)个性品质

比起外貌与才华,个性品质具有更大、更持久、更稳定、更深刻的吸引力。随着交往的深入,人们更注重人的内在品质,社会心理学研究表明,那些在人际交往中很受欢迎,颇有"人缘"的人一般具有以下特点:乐观、聪明、有个性、独立性强、坦诚、有幽默感、能为他人着想,充满活力等。而那些在人际交往中不受欢迎的人往往有这样一些特点:自私、心眼小、斤斤计较、孤傲、依赖性、自我中心、虚伪自卑、没有个性等。

(八)人际交往的技能

人际关系需要经营,人际交往是一门艺术,也是一种技能。这些方法和技能是每个人都需要实践的。不断地实践交往的艺术,你便可以建立和谐有效的人际关系。

二、人际印象与心理效应

(一)第一印象与首因效应

第一印象是指人们初次交往时,对各自交往对象的直觉观察和归因判断。初次见面,相互之间很重视首先能够观察和感知到的一些特征,如对方的表情、体态、仪表、年龄、谈吐、礼节等,并根据这些形成第一印象。实验发现,在人际交往中,往往7秒就能对某个陌生人做出最初的评价。如:一见钟情。

首因效应是指在信息呈现过程中,首先呈现的信息比后来呈现的信息在印象形成中有更大的权重。第一印象一经建立,对于后来获得信息的理解和组织有着强烈的定向作用。

第九章 建设友谊桥梁——大学生人际交往

【资料窗9-3】

阿希(S. Asch,1949)曾做过印象形成的经典实验：他用了一个简单程序,让被试看有6个形容词的表。这6个形容词描写了一个假想的人,给一个被试是：①聪明的；②勤奋的；③冲动的；④爱批评的；⑤顽固的；⑥嫉妒的。给另一个被试：①嫉妒的；②顽固的；③爱批评的；④冲动的；⑤勤奋的；⑥聪明的。结果显示：阅读从"聪明的"到"嫉妒的"顺序的被试,与阅读"嫉妒的"到"聪明的"顺序的被试相比,前者对这个假想的人的评价更高,认为更善于交际,更幽默和心情更愉快。有许多研究证实了阿希的实验结果。

大学生在人际交往中,一方面要善于利用首因效应的作用,注意给人留下良好的第一印象；另一方面,要防止"首因效应"的副作用,全面、历史地看待一个人。

(二)近因效应

近因效应是指最新或最后的印象对人的认知活动具有强烈影响。例如,你的好朋友背着你做作了一件伤害你的事情,你知道后会觉得：他怎么会做出这样的事呢？从而否定了和他以前的友情,从此再不交往。这就是"近因效应"。

因此,大学生在人际交往中,一方面要注意新近交往的质量,利用"近因效应"来整饰自我形象；另一方面要防止近因效应可能导致的对人认知和印象的偏差。

(三)泛化印象与晕轮效应

泛化印象是指将认知对象某个突出的特点泛化到其他方面,形成一种夸大的印象。晕轮效应是指人们常从或好或坏的局部印象出发,扩散性地得出全部好或全部坏的整体印象,就像晕轮一样,是从一个中心点而逐渐向外扩散成越来越大的圆圈,所以称为"晕轮效应",也称"光环效应"。"晕轮效应"是一种以偏概全的评价倾向,是在人们没有意识到的情况下发生作用的,它会把一个人的优点或缺点夸大,从而导致人们对别人的印象与本来面目相去甚远；个体歪曲客观现实,不能对他人形成正确的评价。

【资料窗9-4】

如何与陌生人建立良好第一印象？

戴尔·卡内基在他的《怎样赢得朋友和影响他人》一书中提出了建立良好第一印象的六大途径：①真诚地对别人感兴趣,不要对别人摆架子。架子,是一文不值的,要学着一丝一毫地、无微不至地关心人、爱护人,如果他人有了什么成绩或功绩,就要主动地予以承认、肯定。②微笑,每天都要笑迎世界,你要把每个曾经接触过的人当成是你非常崇拜的人物来对待。③多提别人的名字,在人际关系里,总是不断地渴望对方铭记自己的重要性,在交往中一定要多提别人的名字。④做一个忠实的听众,鼓励别人谈他自己,每个人都需要有自我表现的机会。在初次交往中,有效地表现自己固然重要,但做一个耐心的听众,鼓励别人多谈他们自己,同样是不可少的。⑤谈符合别人兴趣的话题。⑥以真诚的方式让别人感到他很重要。

(四)刻板印象与定势效应

刻板印象是指社会上对某类事物或人物产生的一种比较固定的、共同的、笼统的看法和印象。

定势效应是指在人们对某一类人或事物产生的比较固定、概括而笼统的看法,影响着对这类人或实物的认知和评价。例如,一说到浙江人,总认为会做生意;听到四川口音就认为喜欢吃辣椒。这种刻板印象容易形成先入为主的定势效应,容易产生偏见,做出错误的判断。

(五)投射效应

投射效应是指在交往中一个人总是假设他人与自己有相同的倾向,即把自己内在的价值观与情感好恶转移到外在的人、事、物上的心理现象。"我见青山多妩媚,料青山见我也如是。"例如,一个心地善良的人会以为别人都是善良的;一个自私的人总认为别人也很自私,而那些慷慨大方的人认为别人也不会小气。通常所说的"以己之心,度人之腹",就是典型的投射效应。

【案例9-3】

在一个心理学实验里,好莱坞化妆师在被实验者脸上画上了一条大大的伤痕,在看到伤痕的惊人效果之后,被实验者又被告知需要再擦上一层固定化妆效果的粉末——而实际上恰恰相反,化妆师擦掉了化妆的痕迹。随后,毫不知情的被实验者被派往人群聚集的地方,观察人们对其面部"伤痕"的反应。

观察任务完成后,被实验者竟无一例外地叙述了相同的感受:人们对他们比以往要粗鲁无礼、不友好,而且,总是盯着他们的脸看!很显然,他们认为这都是他们脸上其实并不存在的"伤痕"造成的。

第三节 大学生人际交往中常见心理问题及调适

一、羞怯心理及调适

具有羞怯心理的人,在交往中通常表现为腼腆、动作局促、不自然、脸红、说话的音量又低又小等特征,有严重羞怯心理的人甚至怯于交往,对交往采取回避态度。一个人具有一定的羞怯心理是正常的,只要不影响正常的人际交往就不能视为障碍。但过度羞怯则需要克服。可以尝试以下几种方法。

(1)两脚平稳站立,然后轻轻地把脚跟提起,坚持几秒钟后放下。每次反复做30下,每天这样做2~3次,可以消除心神不定的感觉。

第九章 建设友谊桥梁——大学生人际交往

(2) 强迫自己做数次深长而有节奏的呼吸,这可以使紧张的心情得以缓解,为建立自信心打下基础。

(3) 与别人在一起时,无论是正式场合还是非正式场合,开始时手里不妨握住一样东西,比如一本书、一块手帕或其他小东西,这会使人感到舒服而且有一种安全感。

(4) 毫无畏惧地看着别人。对于一位害羞的人来说,开始时这样做会比较困难,但你非学不可,你不能总是回避别人的视线,不能总盯着一件家具或墙角。

二、恐惧心理及调适

"社交恐惧"主要表现为害怕见生人。尤其是人多的场合或者是有异性的场合,更会显得紧张、焦虑,可伴有脸红、出汗、手抖、说不出话或者说话断断续续,于是会有意回避社交,在极端情形下可导致社会隔离。

主要的调试方法是认知行为疗法,常用系统脱敏疗法。步骤是:首先学会放松;然后根据引起恐惧反应的严重程度,依次列出相关诱发社交恐惧的情境的清单,按照由轻到重的顺序用想象或者现实的方式逐步脱敏。每一步骤做到自己适应,感到彻底放松为止,如此循环,直到恐惧消失(详见心理咨询一章系统性脱敏内容)。

三、自我中心及调适

【案例9-4】

小龙,男,某大学大三学生。从进大学以来,小龙都觉得周围的人都不喜欢他,都对他不满。三年来,几乎没有朋友,同学也鲜有来往,他很孤独。有次上完某老师的课,室友回来纷纷抱怨该老师照本宣科,课堂枯燥无味,小龙打断大家说:"学习靠自己,你们这样是给自己懒惰找借口"。当时寝室空气都凝固了。全班去郊游,班委提前商量方案,大家想去风景区,可小龙认为那个季节风景区确实没有风景,据理力争要把活动安排在附近儿童福利院,结果讨论会不欢而散,郊游还是去了风景区,大家却没有通知小龙。

自我中心是指从自己的经验、角度去认识和处理人和事,而不能意识到或不在乎他人对同一事物的看法和观点,对人和事物的看法带有强烈的主观性。

只关心自我的需要、兴趣、利益得失,强调自己的感受而忽视他人。居高临下、盛气凌人过于相信自己而不相信他人,固执己见、自夸自大;过分自我欣赏,乐于自我炫耀,将他人置于尴尬的境地,易产生嫉妒感。自我中心的调适需要在认知与行为上同时进行。

1. 从认识上,要意识到自己在人际交往中的言行举止给别人留下的印象。

2. 在心理上,学会心理换位,尝试着跳出自我思维的局限,站在交往对象的角度来思考问题。

3. 在行动上,运用语言暗示。可以在适当的地方挂上一些名言警句,或者是在处理事情之前一定要给自己一些积极的心理暗示,提醒要考虑到别人的利益和感受。

四、自卑心理及调适

自卑是一种过低的自我评价。自卑的浅层感受是别人看不起自己,而深层的体验是自己看不起自己,即缺乏自信。有自卑心理的大学生在交往中常常是畏首畏尾,遇到一点挫折便怨天尤人。如果受到别人的耻笑与侮辱,更是甘咽苦果、忍气吞声。那么,大学生如何克服自卑心理呢?

1. 客观地评价自己　"尺有所短,寸有所长。"正确面对自己的优点和缺点,从自己的外表、爱好、特长入手,善于发现和肯定自己的优点;对自己的弱项和遭到失败的地方持理智和客观的态度,既不自欺欺人,又不将其看得过于严重,客观地了解自己,评价自己。

2. 开放自我,主动交往　自卑的人多谦虚谨慎,善于体谅别人,所以在人际交往中比自大的人更受欢迎。所以,要积极主动地与人交往,在交往中不断地进行自我鼓励,不断累积自信。

3. 积极参加交往活动,增加成功交往的体验　积极参与各种人际活动,用行动证明自己的能力与价值,即使很小的成功体验,也会给自卑者带来非常有力的鼓励和帮助。

五、猜疑心理及调适

【案例9-5】

小方,某大学二年级学生,积极上进,在党员小王的直接帮助下,进步很快,并提出入党申请。小方和小王关系很好,小方认为有小王的帮忙,这次发展党员肯定没有问题,谁知公布结果时却没有他。于是小方开始怀疑是小王在支委会上没有替自己说好话,甚至讲了不利的话。后来越观察越觉得小王有时与自己说话很不自然,于是更相信自己的判断是正确的,从此开始有意疏远小王。

猜疑心重的人往往先在主观上设定他人对自己不满,然后在生活中寻找证据。带着以邻为壑的心理,必然把无中生有的事实强加于人,甚至把善意曲解为恶意。猜疑的人很容易偏激,对他人的言行敏感、多疑、不信任,人际关系常陷入僵局。所以,有猜疑心理的大学生要努力消除自己的猜疑心理。

1. 冷静思索　猜疑一般总是从某一假想目标开始,最后又回到假想目标,就像一个圆圈一样,越画越圆。因此,猜疑者生疑之后,冷静思考十分重要。当发现自己开始怀疑别人时,应当立即寻找产生怀疑的原因,在没有形成思维之前,进行正反两个方面的思考。

2. 及时沟通　如果冷静思索后疑惑依然存在,那就该通过适当方式,同被猜疑者进行推心置腹的交心,开诚布公地谈一谈。若是误会,可以及时消除;若是看法不同,通过谈心,了解对方的想法,也很有好处;若真的证实了猜疑并非无端,那么,心平气和地讨论,也有可能使问题解决在冲突之前。

3. 正确认识自己,正确认识他人。猜疑心有时是在相互不了解的条件下产生的。如果一个人能够正确地认识自我,就会多一些自信,少一些猜忌;同时观察他人、了解他人,把握其性格特征、处世方法等,就不会无端地去怀疑他人。

第九章　建设友谊桥梁——大学生人际交往

4.运用"自我暗示法"。即一旦产生猜疑心时,就给自己积极的暗示和肯定,同时给他人以积极的评价,可以促使自己从中得到解脱。

5.提高抱负水平。俗话说,人无远虑,必有近忧。猜疑往往和一个人抱负水平低、过分拘泥于生活琐事有关。提高自己的抱负水平,在远大目标的追求中开阔个人的胸怀,倾心于自己所追求的事业,就不会因为人际关系中的琐事而分心了。

六、嫉妒心理及调适

当你的同桌成绩非常优秀时,你是否曾有过想把他课本藏起来或丢掉的念头？当别的同学非常具有管理能力时,你是否想以后不听从他的安排,让他难堪？巴尔扎克说过:"嫉妒者比任何不幸的人更为痛苦,因别人的幸福和他自己的不幸,都将使他痛苦万分。"所以,嫉妒心理的大学生必须进行调适。

1.奋起直追法　当别人比自己优秀时,脑子里应该考虑"如何才能超过对方",同时应立刻实施行动,以求提高自己的竞争能力与才干。当你具备了一定的竞争实力时,就具有了与对手匹敌的资格,而嫉妒心即可消除。

2.价值转移法　有时你会发现自己嫉妒对象的长处是自己经过了努力也达不到的,这种情况下,就要学会转换思路,重新去寻找自身价值,在发挥自己长处上下功夫。

3.消极对待法　即学会"酸葡萄"的心理运用,当你感到心理不平衡时,就可以用"我吃不到葡萄,是因为葡萄酸,我根本就不想吃"来进行心理调适,放弃不必要的心理自扰。

4.自我满足法　"人外有人,天外有天",世界上比你优秀的人太多了,如果遇到比你优秀的,就心理不平衡,心生嫉妒,那么你将一辈子生活在嫉妒中。所以要学会欣赏自己,经常自我肯定。

第四节　大学生人际交往的原则与技巧

一、人际交往的原则

(一)平等尊重原则

古人云:"欲人之爱已也,必先爱人;爱人者,人恒爱之;敬人者,人恒敬之。"大学生在交往中必须以平等为前提,给人以尊重,这是形成良好的人际关系的先决条件。

(二)互助互利原则

人际关系以能否满足交往双方的需要为基础。所谓"礼尚往来""投桃报李",就是在交往中要考虑双方的共同价值和利益,相互满足——包括物质的和精神的。如果交往双方的心理需要都能得到满足,其关系才会继续发展。

(三)诚实守信原则

诚信是做人之本。"与朋友交而不信乎"(论语),"志不强者智不达,言不信者行不果"(墨子)。诚信原则指在人际交往中,要以诚相待、信守承诺。与人交往时,一方面要真诚待人,既不当面逢迎奉承,也不背后中伤诽谤。另一方面,要"言必行,行必果",即说到做到,遵守承诺,践行诺言。

(四)宽容理解原则

古人云:"泰山不让土壤,故能成其大;海河不择细流,故能成其深;王者不却众庶,故能明其德。"建立良好的人际关系,需要一颗真诚宽容的心,正所谓"退一步海阔天空"。宽容忍让是为人处世的最高境界,是一种襟怀,一种美德。

【故事点击9-2】

记住和忘记

阿拉伯名作家阿里,有一次和吉伯、马沙两位朋友一起旅行。三人行经一处山谷时,马沙失足滑落。幸而吉伯拼命拉他,才将他救起。马沙于是在附近的大石头上刻下了:"某年某月某日,吉伯救了马沙一命。"

三人继续走了几天,来到一处河边,吉伯跟马沙为了一件小事吵了起来,吉伯一气之下打了马沙一耳光。马沙跑到沙滩上写下:"某年某月某日,吉伯打了马沙一耳光。"

当他们回来后,阿里好奇地问马沙,为什么要把吉伯救你的事刻在石头上,将打你的事写在沙上?马沙回答:"我永远都感激吉伯救我,他打我的事,我会随着沙滩沙上字迹的消失,而忘得一干二净。"

记住别人对我们的恩惠,洗去我们对别人的怨恨,在人生的旅程中才能洒满阳光。

二、掌握人际交往的艺术

(一)学会换位思考

戴尔·卡耐基曾说:"关于人际关系的艺术,如果有所谓人际关系的秘诀,那就是有站在对方立场审时度势的能力,即由他人的观点看事情,如同由你自己的观点看事情一样。"在心理咨询中,称之为"共情"能力。

生活中,我们总习惯站在自己的角度去思考问题。假如我们能换一个角度,站在他人的立场上去思考问题,人与人之间就多了一些理解和宽容,人际关系也就会更加融洽。

【资料窗9-5】

听的几种层次

1.心不在焉看似在听,实际心里在想其他与谈话内容毫无相关的事情,几乎没有注意对方所说的话。

2.被动消极竖起了耳朵,却没有敞开心扉,只是被动消极的听,常常造成误解。

3. 有选择性对于自己感兴趣的话,会仔细认真地听,而把不合口味的东西统统屏蔽掉。

4. 认真专注地听,专心致志注意对方,聆听对方的话与内容。

5. 设身处地理解与积极主动地倾听,不仅专注对方的眼睛,也深入对方的内心,站在对方的角度。

(二)学会倾听

关于"听",总的原则是听对方讲话时,要把握好自己的配角位置,处处表现出对对方的耐心与尊重。具体地说就是,首先不要随意打断对方的谈话或抢对方的话题;其次要学会倾听,听的过程中要注意目光交流,要显露出兴趣十足,适当的时候可以微笑一下;倾听不是被动的接收,而是有反馈的引导和鼓励;倾听要特别注意配合对方的谈话,用声音、肢体语言做出积极的反应。比如:说"嗯""哦",点头、身体向前倾、面孔朝着说话者,换个姿势……

"倾听"是建立和维持良好人际关系的有效法宝。因为倾听本身就是褒奖对方谈话的一种方式。当你耐心倾听对方的谈话时,就意味着"你是一个值得我倾听你讲话的人"。反之,就容易使对方的自尊心受挫。事实上,越是善于倾听他人意见的人,人际关系就越融洽。要做一个好的倾听者,应该做到"四心",即:耐心、专心、虚心、留心。

(三)语言艺术

语言是人类敞开心扉的交流形式,是人类搭架心灵桥梁的快捷方式,是人类情感交集的抒发模式,是人类释放悲喜的表达公式。"良言一句三冬暖,恶语伤人六月寒。"一个人的口头沟通能力好坏,决定了他在工作、社交和生活中的品质和效益。

【资料窗9-6】

语言沟通"三要、三不要"

三要

1. 赞美与鼓励的话要说。

2. 感激与幽默的话要说。

3. 与人格有关的话要说。

三不要

1. 没有准备的话不要说。

2. 没有依据与数据的话不要说。

3. 情绪欠佳的时候不要说。

大学生可以采用以下语言艺术,在实际生活中进行联系。

1. **称呼得体**　在交往过程中,要根据对方的年龄、性别、身份、职业等具体情况及交往场景、彼此的亲疏远近来决定对对方的称呼。做到对长辈要尊敬谦逊,对同辈要亲切友好。

2. 礼貌用语　交谈时应尽量使用礼貌用语。"礼多人不怪"。五句基本礼貌用语：问候语"你好"、请求语"请"、感谢语"谢谢"、抱歉语"对不起"以及道别语"再见"，应该是我们每个人耳熟能详的，也应该是在实际交谈过程中必须熟记和经常使用的。

3. 真诚赞美　"人性中最深切的品质，是被人赏识的渴望。"哲学家罗西法古说："如果你要得到仇人，就表现得比你的朋友优越吧；如果你要得到朋友，就要让你的朋友表现得比你优越。"这就要求我们在人际交往中要善于发现每个人的优点、长处、成绩，真诚、慷慨地赞美他。学会肯定和赞美他人。

4. 批评的艺术　第一，批评应注意场合。第二，从赞扬和诚心的感谢入手，诚恳地提出批评。第三，批评对事不对人。批评要在肯定别人能力、人品的前提下指出，并具体到每件事，如"按你的能力，这件事本来可以做得更好些"，"依你的为人，不会说出这种伤人的话"等。第四，批评应针对现在，而不要纠缠老账。如果习惯用"你怎么总是……"之类的形式批评别人，不会取得好的效果。

5. 避免伤害的艺术　在批评他人之前，先改变你自己的错误。心理学家席莱说："我们极希望获得别人的赞扬，同样的，我们也极为害怕别人的指责。"卡耐基指出，用"建议"，而不用下"命令"，不但能维持对方的自尊，而且能使他乐于改正错误，并与你合作。从来不要说"做这个或做那个"或是"不要做这个，不要做那个"，而是"你可以考虑这个"或"你认为，这样做可以吗"。

（四）非语言艺术

非语言艺术一般包括面部表情、身段表情、声音表情。掌握和运用好这种交往艺术，对大学生搞好人际交往是不可少的。

1. 面部表情

（1）目光接触。目光接触是人际最能传神的非言语交往。"眉目传情""暗送秋波"等成语形象说明了目光在人们情感的交流中的重要作用。A. 朱拉兵估计，情绪信息有55%由视觉符号传递，所以交谈的过程中，一定要注意目光的交流，主要注意目光着陆点和目光接触的时间。

（2）学会微笑。微笑无声胜有声。真诚的微笑常会给人留下美好而深刻的印象。如果我们用微笑对待他人，得到的也必将是一张张热情、温馨的笑脸。

2. 身段表情

（1）身姿。语言会说谎，但是你的身体摆出来的姿势会诚实地告诉对方，你希望和对方有什么样的交往关系、对方所说的事你有没有兴趣。面向别人并向前倾斜是非常重要的姿势，显示敬意和投入。

（2）手势。交谈时适当地配合手势，能有助表达，增加感染力和说服力。不过注意手势运用要自然，不要过于夸张。

3. 声音表情　语音、语调、语速等同样起到传情达意的作用。我们常形容"抑扬顿挫""绘声绘色""听话听音，锣鼓听声"，实际上就是声音表情的作用。

4. 人际距离　人际距离指人与人之间在进行交往时通常保持的距离。这种距离受到个体之间由于相容关系不同而产生的情感距离的影响。美国人类学家爱德·霍尔（E. Hall）有一句名言："空间也会说话。"他认为"人际距离"可分为4种。

(1)亲密距离(0~0.45米),通常用于父母与子女之间、情人或恋人之间,在此距离上双方均可感受到对方的气味、呼吸、体温等私密性刺激。

(2)个人距离(0.45~1.20米),一般是用于朋友之间,此时,人们说话温柔,可以感知大量的体语信息。

(3)社会距离(1.2~3.6米),用于具有公开关系而不是私人关系的个体之间,如上下级关系、顾客与售货员之间、医生与患者之间等。

(4)公众距离(3.6~7.5米),用于进行正式交往的个体之间或陌生人之间,这些都有社会的标准或习俗。要注意的是,这种情况下的沟通常是单向的。

【资料窗9-7】

刺猬效应

"刺猬效应"源于西方的一则寓言,说的是在寒冷的冬天里,两只刺猬要相依取暖,一开始由于距离太近,各自的刺将对方刺得鲜血淋漓,后来它们调整了姿势,相互之间拉开了适当的距离,不但互相之间能够取暖,而且很好地保护了对方。

两只刺猬取暖,远则不暖,近则互伤,不远不近恰如人意。"刺猬效应"说明了人际交往中的心理距离效应。

(五)把握交往的度

我们在与人交往时,要注意掌握分寸,尽量做到恰到好处,如果失之过度,就很难交到知心的朋友。人际交往中应该做到尊重而不迎合;帮助而不同情;往来而有距离;坦诚而不轻率。

(六)学会委婉拒绝

态度要诚恳,先肯定,后拒绝,用幽默的话语含蓄地拒绝对方的某种要求。寓拒绝于说笑打诨之中,对方自然会在忍俊不禁的同时,对你的婉言拒绝心领神会。

三、如何应对人际冲突

大学生来自五湖四海,每个人都承载着自己的文化背景、地域风俗以及特定的方言和民族身份,每个人都有需要,在满足需要的时候,人际冲突就不可避免。学习解决冲突的策略也是人际交往的一个重要部分。

(一)解决人际冲突的策略

一是掌握并运用人际交往的原则,要尊重对方,学会换位思考,沟通理解,求同存异。

二是先解决心情,再解决事情。即体察和理解对方的情绪,并将这种理解反馈给对方,可以极大地平复和协调双方的情绪,理性地去面对和解决问题。换一个角度看事情,也许就迥然不同。人常言:动之以情,晓之以理。在解决冲突时,应先动之以情,然后晓之以理。

(二)有效解决冲突的步骤

1. 共情与倾听。
2. 找出彼此的需求或愿望。
3. 评估各种可能的解决方法。
4. 求同存异,达成共识。

有些大学生遇到冲突后,或大动干戈,非要争个是非曲直不可;或消极回避,不理不睬,其结果是双输。在多数情况下,双方如果能够理性解决问题,才能达到合作的效果与双赢。这才是更加成熟的处理方式。

【活动天地】

活动一:红椅子

活动目的:
(1)学习发现别人的优点并加以欣赏,促进相互肯定与接纳。
(2)增强个人自信心。

活动时间:30～50分钟。

活动准备:7～10人一组,围成圆圈坐着。

活动步骤:
(1)请一位成员坐或站在圆圈中央,向大家介绍自己的姓名、个性、爱好等。
(2)其他人轮流根据自己对他的了解及观察说出他的优点及可欣赏之处(如性格、相貌、待人接物等),然后被欣赏的成员说出哪些优点是以前自己察觉的,哪些是没被察觉的。每个成员轮流坐或站到圆圈中央,让其他人给他戴一次"高帽"。

活动规则:
(1)必须说出优点。
(2)夸别人优点时态度要真诚,不能毫无根据地吹捧,这样反而会伤害别人。
(3)参加者要注意体验被别人称赞时的感受;要学会用心去发现别人的长处;学会做一个乐于欣赏他人的人。

活动二:心有千千结

1. 将全班学生分成若干个小组,每组10人左右,让每组成员手拉手围站成一个圆圈,记住自己左右手各相握的人。
2. 在节奏感较强的背景音乐中,大家放开手,随意走动,音乐一停,脚步即停。找到原来左右手相握的人分别握住。
3. 小组中所有参与者的手都彼此相握,形成了一个错综复杂的"手链"。在节奏舒缓的背景音乐中,主持人要求大家在手不松开的情况下,用各种方法,如跨、钻、套、转等(但手不能放开),将交错的"手链"解成一个大圆圈。

第九章 建设友谊桥梁——大学生人际交往

【成长感悟】

1. 请你用所学的心理学知识分析下面4种人际交往模式的心理学含义。
（1）我不好，你好。
（2）我不好，你也不好。
（3）我好，你不好。
（4）我好，你也好。
2. 你在宿舍与室友沟通时，通常的自我状态是什么？有时是否会尝试改变或是努力维持第四种人际交往态度？

【好书推荐】

《亲密关系》，(加)克里斯多福·孟著，张德芬、余蕙玲译，湖南文艺出版社出版。

本书探究了长期以来诗人、剧作家、哲学家，乃至医学家对亲密关系的理解和论断。由于数千年来科学家对亲密关系研究的忽视，当通俗心理学占据了关系学的主导地位时，人们对人际关系的了解和领会往往是肤浅的，甚至是错误的。然而如今，这方面的研究工作发生了重大的变化。它将使我们对爱情、婚姻、承诺、友谊、激情、理解、沟通、亲密、依恋、伴侣选择、嫉妒等各个方面有一个崭新的认识。

【参考文献】

[1] 赵崇莲,郑涌,李宏翰,等.影响大学生人际关系主观因素的初步研究[J].心理科学,2006,29(6):1431-1433.

[2] 葛亮.网络虚拟空间中大学生人际交往的伦理思考[J].湖北经济学院学报(人文社会科学版),2020,17(06):132-134.

[3] 王萍.从大学生心理健康谈思政教育改革[J].农家参谋,2020(17):152.

[4] 宋艳飞.大学生嫉妒情绪的思想开解[J].集宁师范学院学报,2018,40(05):107-111.

[5] 刘娟.新冠病毒肺炎疫情下高校辅导员对大学生心理健康工作的探讨[J].财富时代,2020(05):63-64.

[6] 何少云.从新型冠状病毒分析突发压力应激事件对大学生的影响及教育启示[J].工程技术研究,2020,5(10):244-245,248.

[7] 刘娟.新冠病毒肺炎疫情下高校辅导员对大学生心理健康工作的探讨[J].财富时代,2020(05):63-64.

[8] 方必基.大学生恐惧心理结构研究[J].长春工业大学学报(高教研究版),2010,31(03):136-139.

[9] 吴青枝.一例大学生社交恐惧心理障碍的干预案例报告[J].安阳工学院学报,2010,9(03):32-34.

[10] 樊后文,刘岚岚.浅谈新媒体对大学生人际交往的影响及其对策分析[J].课程

教育研究,2020(19):210-211.

[11] 吴文君,向小平.大学生同伴交往与心理健康的关系:人际交往能力的中介作用[J].中国健康心理学杂志,2020,28(04):585-591.

[12] 王守祥.新媒体视阈下大学生人际交往现状研究——基于交往异化理论视角[J].管理观察,2020(06):105-107.

[13] 段媛媛.情绪调节、人际关系对大学生幸福感的影响分析[J].普洱学院学报,2020,36(01):130-133.

[14] 王晓成.人际关系优化探索——一例大学生人际关系障碍问题的案例报告[J].才智,2020(16):76.

[15] CPREK S E,FISHER B S,MCDONALD M J,et al. Adverse childhood experiences and interpersonal violence among college students:does a relationship exist?[J]. Journal of American College Health,2020(19):1-8.

[16] LI R Y,JIANG T,YONG J,et al. College Students' Interpersonal Relationship and Empathy Level Predict Internet Altruistic Behavior—Empathy Level and Online Social Support as Mediators[J]. Psychology and Behavioral Sciences,2018,7(1):1-7.

第十章

风雨过后是阳光
——大学生压力管理与挫折应对

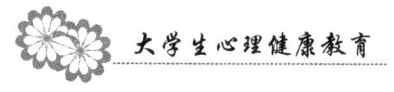

【哲言哲语】

故天将降大任于斯人也，必先苦其心志，劳其筋骨，饿其体肤，空乏其身，行拂乱其所为，所以动心忍性，增益其所不能。

——孟子

不幸，是天才的进身之阶，信徒的洗礼之水，能人的无价之宝，弱者的无底之渊。

——巴尔扎克

日有升有落，月有圆有缺，世界上没有绝对平坦的道路，也没有绝对平坦的人生。人生不如意之事，十之八九。现代社会是一个充满竞争、挑战、风险和机遇的社会，我们随时会面临各种各样的压力和挫折。弱者困于环境，强者克服环境，智者利用环境。面对压力和挫折采取不同的应对方式，会产生截然不同的结果。纵观古今，成大事者无不经历逆境与坎坷的磨砺，人类创造文明与进步的事业，也无不经受成千上万的挫折与失败。因此，认识压力和挫折，学会理性地面对是每个人终生的课题。

第一节 压力及挫折概述

心理学的研究表明，挫折可能会造成一定的压力，而适度的压力能够激发人的积极性、主动性和创造性，锻炼和培养人的良好意志力。压力和挫折对大学生、甚至对于人的一生都是不可避免的。正是在经历压力和挫折中，个体才能够坚强地成长；也正是在迈过压力和挫折后，人们才发现人生的魅力之所在。

【故事点击10-1】

有一位经验丰富的老船长，当他的货轮卸货后在浩瀚的大海上返航时，突然遭遇到了可怕的风暴。水手们惊慌失措，老船长果断地命令水手们立刻打开货舱，往里面灌水。"船长是不是疯了，往船舱里灌水只会增加船的压力，使船下沉，这不是自寻死路吗？"一个年轻的水手嘟囔。看着船长严厉的脸色，水手们还是照做了。随着货舱里的水位越升越高，随着船一寸一寸地下沉，依旧猛烈的狂风巨浪对船的威胁却一点一点地减少，货轮渐渐平稳了。船长望着松了一口气的水手们说："百万吨的巨轮很少有被打翻的，被打翻的常常是根基轻的小船。船在负重的时候，是最安全的；空船时，则是最危险的。"

这就是"压力效应"。那些得过且过，没有一点压力，做一天和尚撞一天钟的人，像风暴中没有载货的船，往往一场人生的狂风巨浪便会把他们打翻。这个故事告诉我们一个道理，凡事不经历一番风雨，是永远也看不见彩虹的。

第十章　风雨过后是阳光——大学生压力管理与挫折应对

一、压力及其构成要素

(一)压力的含义

压力又称应激,是指人们在受到外界各种不同来源的刺激后,心理和身体所引起的反应,即外在因素引起的内在感受。因此,压力可能是环境要求你做出选择或改变时的个人感受,也可能是对未知事件悲观解释的结果,还可能是持续不断的精力消耗——心力衰竭,也许是面临威胁时的本能反应。

(二)压力的构成要素

1.压力源　压力源又称应激源或紧张源,是指对个体的适应能力进行挑战,促进个体产生压力反应的因素,主要包括:躯体压力源、心理压力源、社会压力源和文化压力源。

【案例 10-1】

> 周某,男,大三学生。最近对同寝室一位同学外放手机音乐的行为非常反感,有时简直难以忍受,尤其是睡午觉时总担心会有声音干扰自己,从而睡不着觉,经常休息不好。但又不好意思跟其发生当面冲突。很长时间不能摆脱这种心理困境,很苦恼,严重影响了自己的日常生活和学习。想起一年后毕业,心中一片茫然,担心找不到理想的工作,有时也懒得去想这个问题,怕增添烦恼。学习成绩一般,当看到其他同学都在准备考研究生,自己也想考,但是又不能集中精力学习。自卑,缺乏自信,生活态度比较消极,认为所有的一切都糟透了;家在农村,经济状况一般,认为自己有责任挑起家庭的重担,但又觉得力不从心。该生的心理困境主要是由各种情况造成的压力引起的。

2.个体对压力的认知评估　压力感的大小,与压力来源、刺激的类型没有直接关系,而与个体面对压力时的认知评估有关。当我们主观评估身心受到压迫时,不论这个是真实的,或是因为不当评估想象而来的,都是压力。当面对刺激时,认知评估主观认为自己能应用的资源,或自己的能力愈少,个体感受到的压力就愈大。

大部分的时候认知评估的结果是合理的,依据真实情况合理地评估目前的状况。如果我们的认知评估历程忽略了具体事实,或受到自己非理性信念影响,产生扭曲现实或不合逻辑的内在对话,错估了刺激的意义或与我们的关系,就容易因为想象的威胁感而产生过于沉重的压力。

3.压力反应　压力反应是指个体自身在受到内外因素的作用下,在认知和行为上采用的应对方式。当人们面临压力时会产生一系列身体上和心理上的反应。这些反应在一定程度上是机体主动适应环境变化的需要,它能唤起和发挥机体的潜能、增强抵御和抗病能力。但是如果反应过于强烈或持久,就可能导致生理、心理功能的紊乱。压力通常在心理、生理和行为诸方面都有反应。

(1)心理反应。压力引起的心理反应有警觉、注意力集中、思维敏捷、情绪适度唤起,这是适度的反应,有助于个体应付环境。但过度的心理反应,如过分烦躁、紧张、抑郁、焦虑、激动不安、愤怒、消沉、沮丧、健忘等,会使人信心减弱、无所适从。

(2) 生理反应。在压力状态下,机体必然会出现不同程度的生理反应,如心率加快、血压升高、呼吸急促、各种激素分泌增加、出汗等。这些生理反应,调动了机体的潜在能量,提高了机体对外界刺激的感受和适应能力。但过度的压力会使人机体不适应,产生疾病。

(3) 行为反应。在压力状态下,个体会产生各种各样的行为变化,轻微的压力会增强一些生物性行为,如唱歌、进食、吸烟、喝酒和攻击。进食是很多人用来对付日常压力最典型的行为反应。

二、挫折及其构成要素

(一) 挫折的含义

挫折是指人们在某种动机的推动下,在实现目标的活动过程中,遇到了无法克服或自以为无法克服的障碍和干扰,使其动机不能实现、需要不能满足时,所产生的紧张状态和情绪反应。挫折包含两种含义:一是指对个体的动机性行为造成障碍或干扰的外在刺激情境;二是指个体在挫折情境下所产生的烦恼、困惑、焦虑、愤怒等各种负面情绪和心理感受。

(二) 挫折的构成要素

挫折包括挫折情境、挫折认知和挫折反应,这3个要素同时存在,构成典型的心理挫折,即挫折情境引起挫折认知进而产生挫折反应。

1. **挫折情境** 挫折情境是指人们在有目的的活动中,使需要不能获得满足的内外障碍或干扰所实际呈现的情境状态或情境条件。如考试不及格、讲话被嘲笑、恋爱遭拒绝等,都属于造成挫折的情境因素。

2. **挫折认知** 挫折认知是指对挫折情境的感知、认识和评价。挫折认知既包含对实际遭遇的挫折情境的认知,又包含对想象中可能出现的挫折情境的认知,也包含对隐含的挫折情境的认知。

3. **挫折反应** 挫折反应是指个体伴随挫折认知,对于自己的需要不能得到满足而产生的情绪和行为反应,如愤怒、焦虑、紧张、躲避、敌对和攻击等。如体育拳击比赛中,双方选手在受到攻击后产生愤怒的情绪体验,进而猛烈攻击对方,这属于经典的挫折反应。

【故事点击10-2】

一头驴子掉进了一口枯井,它哀怜地叫喊求救,期待主人把它救出来。驴子的主人召集亲邻出谋划策,还是想不出好的办法搭救驴子。大家最终商定,反正驴子已经老了,况且这口枯井早晚也要填上,于是就决定填井。当第一铲土壤落到枯井时,驴子叫得更恐怖了,它显然明白了主人的意图。当又一铲土壤落到枯井中,驴子出乎意料地安静了。人们发现,此后每一铲土壤落到它背上的时候,驴子没有哀叫求助和一味地抱怨主人,而是冷静地抖落背上的土壤,踩在脚下,把自己垫高一点。人们不断把土壤往枯井里铲,驴子也就不停地抖落身上的土,

第十章 风雨过后是阳光——大学生压力管理与挫折应对

使自己再升高一点。就这样,驴子慢慢地升到枯井口,在众人惊奇的目光中,潇洒地走出了枯井。

我们在日常的生活、学习、工作中,会遇到各种各样的困难挫折,这些困难和挫折就是加诸在我们身上的"泥沙"。然而,换个角度看,它们也是一块块的垫脚石。勇敢地、锲而不舍地将他们抖落掉,化人生中的绊脚石为垫脚石,这就是人生的智慧。

第二节 大学生压力和挫折的产生

现代社会生活节奏越来越快,给人们带来的心理压力也愈来愈大,以往那种"采菊东篱下,悠然见南山","日出而作,日落而息"的生活意境已不常见。人生旅途中,压力好像影子一样,总是如影随形,不离不弃,我们的生活也总是在不断地遭遇和战胜挫折中度过的。而成功者懂得,压力和挫折是生活的一部分,逃避压力和挫折等于逃避生活。

【案例10-2】

王某,男,大一新生,来自偏远山区,家境贫寒,通过助学贷款才得以顺利入学。有时同学邀约一起出去游玩聚餐,他很是纠结,想去,又没有那么多钱,不去又觉得不合适,怕别人说自己不合群,小家子气,这样尴尬的情境给他带来了很大的心理压力。为了维持生活,他经常利用节假日兼职发传单,结果总觉得很多路人对他表现出鄙视和嫌弃的态度,很是自卑,觉得低人一等,不敢正视别人,不敢发表自己正确的见解,不敢和别人交流,不敢参加集体活动,人多的场合只能偷偷地逃离。

一、大学生常见压力和挫折

1. 学业压力和挫折　多数学生都曾在学业上遭受过挫折。学业挫折表现在许多方面,例如有的同学学习困难,学习方法不当,事倍功半,学得很吃力;有的同学缺乏学习兴趣,对所在学校或所学专业不满,出现厌学情绪;有的同学学习压力过大,造成注意力不集中、考试焦虑、睡眠障碍等困扰;有的同学学习动力不足,学习目标盲目,不能合理分配学习时间,忙于社会活动,或沉溺在网吧、游戏室,学习成绩大面积滑坡。

2. 就业压力和挫折　随着高校毕业生的日益增加,相当多的大学生在就业过程中体验到了就业挫折。有的大学生自我评价和自我效能感较低、缺乏自信,与就业机会失之交臂;有的大学生则盲目自大,过分夸张了自己的实力,被用人单位拒之门外;还有的大学生盲目冲动,片面追求高薪、高职、高待遇,陷入失败的泥潭。无论是对于顺利就业的大学生来说,还是对于没有找到签约单位的大学生来说,在就业过程中都会体验到压力、紧张、焦虑等情绪。

3. 交往压力和挫折　大学人际关系较中学时代复杂。大学生来自全国各地,性格、习惯、语言各不相同,如果缺乏有效的沟通了解,就容易出现矛盾、误解,造成人际关系紧张。另外,一些大学生在人际交往中的认知障碍,如"自我中心主义""完美主义"及"理想化认知"等,使大学生在人际交往中不能客观地认识自我,理性地分析与自己有关的人和事,容易造成人际交往中的偏差和失误,产生挫折感。

4.家庭压力和挫折　家庭是大学生学习生活的经济支柱和精神支柱。大学生虽离家异地求学,但与家庭仍紧密相连。一方面,成长过程中家庭对大学生的影响持续伴随,例如,父母间的矛盾冲突以及行为反应等都会影响其子女日后的行为方式;另一方面,家庭的经济状况、重大变故、重大生活事件都会给学生造成极大的精神压力和难以承受的打击。比如,亲人故去或患严重疾病、父母离异、生意失败、破产等,都会严重影响大学生的生活,使一些学生背上沉重的心理负担。

5.情感压力和挫折　大学生渴望接触异性,向往美好爱情。但由于多种因素的制约,在追求爱情的过程中,或多或少会遇到种种波折。有的学生倾心于一个异性,好不容易鼓足勇气去追求,却被对方冷冷地拒绝;有的学生在恋爱过程中因为某些观点的不一致,发生激烈的争吵;有的是双方情投意合,可一方或双方的父母却横加阻拦;有的是相爱已久的男(女)友突然移情别恋,无情地提出分手……对爱的绝望和深深的孤独感、虚无感是失恋者常见的心理体验,他们往往认为失恋是因为自己没有魅力,从而变得情绪低落,自卑感强烈,不能集中注意力学习,其痛苦深沉而剧烈。

6.心理落差　从中学走进大学,大学生对社会的接触与了解日益增多,也逐步有了自己对社会的认识与评价。对于对社会怀着美好憧憬并带有理想化色彩的大学生来说,当前社会存在的种种问题与弊端会影响大家对社会的认同,并妨碍大家对社会作出正确评价。当大学生更多地看到社会丑恶面的时候,就会因理想的破灭而感到失望和沮丧,因而产生挫折感。

【故事点击10-3】

课堂上,一位心理学老师正在给同学们讲压力的问题。他拿起一杯水问:"各位同学,你认为这杯水有多重?"有人说200克,也有人说300克。"是的,它只有200克。那么,你们可以将这杯水端在手中多久?"讲师又问。很多人都笑了:"200克而已,拿多久又会怎么样!"

讲师没有笑,他接着说:"拿一分钟,各位一定觉得没问题;拿一个小时,可能觉得手酸;拿一天呢?一个星期呢?那可能得叫救护车了。"大家又笑了,不过这回是赞同的笑。

讲师继续说道:"其实这杯水的重量很轻,但是你拿得越久,就觉得越沉重。这如同把压力放在身上,不管压力是否很重,时间长了就会觉得越来越沉重而无法承担。我们必须做的是放下这杯水,休息一下后再拿起,只有这样我们才能拿得更久。所以,我们所承担的压力,应该在适当的时候放下,好好地休息一下,然后再重新拿起来,如此才可承担更久。"说完,教室里一片掌声。

二、大学生压力和挫折产生的原因及特点

(一)大学生压力产生的原因

1. 传统教育的误区给大学生带来的思想压力　传统教育存在的十分突出的特点是重教有余,重学不足,在"成才"教育和"成人"教育的关系上,过于强调大学教育是一种"成才"教育,却忽视了对学生的"做人"教育,把"做人"与"做事"教育割裂开来,对立起来。在这种教育体制下,有一部分学生缺乏艰苦奋斗的精神和受挫折的能力,缺乏适应能力和自立能力,一旦遭遇挫折,就把自己能力上的弱点归结为社会、家庭。由于对社会、家庭的抱怨和不满,从而产生严重的心理和思想压力。

2. 家庭的期望值太高给大学生带来的精神压力　三十多年来,随着国家计划生育政策的实施,独生子女家庭已成为一个主体现象,家庭倾注在孩子身上的心血也越来越大,期望值也越来越高。随着经济的发展和社会的转型,社会竞争也日益激烈,面对家人"望子成龙,望女成凤"的心态,大学生承担的压力也越来越大。因此,中国的父母往往比其他国家的父母活得更加辛苦,他们给了下一代太多的爱,有时这些爱甚至让他们的下一代感到一种难以承受的压力。

3. 校园消费环境给大学生带来的经济压力　对于贫困生及其家庭来说,大学四年的学费、生活费数额不菲,也来之不易,无疑是他们一项相当重的经济负担。大学生初入校园时所怀有的雄心壮志也往往与由此带来的巨大的经济压力不无关系。另外,受社会上攀比风、吃喝风的影响,当今的大学校园还存在一种为追求虚荣而产生的竞相消费现象。部分贫困大学生有限的经济来源和实际的高消费欲望造成尖锐的矛盾冲突,成为大学生经济生活的一个重要心理压力。

4. 知识结构和择业观念给大学生带来的就业压力　随着市场经济和改革开放向纵深发展,用人单位对毕业生的动手能力和创新能力有着较高的要求,传统教育模式下培养出来的毕业生,往往知识结构单一、缺乏创新意识,不能充分适应社会需求。毕业后找到一份有固定收入的工作,或者到市场经济大潮中找到适合自己的位置,这两种人才价值观交相影响着大学生的心理,使其经常处于摇摆不定的茫然之中。

【案例10-3】

　　张某,专升本大学生,刚入学那会,想着自己起点低,要努力学习超过直升本学生。可是上学期开学后就觉得学不进去了。上课经常走神,作业有时也完成不了。周末回家父母会在耳边唠叨:要好好学习准备考研,不然我们可没本事帮你找工作等。张某回到学校后感到压力更大。现在上课更容易走神,有的课程已经听不懂了。于是就断断续续、隔三岔五去上课。张某知道这样下去越落越多,期末考试就得挂科,而父母还想让我考研。现在班里好多同学都已经在准备考研了,可他却是这个样子,心理特别着急又没有办法。

(二)大学生挫折产生的原因

1. 客观因素

(1)自然环境因素。自然环境因素是指个人不能预料和控制的一切客观因素,如自然灾害、地震、洪水、交通事故、疾病、死亡等。

(2)社会环境因素。社会环境因素是指个人在社会生活中受到的各种人为因素的限制与阻碍,包括政治、经济、文化、风俗习惯和道德观念等方面。随着科学技术的飞速发展,社会生活节奏不断加快,生存竞争日益加剧,环境因素给人们带来了更大的紧张感和挫折感。

(3)家庭环境。过分受到溺爱的孩子,面对困难更易产生挫折感;父母过分管制或放任不管的孩子,部分表现为蛮横无理或漠视社会规范;部分表现出内向、孤僻的性格,不善与人交往;家中亲人遭遇不幸的孩子,从小就失去了温暖;家庭经济拮据的孩子,求学倍感艰难;病魔缠身的孩子,时常心灰意冷;娇生惯养的孩子,缺乏独立生活、自我管理、自我约束的能力,一旦离开父母就无所适从等。这些因素使得一些大学生产生了大学生活的不易和求学艰辛的挫折心理。

(4)学校环境。在迈入大学校门前,每个人心中都描绘了一幅美好的图画,憧憬美好的大学生活。但现实往往并不令人满意,很多新生抱怨:"这哪里是大学,还不如高中的环境。"一是抱怨校园设施落后,住宿、进餐、洗澡等后勤保障不能满足大学生的需求,增加了他们的不满情绪;二是教学内容与管理方式滞后。部分高校的教学内容滞后于现代社会的变化与发展,知识观念陈旧,教学方法和手段落后于现行人才培养的需求,使大学生产生强烈的不满和受挫情绪。

(5)就业环境。高校不断扩招,大学生就业率越来越低,市场就业压力进一步加剧。在就不了业就意味着失业的同时,许多毕业生不愿去边远地区,害怕离开大城市。这一矛盾使得许多大学生心有余悸,进而影响学业,形成挫折心理。

2. 主观因素

(1)生理因素。生理因素是指个体与生俱来的身体、容貌、健康状况等先天素质的限制。例如,其貌不扬的同学很在意别人对自己容貌的负面评价;身材矮小的男生不愿与高个子男生比较;身体素质较差的学生选修体育课很难达标;长期生病缺课的同学面对考前复习更加紧张焦虑。对自身生理因素不满的同学,容易产生自卑情绪,在人际交往、学业、情感、就业等方面更容易产生挫折感。

(2)个性因素。个性是一个人所具有的意识倾向性和较稳定的心理特征的总和。个人的兴趣、爱好、气质、态度、适应能力、意志品质、人生观、价值观等都与挫折感的形成有直接关系。性格开朗、乐观、坚强、自信的人挫折耐受力强;性格孤僻、懦弱、内向、心胸狭窄的人挫折耐受力弱。

(3)学习因素。在学习成绩等方面,能进入大学学习,大部分同学在中学学习成绩都是不错的,但如今在班级不显山,不显水,只有通过努力学习,才能取得好成绩。一部分同学看到别的同学比自己强,便产生嫉妒;还有一些同学认为进了大学门,就会找到一份满意的工作,学习态度不端正,或者学习方法不得当等不能尽快适应大学的学习要求,因而产生得过且过混日子,不求上进的挫折心理。

第十章　风雨过后是阳光——大学生压力管理与挫折应对

(4)自我认知偏差。大学生自我意识发展很快,但是由于缺乏社会经验往往不能正确认识自我。取得一点成功就会过高评价自己;相反,遇到失败或挫折,就会低估甚至怀疑、否定自我。例如,一位大一女生,在高中时成绩优异,经常受到老师和同学的赞赏,自我感觉良好,进入大学以后,突然发现很多同学都有特长,而自己的优越感荡然无存,非常失落,产生挫败感。

(5)人际关系因素。由于大学生来自五湖四海,每个人家庭背景、经济条件、生活阅历、生活习惯、兴趣爱好各不相同。有的人天性羞涩,不善言辞,害怕交际;有的人天马行空、我行我素、目中无人。具有不良性格或习惯的同学由于微不足道的小事就可能挑起事端、自伤和气,甚至情绪激动导致矛盾向极端发展。有的同学一旦交往失败,就认为同学不好处,朋友不好找,挚友难交,知音难觅,而把自己的心灵之窗关闭,把自己局限在很小的圈子内。

综上所述,造成大学生挫折心理的原因很多,既有客观原因,又有主观原因,既有社会原因,又有教育本身原因,还有学生自身原因。

【故事点击10-4】

高士其是我国著名的科学家、科普作家和社会活动家,中国科普硕士、科普事业的先驱和奠基人。他出生于福建省福州市一户书香门第,他少年时代兴趣广泛,聪慧过人,他用7年时间修完别人要用8年才读完的全部课程,13岁就被保送进清华大学的前身——清华留美预备学校。

在一次实验中,一个装有脑炎病毒的瓶子破裂,病毒进入了他的小脑,并留下严重后遗症,后来病情不断加重。医生劝告高士其中止学业,立即回国休养。但高士其尽管每周都要发一次病,但他还是坚持完成了医学博士的全部课程。

1937年11月,身有残疾的他来到了宝塔山下。由于医疗条件恶劣,高士其的病情日益恶化,最终全身瘫痪。此后,他在极为困难的环境中一方面同疾病斗争,一方面坚持创作。新中国成立后,高士其不仅腿不能走路,手不能握笔,下肢僵硬脖颈歪斜,而且连说话能力也逐渐丧失,听力也很微弱。每创作一篇作品,他都要把阅读过的重要资料分析、整理,反复思考,在脑子里形成初稿。由秘书帮助记录下来。有时候遇到一个难懂的名词,他必须反复地说十几遍,秘书才能领会。到后来,他说不出话来时,由秘书或妻子按口型"翻译"成文。他用自己独特的写作方式创作了400多篇科普论文和科学小品、200多篇科学诗歌,汇编成20多本书,总计达500多万字。高士其在用心血著述,在以生命创作。他的作品,每一个字都融进了科学真理、爱国激情和乐观进取的人生态度。

(三)大学生对挫折反应的特点

1. 积极性心理反应

(1)仿同。这是个体在遭遇挫折时自觉地效仿他人的优良品质和获得成功的经验和方法,使自己的思想、目标和行为更加适应环境、社会的要求,从而在主观上增强获得成功的信念和勇气。

(2)升华。人们把本能的欲望和动机,导向比较崇高的目的和行为上,发展个人,取得成就,谓之升华。升华能使原有的动机冲突得到合理宣泄、消除焦虑情绪,弥补因挫折而丧失的自尊和自信,保持心理平衡,减轻挫折造成的痛苦。如歌德因初恋失败,写出了《少年维特之烦恼》,孔子厄而著《春秋》,司马迁遭腐刑而《史记》出,都是升华的范例。

(3)补偿。在生活中由于主客观条件的限制,使个人的某一个目标无法实现时,行为主体会以新的目标代替原有目标,从而以现实取得的成功体验去弥补原有失败的痛苦,这就是人们受挫的补偿行为反应。有一些人虽然生理上有缺陷,但通过自己的不懈努力,克服困难,以别的成就来弥补这些不足,这是心理上的补偿作用。"失之东隅,收之桑榆。"如有的大学生学习成绩不太好,但组织能力和活动能力很强,同样可得到一种心理上的平衡和满足感。

(4)幽默。当处境困难或尴尬时,心理比较成熟的大学生,会以幽默来化险为夷,在无伤大雅的情景下巧妙地处理问题,摆脱困境,维护自己的心理平衡。我们在生活和学习中,时常幽默一下,不仅可以缓解紧张情绪,还有利于解除人际关系的僵局,促进人际交往,也有利于自己的身心健康。

(5)调整目标,逆境奋起。当人们的需要和目标并不能满足和实现,或者在目前的条件下不可能满足和实现,就要冷静下来,认真客观地分析导致失败的真正原因,并根据实际情况对自己的奋斗目标进行适当的调整。

总之,大学生在成长过程中不可避免要遇到各种各样的困难和挑战,这就需要大学生要适时调整情绪,恢复心理平衡,积累人生经验,积极应对和战胜挫折情境,促进自身成长与成熟。

2. 消极的心理反应

(1)焦虑。焦虑是一种缺乏明显客观原因的内心不安或恐惧的综合性负性情绪,常伴随紧张、焦急、担忧、不安全感等持续性精神紧张,甚至可能会出现口干、胸闷、出冷汗、恶心、心悸、双手震颤、厌食、便秘等神经生理反应。

(2)攻击。攻击是指当一个人受到挫折时,对构成挫折的对象进行报复而产生的一种攻击性行为。美国心理学家多拉尔德等人提出的"挫折与攻击"理论认为,挫折和攻击之间有对应的关系,攻击行为是因为个体遭受挫折所引起的。攻击性行为的对象可能是构成挫折的人或物,也可能是其他替代物,还有可能是受挫者自己,如自我大骂、自我虐待。

(3)冷漠。冷漠是指当一个人遭受到挫折后,表现出的一种漠不关心和无动于衷的态度。这是一种复杂的挫折反应。表面上看,冷漠似乎是逆来顺受,毫无情绪反应,而事实上并不意味当事人没有反应,而是对挫折更加痛苦的内心体验,只是被压抑或以间接的形式表现出来了。

(4)退化。退化是指当人们受到挫折时所表现出的与自己年龄和身份不相称的幼稚行为。当人们遇到挫折后,一些人在一定程度上会失去对自己的控制,以低于自己年龄的简单、幼稚的方式应对挫折,以求得别人,有时是自己的同情和照顾,而当事人自己常常不能清醒地意识到这种情况。

(5)逃避。逃避是指一个人在遇到挫折或感到可能面临挫折时,以消极的态度躲开现实挫折的一种反应方式。如谈恋爱失败后就不再谈恋爱;当众演讲失败后再也不参加集体活动等。

(6)固执。固执是指一个人在受到挫折后,用刻板的方式盲目重复某种无效的机械动作,尽管知道这些动作对目标的达成、需要的满足并无帮助。

(7)自杀。自杀是一个人遭受挫折后,采取的一种最消极的行为反应方式,也是受挫后对自身的一种典型的攻击行为。通常,自杀行为是在挫折的打击大大超出受挫折者对挫折的承受能力的情况下发生的。

消极的心理行为反应在一定时期,一定程度上可能暂时缓解受挫者的紧张心理和消极情绪,但这种行为反应缺乏积极的意义,其后果一方面对大学生自身身心发展不利,产生心理问题甚至心理障碍;另一方面还可能危害他人和社会。所以大学生要避免受挫后消极的心理行为反应。

第三节 压力和挫折对大学生心理的影响

压力和挫折对人有正面和负面的影响,对于具有较强的自我调节能力的身心健康的大学生来说,压力和挫折会成为他们人生路上的动力,走向成熟、获得成长;相反,对于那些认知误区较多、自我调节能力不足的心理素质较差的大学生来说,压力和挫折往往会成为他们人生路上的绊脚石,消极颓废、一蹶不振。

【故事点击10-5】

在山脚下,有座寺庙,里面供奉着一尊佛像。寺庙香火旺盛,每天都有络绎不绝的人对佛像顶礼膜拜。

庙门口有几级石阶,拜佛的人来去都要踩着石阶过。制作佛像的岩石和制作台阶的岩石是从同一座矿山中开采出来的。石阶天天被人踩踏,佛像却被虔诚地膜拜。久而久之,石阶对佛像心生怨气:"我们来自同一座大山,凭什么大家对你磕头膜拜,对我却踩踏不休?"

石像问:"你是挨了几刀才变成石阶的?"

"四刀。"石阶回答。

石像意味深长地对石阶道:"兄弟,我是被千刀万剐啊。"

一、压力和挫折的积极影响

(一)使人提高认知水平

挫折犹如一帖清醒剂,它常常在个体偏离目标或脱离实际时亮出红牌进行警告,使个体清醒过来,促使人修正行为目标和处世方法。所谓"吃一堑,长一智"。遭遇挫折后,意志坚强的人,能勇敢地面对,积累应对挫折的经验,积极总结教训,找出不足,采取措施,提高自己的认知水平和解决问题的能力。

(二)激励人拼搏奋进

生活中如果没有足够的压力引发生理激活状态,人就会倦怠、萎顿,生理和心理都无法正常地成长。塞尔耶说:"完全脱离压力等于死亡。"进化论的观点认为,有限的资源导致竞争,而竞争就必然有压力。因此,没有压力,就没有成长,人的成长和发展就是不断适应环境压力的过程。

培根曾说过:"超越自然的奇迹多是在对逆境的征服中出现的。"对于有志向的大学生,在适度紧张和面对压力的情况下,可以促使他们最大限度地激发身心潜能,身体内会产生一系列的生理变化,释放出更多的能量,注意力会更加集中,思维更加敏捷,反应速度更快,从而使自己的知识经验、技能技巧和智力能力达到激活状态,有利于冲破阻碍,实现目标。

(三)磨炼意志和毅力

经过压力和挫折的磨难,会使人开阔眼界、增长智慧,提高勇气和信心。俗话说:"宝剑锋从磨砺出,梅花香自苦寒来。"坚强的意志和优秀的品格不是天然成就的,而是生活的磨炼造就的。轻度的挫折是"精神补品",承受压力的过程也是人的能力和心智接受磨炼和考验的过程。

(四)提升能力和智慧

压力和挫折可以丰富学生的阅历,推进大学生的坚强成熟,使大学生学会独立思考、独立面对现实生活,提高分析问题、解决问题的能力。为了战胜困难,总要自我反省,探究失败的原因,认真总结经验教训,寻找摆脱困境的最佳途径。

二、压力和挫折的消极影响

(一)影响完成任务的积极性

心理挫折会使人陷入负性情绪之中,不安、烦恼、焦虑、郁闷等,消极的情绪会影响自信和行动的积极性,高估困难,低估自己的能力,从而降低自己的抱负水平,使预期的任务难以完成。

(二)降低智力水平和学习效率

现代生理心理学的研究表明,在不良的情绪状态下,大脑会释放出一种使人身心疲劳的有害物质,从而影响个体对问题的分析和解决;在不良的情绪状态下,人的大脑神经元之间的联系还会不够精确,影响到思维的敏捷性,从而降低智力活动的效率。

(三)损害身心健康

大量的研究表明,长期强烈的、超过了人自身调节和控制能力的压力,会导致人心理、生理功能的紊乱。这种消极的心理如果延续很长时间得不到释放,就可能成为精神疾病的发病诱因,有时还会造成身体上的疾病。近年来,大学生中抑郁症的发病率越来越高,大部分就是过大的压力导致的。

第十章 风雨过后是阳光——大学生压力管理与挫折应对

(四)导致性格与行为的偏差

有些大学生面对巨大压力或重大挫折不能做出相应的调整,常常会形成一些习惯模式或个性特征。如一个原本热情开朗的人,会因为在人际交往中屡屡受挫而变得孤僻内向;一个对爱情有着美好憧憬的人,会因为失恋而变得心灰意冷,甚至害怕异性。

【资料窗10-1】

挫折承受力

挫折承受力亦称耐挫力、容忍力、耐受力,是指个体适应挫折、抵抗和应付挫折的能力,是个体在遇到挫折情境时,经受打击和压力,摆脱和排除困境而使自己避免心理与行为失常的一种能力。个体挫折承受能力受多种因素的影响和制约。

每个人的耐挫能力不同,耐挫力强的人,在挫折面前不过分紧张,没有强烈的情绪困扰,能够找到适应和对付挫折情境的办法,从而保持心理和行为的正常。而耐挫力弱的人,对挫折过分敏感和紧张,一遇挫折便惊慌失措,容易陷入不良情绪的困扰中而不能自拔,甚至会造成心理和行为的异常。人的耐挫能力的提升需要磨炼,"温室里的花朵是经不起风霜的"。

第四节 压力管理和挫折应对

一朵花的凋零荒芜不了整个春天,一次挫折也摧毁不了整个人生。一个人经历一些压力和挫折并不是坏事,它是一个人成长中最好的锻炼机会,没有困难的存在,或者不敢迎接困难的挑战,就不可能形成坚强的意志。古人说:"自古雄才多磨难,从来纨绔少伟男。"漫漫人生,沟沟坎坎在所难免,关键在于你如何面对。

一、压力管理

所谓压力管理,是指针对可预见的压力源进行必要的干预,维持身心健康,提高问题处理的效率,保证学习生活目标顺利实现的管理活动。压力管理带有一定程度的主动性和积极性特征。

(一)正确对待,直面压力

压力是生活的一部分,是不可避免的。竞争越激烈、社会越进步,压力越大。作为新时代的大学生,要认识到人生并不总是一帆风顺的。在压力面前要保持勇气和信心,勇敢迎接各种各样的任务和挑战,用积极的态度对待压力,把压力看成是生活的挑战、成长的机会,无畏地去正视它,解决它。

(二)自我觉查,客观评价

通过自我分析,充分认识自己的优点和弱点,全面、客观地认识和评价自己。一个人

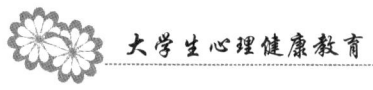

只有既承认自己的价值,又能坦然面对和接受自己的不足,才是敢于正视自己。

(三)付诸行动,解决问题

行动是一切幸福的源泉,也是消除压力的最好方法。大学生的心理压力得不到缓解,大多是因为缺少行动,从而使许多并不难于解决的问题又累积成新的困扰。大学生要注重行动的分步进行,这样可以缓解压力,增加信心,最终实现摆脱压力的目标。

(四)寻求社会支持

当一个人独自面对压力的时候,其应激反应的消极作用远远大于社会支持的效果。因此,要想不在压力面前孤立无助,就要主动寻求来自家庭、亲友和社会其他方面(同学、老师、组织、团体和班级等)的社会支持。如果能从他人那里获得必要的指导,或应对压力的策略,及时得到有效的慰藉、关怀、尊重和鼓励,就会减少压力感和负性情绪的产生,从而能够对处于压力情境下的大学生给予一定的心理保护和援助。

二、挫折应对

成功者的脚下是一个又一个的失败与挫折,换言之,成功者"需要"一个接一个地战胜挫折,才终能成功。古今中外,在挫折逆境中成功者不胜枚举。韩信曾受胯下之辱,可从未泯灭三军之帅之志,才有汉高祖的"筑坛拜将"的壮举;司马迁身遭宫刑,却写成了"无韵之离骚";贝多芬双耳失聪,扼住命运的咽喉,奏响了"命运交响曲"等。他们用行动一次次证明了一条真理,"宝剑锋从磨砺出,梅花香自苦寒来"。

【资料窗10-2】

有调查显示:

第一,有36.2%的大学生有很强或较强的挫折感。主要来自学习、人际关系、失恋、择业和社会期待。这些生活事件就其内容和程度而言并不十分严重,然而学生产生较强的挫折感的原因主要是心理承受能力较弱。

第二,部分大学生对待挫折持消极悲观的态度。对于生活中的挫折,21.4%的学生持"无所谓,顺其自然"的态度或者表现出"心有余而力不足"。

第三,有66.2%的学生认为大学生抗挫折能力"一般"或"较弱",个别学生甚至认为"很差"。

第四,有33.2%的学生认为挫折给学生造成了不良影响。

(一)端正认识

挫折是生活的组成部分,每个人都会遇到。挫折具有两重性:一方面对人有消极的影响,如挫折会影响个体实现目标的积极性,降低个体的创造性思维水平,损害个体的身心健康;另一方面也有积极的作用,挫折是个体成长、成熟过程中的催化剂。

(二)建立正确的"失败"观念

"失败也是我所需要的。"这是爱迪生一生奋斗的经验总结。爱迪生一生有1328项发明,其每项发明都不是一帆风顺的,例如他研制蓄电池从1900年一直到1909年,历经

10年,共失败10万多次,最终研制成功,其艰辛与挫折可想而知。然而正是从10万多次的失败与挫折中爱迪生迎来了成功。

(三)提升自信

世界充满了成功的机遇,也充满了失败的可能。自信心是战胜挫折的首要因素。每个人都有无限的潜能,都有战胜困难的资源。当你对自己充满信心时,你就能充分调动自己的潜能和资源,战胜挫折。但如果你对自己没有信心,自卑、紧张、焦虑、恐惧、绝望等情绪会充满你的大脑,就耗费了你的心理能量,压抑了你的智慧和潜能,使你无法战胜挫折。爱迪生说:"最可怕的敌人,就是没有坚强的信念。"感动中国十大人物之一——家境贫寒、带着妹妹上大学的优秀大学生洪战辉说:"只要脊梁不弯,就没有扛不起的山。"他们的经历都说明了一点,只要自信,就能战胜挫折,走向成功。

【故事点击 10-6】

第二次世界大战时,有几个士兵因为飞机故障,从机上紧急跳伞逃生,他们降落的地方是一座广阔的原始森林,必须艰辛地走上一段很长很长的路,才能走到盟军的阵地。没有多久时间,每个人都受伤了,有人被树枝刺破脚,有人被锐利的树叶割得遍体鳞伤,彼此对问能撑得过去吗?其中一位士兵给大家打气:"只要我们专心下一里必须走的路,别去想那以后的路,我相信就可以到达目的地了。"这群人以这句话互相勉励,只注意眼前的这一段路,用心把它走完,虽然经过长途的跋涉,他们终于脱险了。

在人生的奔跑过程中,会有许多的不顺,甚至挫折、难堪不断的袭来,但是你的一切努力都是值得的。不必为明日而烦恼,甚至不为下一刻而忧心,好好地享受每一时刻,让每一个片段都成为永恒。

(四)合理归因

不同的归因倾向,会给人们的心理和行为带来不同的影响。把失败归因于主观因素,会使人感到内疚和无助;把失败归因于客观因素,会产生气愤与敌意。有的学生总是把自己学习的失败,归因于外在因素,如运气不好,或没能猜中题目或老师的命题和评分有问题等,也有的学生把失败归因于自身的能力、技能和努力的程度过低,过多地责备自己。归因时做到"三要与三不要"。

第一,要先从自己内部找原因,激发自我责任感,不要一味埋怨环境,也不要一味自责。

第二,要客观分析影响成败的原因,不要主观臆断。

第三,要尽量找自己可以改变的因素,不要过多归因于不可改变或太难改变的因素。

(五)转换视角

请看10-1这张图,或许是两张相对的脸,或许是一个奖杯。这张两可图恰似生活中的挫折,同样的情景,不同的观看角度,会产生截然不同的效果和心情。任何事物都是发展变化的,在实施目标的过程中,首先要学会适时调整策略,近处着手,脚踏实地。其次要学会变通。在实现目标的过程中,个人的奋斗目标、社会环境、人际环境等各种要素都处在不断变化之中。因此,大学生要学会变通,进而选择适合自己的最佳行动路线和策略。

图 10-1　图中的秘密

(六)磨炼意志

巴尔扎克曾说:"不幸,是天才的进身之阶,信徒的洗礼之水,能人的无价之宝,弱者的无底之渊。"成功者的脚下是一个又一个的失败与挫折,换言之,成功者"需要"一个接一个地战胜挫折,才终能成功。

一个人经历一些挫折并不是坏事,它是一个人成长中最好的锻炼机会。经历挫折、承受挫折是人生修养所必需的一门课程,大学生要成为卓越的人,必须历经磨难,不断克服困难,战胜挫折和险境。贝多芬曾经说过这样一句话:"卓越的人一大优点,是在不利与艰难的遭遇里百折不挠。"

【故事点击10-7】

无臂钢琴师刘伟说过:"我的人生中只有两条路,要么赶紧死,要么精彩地活着。"这个小伙子的独特经历和强大的内心世界让很多人记住了他的名字。刘伟出生在北京普通人家,10岁时因一场可怕的事故而被截去双臂。12岁的他在康复医院的水疗池学会了游泳,2年后在全国残疾人游泳锦标赛上夺得两枚金牌;16岁他学习打字;19岁学习钢琴,一年后就达到相当于用手弹钢琴的专业7级水平;22岁挑战吉尼斯世界纪录,一分钟打出了233个字母,成为世界用脚打字最快的人;23岁他登上了维也纳金色大厅舞台,让世界见证了中国男孩的奇迹。当袖管两空的刘伟走上舞台时,所有人都知道他要表演什么,但没人能想象他究竟要怎样用双脚弹奏钢琴。而当他坐到特制的琴凳上之后,优美的旋律从他脚下流出,十个脚趾在琴键上灵活地跳跃着,全场陷入了一片安静。在刘伟表演结束之后,所有观众都起身鼓掌。当命运的绳索无情地缚住双臂,当别人的目光叹息生命的悲哀,他依然固执地为梦想插上翅膀,用双脚在琴键上写下:这个世界没有什么可以依赖,除了你自己!

第十章 风雨过后是阳光——大学生压力管理与挫折应对

(七)积极应对,寻求解决途径

1. 选择积极的应对方式 面临挫折时不是被动承受,而是主动进攻,努力改变。选择怎样的应对方式决定了挫折的结果。

(1)问题解决。采用这种应对方法可从根本上消除挫折,这是最理想的控制挫折的办法。采取积极行动而不是采取等待的态度,找出突发事件中更多的信息,做有益于解决问题的事情。

(2)情绪应对。采用"转移""松弛"等方法调整情绪,减轻与挫折有关的不良心身反应,减轻焦虑、抑郁等心理症状。要适应生活就得积极想办法,改变现状。

(3)重新评价挫折情境。这种应对方式是改变个体对挫折情境消极的认知评价,换一个角度去看问题,或以一种自信而有能力控制挫折的乐观态度来评价挫折事件,以减轻挫折反应。

2. 调整期望水平 现实生活中,不少大学生在学习、生活等方面的挫折都与期望水平不当有关。要根据自己的实际能力,正确设定生活的目标,调整期望水平,并及时调整自己的目标。

3. 尝试其他可能成功的途径 "条条大路通罗马",走向成功的路有很多条。"成功"对每个人的意义是不完全一致的。当一个人遭遇了挫折时,并不表示他全盘失败,或是所有的路都走不通,常常只是在方法、路径或目标上有了问题而已。所以不应立刻就放弃努力,而宜在通盘检讨之后,寻求补偿之道。

4. 合理运用排解方法

(1)自嘲法。心理学家建议,在挫折面前,你不妨自己调侃一下自己,通过自我贬抑而达到出奇制胜的效果,从而使自己的心理达到一种高层次的平衡。自嘲,常常与突发的灵感和超常的智慧联系在一起,因而常常能产生语惊四座的效果。

(2)激励法。学会"给自己一个激励",颓废的人是因为行为缺乏积极性。实际上,行为的积极性是可控的。要走出每日"消沉—后悔"的心理不平衡怪圈,首先要给自己一个效价,给自己确立一个值得去追求的目标。

(3)宣泄法。个人遭遇挫折后,容易产生紧张、焦虑等不良情绪,这种不良情绪必须通过某种方式宣泄出来才能保持心理平衡。在各种宣泄方式中,最常见的方式是倾诉,它可以获得社会支持。痛哭也是有效的宣泄方式,它可以把不良情绪宣泄出来,且眼泪还可以把体内的某些有害物质排除,有益于身体健康和心理健康。

(4)比较法。善于纵向比较自己的过去和现在,只要有进步,哪怕慢,也不要自卑和气馁。要不断鼓励自己,正确认识自己的短处,并能和自己的短处和平共处,这样就可以减轻心理压力,增强耐挫能力。

(5)转移法。所谓转移法就是把自己的注意力、思想和行为转移到其他方面。具体来说可采用以下几种方式:忆喜忘忧、投己所好、听音乐、睡觉、回避法、幽默法、自我暗示法、冷静分析法等

(6)名言警句调节法。在书本扉页、床边、墙上等自己经常能看到的、较显眼的地方,贴上有针对性的名言、警句、格言,以提醒自己,控制过激情绪,并激励自己上进。

5. 积极寻求社会支持 社会支持可以起到降低生活事件造成的紧张,促进适应社会

环境的作用。朋友、家庭、社会团体、党团组织、行政机构都能够为个体提供社会支持。社会支持不仅是物质上、经济上的有形支持,更重要的是心理支持。社会的心理支持可以帮助大学生树立自强向上的精神,使其消除自卑感,挖掘潜力、发展能力、赢得人生的成功。大学生应积极主动地寻求心理老师、父母、辅导员、同学或其他对自己而言重要的社会支持。

【活动天地】

挫折排排队

活动目的:了解挫折对自己的影响,探讨积极的应对方式。

活动方法:请填写表格(表10-1),找出近一年来遇到对自己影响最大的5次挫折,并标明当时的反应方式,然后按反应强度和持续时间长短排序,客观分析这些反应方式在应对挫折时的积极影响和消极影响。与其他人讨论,探讨应对挫折的最佳方式。

表10-1 挫折排排队

发生时间	挫折事件	反应方式	排序	积极影响	消极影响	最佳应对方式

【测测你自己】

挫折心理测验

测试的目的是检验自己面对困难、挫折时的承受能力。测试时间为5分钟。测试题目如下。

(1)在过去的一年中,你自认为遭受挫折的次数(　　)

A.0~2次　　　　　　　B.3~4次　　　　　　　C.5次以上

(2)你每次遇到挫折(　　)

A.大部分都能自己解决　B.有一部分能解决　　　C.大部分解决不了

(3)你对自己才华和能力的自信程度是(　　)

A.十分自信　　　　　　B.比较自信　　　　　　C.不太自信

(4)你对问题经常采用的方法是(　　)

A.知难而进　　　　　　B.找人帮助　　　　　　C.放弃目标

(5)有非常令人担心的事时,你(　　)

A.无法工作　　　　　　B.工作照样不误　　　　C.介于A、B之间

第十章 风雨过后是阳光——大学生压力管理与挫折应对

(6)碰到讨厌的对手时,你( )
A.无法应付　　　　　　B.应付自如　　　　　　C.介于A、B之间

(7)面临失败时,你( )
A.破罐子破摔　　　　　B.使失败转化为成功　　　C.介于A、B之间

(8)工作进展不快时,你( )
A.焦躁万分　　　　　　B.冷静地想办法　　　　　C.介于A、B之间

(9)碰到难题时,你( )
A.失去自信　　　　　　B.为解决问题而动脑筋　　C.介于A、B之间

(10)工作中感到疲劳时,你( )
A.总是想着疲劳,脑子不好使了
B.休息一段时间,就忘了疲劳
C.介于A、B之间

(11)工作条件恶劣时,你( )
A.无法工作　　　　　　B.能克服困难干好工作　　C.介于A、B之间

(12)产生自卑感时,你( )
A.不想再工作　　　　　B.立即振奋精神去工作　　C.介于A、B之间

(13)上级给了你很难完成的任务时,你会( )
A.顶回去了事　　　　　B.千方百计干好　　　　　C.介于A、B之间

(14)困难落到自己头上时,你( )
A.厌恶之极　　　　　　B.认为是个锻炼　　　　　C.介于A、B之间

测评方法:
(1)1~4题,选择A、B、C分别得2、1、0分。
(2)5~14题,选择A、B、C分别得0、2、1分。

评价参考:
(1)19分以上。说明你的抗挫折能力很强。
(2)9~18分。说明你虽有一定的抗挫折能力,但对某些挫折的抵抗力薄弱。
(3)8分以下。说明你的抗挫折能力很弱。

【成长感悟】

林肯一生的挫折清单

1816年　他的家人被赶出了居住的地方,他必须工作以抚养他们。
1818年　他母亲去世。
1831年　经商失败。
1832年　竞选州议员——但落选了!
1832年　工作也丢了——想就读法学院,但进不去。
1933年　向朋友借一些钱经商,但年底就破产了,接下来他花了17年,才把债还清。

183

1834年　再次竞选州议员——赢了!
1835年　订婚后就快结婚了,但伊人却死了,因此他的心也碎了!
1836年　完全精神崩溃,卧病在床6个月。
1838年　争取成为州议员的发言人——没有成功。
1840年　争取成为选举人——失败了!
1843年　参加国会大选——落选了!
1846年　再次参加国会大选——这次当选了!前往华盛顿特区,表现可圈可点。
1848年　寻求国会议员连任——失败了!
1849年　想在自己的州内担任土地局长的工作——被拒绝了!
1854年　竞选美国参议员——落选了!
1856年　在党的全国代表大会上争取副总统的提名——得票不到100张。
1858年　再度竞选美国参议员——又再度落败。
1860年　当选美国总统。

林肯总统说:"此路破败不堪又容易滑倒。我一只脚滑了一跤,另一只脚也因而站不稳,但我回过头来告诉自己,'这不过是滑了一跤,并不是死掉都爬不起来了。'"

(1)看完上面的故事,你以后会怎样应对挫折?
(2)请给自己写一段激励自己勇敢面对挫折的格言警句。

【好书推荐】

1.《不抱怨的世界》,威尔，鲍温著,陈敬旻译,陕西师范大学出版社出版。

《不抱怨的世界》是畅销全球80国的世界级励志书!作者提出的神奇"不抱怨"运动,来得恰是时候,它正是我们现代人最需要的。我们可以这样看:天下只有三种事,我的事,他的事,老天的事。抱怨自己的人,应该试着学习接纳自己;抱怨他人的人,应该试着把抱怨转成请求;抱怨老天的人,请试着用祈祷的方式来诉求你的愿望。这样一来,你的生活会有想象不到的大转变,你的人生也会更加地美好、圆满。

2.《自控力》,[美]凯利·麦格尼格尔著,王岑卉译,文化发展出版社出版。

自控力是斯坦福大学最受欢迎的心理学课程,它是《自控力》一书的基础。本书为读者提供了清晰的框架,讲述了什么是自控力,自控力如何发生作用,以及为何自控力如此重要。作者吸收了心理学、神经学和经济学等学科的最新洞见,为斯坦福大学继续教育项目开设了一门叫作《自控力科学》的课程,它告诉人们如何改变旧习惯、培养健康的新习惯、克服拖延、抓住重点、管理压力。这门课还阐述了人们为何会在诱惑面前屈服,以及怎样才能抵挡诱惑。此外,它还诠释了为什么自控力非常有限,以及培养自控力的最佳策略。参与过这门课程的人称其能够"改变一生"。

【参考文献】

[1]李小玲,司丽静.大学生心理健康教育教程:健康心理,阳光人生[M].成都:电子科技大学出版社,2020.

[2]陈小玲.大学生心理健康教育——健康心理 阳光人生[M].成都:电子科技大学出版社,2019.

[3]李红亚,苏睿,刘娜.爱的指南——大学生心理健康教育[M].武汉:华中师范大学出版社,2018.

[4]胡象斌,吴量.大学生心理健康教育——自我成长与发展[M].西安:西北工业大学出版社,2017.

[5]郝颖.新时代大学生心理健康教育创新的现实难题与对策[J].教育与职业,2020(09):107-111.

[6]唐海龙.大学生心理健康教育对策研究——评《大学生心理健康教育》[J].中国高校科技,2020(03):99.

[7]刘欣.大学生心理健康教育的理论与实践研究——评《大学生心理健康理论与方法》[J].高教探索,2019(01):129.

[8]罗晓路.大学生心理健康教育的现状与对策[J].教育研究,2018,39(01):112-118.

[9]杨宇琦.大学生的自我伤害行为与攻击性及其心理健康教育启示[J].黑龙江高教研究,2020,38(06):84-90.

[10]李连连.不同压力管理策略对焦虑的作用[D].苏州:苏州大学,2016.

[11]张小悦.积极心理学视域下大学生心理健康教育研究[D].锦州:渤海大学,2018.

[12]陈万玲.大学生积极心理品质培育的对策研究[D].兰州:兰州交通大学,2016.

[13]LI Y F. Study on Psychological Health Problems and Countermeasures of University Student[J]. Creative Education,2017,08(12):1795-1802.

[14]SAMUOLIS J,BARCELLOS M,LAFLAM J,et al. Mental Health Issues and Their Relation to Identity Distress in College Students[J]. Identity,2015,15(1):66-73.

第十一章

让爱情之花绽放

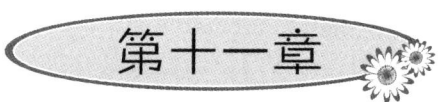
——大学生恋爱心理与性心理

第十一章　让爱情之花绽放——大学生恋爱心理与性心理

【哲理名言】

相貌的美丽，只是爱情的一个因素，但心灵与思想的美丽，才是崇高爱情的牢固基础。

——契柯夫

爱的需要涉及给予爱和接受爱，我们必须懂得爱、必须能教会爱、创造爱、预测爱。

——马斯洛

第一节　爱情、恋爱与婚姻

在一项针对大学生的调查中，研究者提出了很多关于爱情的问题，其中两个结果让人印象特别深刻，一个是"你曾经被你真心爱着的人拒绝过吗"，另一个是"你曾经拒绝过真心爱着你的人吗"，对于这两个问题，有95%的人作了肯定的回答。

从第一个问题回答结果我可以看出，大学生正处于亲密关系建立的关键时期，他们渴望美好的爱情，因此表现出迫切的与异性交往的意愿和行为；第二个问题的回答结果表明，爱往往不是对称的，大学生在恋爱中很容易遭受这样那样的挫折。正如莎士比亚所说："爱是一种甜蜜的痛苦，真诚的爱情不是一条平坦的道路。"

一、什么是爱情、恋爱和婚姻

爱情是指两性在性爱的基础上发展出来的对对方真挚的倾慕，并强烈渴望对方成为自己伴侣的一种感情。它是人类特有的一种高尚的精神生活，是生理因素和心理因素的统一。恋爱是两性相互结合的过程，是缔结婚姻的过程；而婚姻是一种社会性的责任和义务，是一种法律意义上的两性的契约关系。婚姻里还存放着两个人的物质财富和心理财富及共同联立起来的人际关系网。

二、关于爱情和婚恋的理论

（一）爱情三角形理论

美国心理学家罗伯特·斯滕伯格（Robert Sternberg）提出了爱情三角形理论，他认为爱情包含三种成分：亲密、激情和承诺。

斯滕伯格（1986）认为，随着认识时间的增加及相处方式的改变，上述3种成分将有所变化，爱情的三角形会因其中成分的增减，形状与大小也会跟着改变。三角形的面积代表爱情的质与量，"三角形越大，爱情就越丰富"。

在斯滕伯格看来，亲密和承诺都是后天培养的能力，与人的心理成熟程度相关。一个人越自信，就越能向别人敞开心扉，越能够接纳别人与自己的不同，也就越有能力与他人保持亲密的关系。同时，他也就越有能力对自己负责，对所爱的人负责。

斯滕伯格提出，这三种成分有八种不同的爱情关系组合（表11-1）。

(1) 无爱：三种成分俱无。

(2) 喜欢：只包括亲密部分。

(3)迷恋的爱:只存在激情成分。
(4)空爱:只有承诺的成分。
(5)浪漫之爱:结合了亲密与激情。
(6)友谊之爱:包括亲密和承诺。
(7)愚爱:激情加上承诺。
(8)美满的爱:三种成分同时包含在关系当中。

表11-1 斯腾伯格爱情三角形理论:爱的组合

爱的种类	亲密	激情	决定或承诺
无爱	-	-	-
喜欢	+	-	-
迷恋的爱	-	+	-
空爱	-	-	+
浪漫之爱	+	+	-
友谊之爱	+	-	+
愚爱	-	+	+
美满的爱	+	+	+

"+"表示存在;"-"表示不存在。

(二)爱情依恋理论

爱情依恋理论将爱情与童年依恋联系研究。婴儿时期与人建立的依恋关系,会使个体形成一个持久且稳定的人格特质,这项特质在个体与异性建立亲密关系时将自然流露出来。Hazan 和 Shaver 将成人的爱情关系视为一种依恋的过程,分3种类型。

(1)安全依恋。与伴侣的关系良好、稳定,能彼此信任、互相支持。绝大多数人的爱情属于安全依恋。

(2)逃避依恋。害怕且逃避与伴侣的亲密。法国电影《天使爱美丽》中的艾米丽就属于这类。

(3)焦虑/矛盾依恋。时常具有情绪不稳、极端反应的现象,善于忌妒且希望跟伴侣的关系是互惠的。《过把瘾》中的男女主人翁就属于这类。

在 Hazan 和 Shaver 的研究中发现,3种不同的爱情依恋风格在成人中所占比例分别为:安全依附约占56%,逃避依附约占25%,而焦虑/矛盾依附约占19%,与婴儿依附类型的调查比例相当接近。

Bartholomew 和 Horowitz 以上述爱情依附风格理论的概念为基础,发展出一种4类型的爱情依附风格理论,他们以正向或负向的自我意象和正向或负向的他人意象两个不同的向度来分析,得到4种类型的爱情依附风格(自我意象是指在自我中形成的有关自己的表象或想象,包括对自己能力、价值等的评价)。

第十一章 让爱情之花绽放——大学生恋爱心理与性心理

（1）安全依恋：由正向自我意象和正向的他人意象所造成。
（2）焦虑依恋：由负向自我意象和正向的他人意象所造成。
（3）排除依恋：由正向自我意象和负向的他人意象所造成。
（4）逃避依附：由负向自我意象和负向的他人意象所造成。

（三）经济学的视角——婚恋的市场理论

加里·斯坦利·贝克尔（Gary Stanley Becker）用经济学的方法对婚姻行为进行了分析，提出了经济学的婚姻市场理论。该理论强调个体的择偶遵循婚姻收益最大化或效用最大化原则。

贝克尔认为，两个人只有在共同所得大于单身时的分别所得之和才会结婚。反之，如果双方的期望没有实现，结婚所得低于单身所得时，婚姻将无法缔结，或缔结后很容易解体。也就是说，婚姻应是双方都受益的事情。

经济学家曼瑟·奥尔森（Mancur. Olson，1932—1998）等认为婚恋是两个人合作和谈判的结果，结婚和离婚将影响人们的满足程度和福利。为什么许多人会在结婚和离婚的过程中犹豫不决呢？这是因为结婚和离婚都是有成本的，分为交易成本和机会成本。前者是指在结婚或离婚时直接相关的各种费用，后者是指放弃一种状态及福利去追求另一种生活状态及福利。这一观点可以帮助我们解释为什么越来越多的人晚婚，甚至不愿意结婚。那么，为什么有些夫妻的婚姻生活能够持续下去，而有的夫妻选择了离异呢？婚姻经济学理论认为，对婚姻的期望和婚姻现实之间的差异也是离婚的重要因素。

【资料窗11-1】

爱情是一场精确的匹配游戏

美国麻省理工学院经济学家Dan Ariely 在《The Upside of Irrationlity》中介绍了该实验。

实验人员选出100位大学生志愿者，男女各半。他们制作了100张卡片，卡片上写了从1到100共一百个数字，单数的50张卡片给男生，双数的50张卡片给女生。但他们自己并不知道卡片上写的是什么数字，工作人员将卡片拆封，然后贴在该大学生的背后。实验规则就是要男女都找到适合自己的异性，争取能凑到最大的总和，实验奖金就是两人编号的总和。

实验开始，由于大家都不知道自己背后的数字，因此首先就是观察别人。很快，分数高的男生和女生就被大家找出来，两人身边围了一大群人，大家都想说服他们和自己配成一对。但人类的一夫一妻制决定了人不可能同时和N个人配对，因此他们就变得非常挑剔，他们虽然不知道自己的分数具体是多少，但他们知道一定是比普通人的要高。于是，那些碰壁的追求者只能退而求其次，原本要找90+的人配对，现在发现80+甚至70+、60+也行，而那些数字太小的人就很悲催了，他们到处碰壁，到处被拒，被嫌弃，最后他们想出两个办法：一是找个差不多的凑合算了，虽然拿到的钱少，但比没有强；二是和对方商量"如果你愿意和我配对，那么到时拿到的奖金不是对半分，我愿意给你更多"（现实中就有类似的现象,如交易婚姻,交易条件包括房子、金钱等)。经过漫长的配对过程,眼看时间就要到了,仍有少数人没有成功配对。无奈,这些人只能草草了事,因为单身一人的话是拿不到奖金的,当然也有坚持不配对单身结束游戏的大学生。

实验结束,心理学家发现,绝大多数人的配对对象其背后的数字都非常接近自己的数字。可见,中国古人说的"门当户对"还是有道理的。

(四)美满婚恋关系的三维度理论

尽美满婚恋关系的建立是否存在规律呢?美满婚恋关系的三维度匹配理论将为大学生揭开幸福婚恋的面纱,帮助那些准备恋爱以及正在恋爱的大学生厘清一些困惑,建立一份信心,收获属于自己的幸福婚恋生活。

美满婚恋三维度匹配理论的基本观点:该理论认为,美满婚恋应符合三个基本原则,即等价性原则、契合性原则和成长性原则。①等价性原则是指相互选择的双方有关婚恋资源条件的等价性,双方的等价性越高越好;②契合性是指相互选择的双方有关特质的契合性,双方的契合性越高越好;③成长性是指双方对待婚姻的态度、应对策略、沟通能力和解决矛盾冲突的能力等,成长性越高越有利于婚恋双方的成长和成熟。婚恋的匹配就是两个异性个体所具有的婚姻资源的等价性、婚姻特质的契合性和成长性水平的组合,这三个方面也构成了评价一桩婚恋质量的主要指标。

个体婚恋成长性是指个体对待婚恋的态度、应对策略、沟通能力即解决冲突矛盾的能力。成长性越高越有利于婚恋双方的成长和成熟。

一般来说,爱情最初大多产生于激情的碰撞,并非理性的选择。热恋中的人,往往会忘乎所以,会有"非她莫娶"或"非他莫嫁"的念头,忽视其他一切,只有让爱做主的心愿。当激情过去,许多人会发现双方的资源缺乏对等性,心理或生理缺乏契合性,双方的互动关系缺乏成长性,往往选择分手或离异。

绝大多数婚恋关系很难达到绝对的对等,也很难达到完全的契合,关系的持续和发展主要靠双方的反思、妥协、沟通等不断地磨合,最后达到动态地平衡,这就是成长的过程。

三、荣格的人格类型理论与 MBTI 测评

迈尔斯-布里格斯类型指标(MBTI)表中人的性格,是美国心理学家伊莎贝尔·布里格斯·迈尔斯和她的母亲凯瑟琳·库克·布里格斯制定的。该指标以瑞士心理学家荣格人格类型理论中划分的八种类型为基础,经过二十多年的研究后,编制成了《迈尔斯-布里格斯类型指标》,进一步提出功能等级等概念,并有效的为每一种类型确定了其功能等级的次序,又提出了类型的终生发展理论,形成以下表格的4个维度(表11-2)。

第十一章 让爱情之花绽放——大学生恋爱心理与性心理

【资料窗11-2】

MBTI的测评类型与两性匹配表

表11-2　人格类型四个维度

维度	类型	相对应类型英文及缩写	类型	相对应类型英文缩写
注意力方向（精力来源）	外倾（外向）	E（Extrovert）	内倾（内向）	I（Introvert）
认知方式（如何搜集信息）	实感（感觉）	S（Sensing）	直觉（直觉）	N（iNtuition）
判断方式（如何做决定）	思维（理性）	T（Thinking）	情感（感性）	F（Feeling）
生活方式（如何应对外部世界）	判断（主观）	J（Judgement）	知觉（客观）	P（Perceiving）

这4个维度可以构成16种人格类型，即内倾感觉思维判断（ISTJ）、内倾感觉情感判断（ISFJ）、内倾直觉情感判断（INFJ）、内倾直觉思维判断（INTJ）、内倾感觉思维知觉（ISTP）、内倾感觉情感知觉（ISFP）、内倾直觉情感知觉（INFP）、内倾直觉思维知觉（INTP）、外倾感觉思维判断（ESTJ）、外倾感觉情感判断（ESFJ）、外倾直觉情感判断（ENFJ）、外倾直觉思维判断（ENTJ）、外倾感觉思维知觉（ESTP）、外倾感觉情感知觉（ESFP）、外倾直觉情感知觉（ENFP）、外倾直觉思维知觉（ENTP）。16种人格类型分别采用职业名称替代，研究者根据经验对两性的类型匹配适合度进行了总结（表11-3）。

表11-3　两性人格类型匹配

假如你是	女-男性格类型 MBTI 16种类型组合	男-女性格类型 MBTI 16类型组合
哲学家	哲学家、作家	哲学家、记者、教育家、作家
作家	哲学家、记者	作家、哲学家、学者、挑战
记者	记者、哲学家	记者、教育家
教育家	记者、教育学、哲学家、冒险家	教育家、冒险者
学者	作家	专家、元帅、发明家
专家	学者型、专家	专家、大男人
发明家	学者、挑战者	元帅
元帅型	学者、发明家、元帅.大男人	元帅、大男人

续表 11-3

假如你是	女-男性格类型 MBTI 16 种类型组合	男-女性格类型 MBTI 16 类型组合
照顾型	照顾者、哲学家	照顾者、主人、公务员
公务员	公务员、照顾者	公务员、照顾者、大男人
主人型	照顾者、主人	主人、大男人
大男人	大男人、主人、公务员、元帅	大男人、元帅
艺术家	艺术家	艺术家、表演者、挑战者、冒险家
冒险家	冒险家、艺术、教育家	冒险家、挑战者、教育家、艺术家
表演者	艺术家、表演者	表演者、挑战者
挑战者	挑战、艺术家、冒险、表演者	挑战者、发明家

四、择偶、学业、事业的关系

谈恋爱既是择偶的前奏,也是择偶的过程,这个过程关系到婚姻关系质量和婚姻幸福。而学业和事业是唯一能够让世人肯定你、认同你的评判点,只有通过学业和事业,才能提升生活的质量和人生的价值,才能为爱情的长久和婚姻家庭生活提供物质基础和保障。

一方面,美好的爱情是大学生所追求的目标,如果在收获学业和事业的同时,也收获了爱情,那是最完美的事情。因此,大学生谈恋爱是再正常不过的事情,没有必要谈论利弊问题。另一方面,对于大学生来说,爱情是建立在学业和事业基础之上的。如果大学生为了爱情而忽视了学业和事业,最终会对爱情产生消极的影响。所以,如何协调恋爱和学业的关系是每一个大学生都需认真思考的问题。我们应把爱情作为重要的心理动力,促进恋爱双方的学习和对事业的追求,然后再用学业和事业的成功浇灌爱情,二者作为同一个过程相互促进、相得益彰。

第二节 大学生恋爱变奏曲中不和谐音符

恋爱不会总是阳光明媚、风和日丽、醉人的甜蜜。由于大学生对自己和对方的表面认知及缺乏经验,大学生的恋爱生活往往伴随着困惑、冲突、苦闷甚至是怨恨等,以至于产生种种心理困扰。

一、爱情错觉与单恋

好感和友谊一般是广泛的、无排他的;而爱情则是专一的、排他的,并具有性爱因素。好感和友谊是一种淡淡的情感;而爱情则是一种强烈的想要与所爱的人共度一生的感情。如果爱情错觉继续维持下去,就会形成单恋。

单恋是指异性关系中一方倾心于另一方,却得不到对方回报的单向感情。这在大学生中是一种较为常见的爱情体验。但并非每个人都会经历单恋,男性往往比女性更多地发生单恋。除了爱情错觉可以发展为单恋外,暗恋也可能走向单恋。暗恋是指在生活中我们遇到了心目中的"白马王子"或"白雪公主"之后产生了强烈的感情,但是由于害怕被拒绝,而选择压抑情感,不愿向对方表白。

解决单恋的方法是通过一定的途径向对方表露心声,并根据对方的态度采取进一步行动。如果对方对你正好也有意,则可以加快感情的进展,促使单恋发展为恋爱;如果对方对你有的仅仅是好感,尚未发展成爱情,你可以行动起来,培养两人的感情,促使好感转向爱情;如果对方对你没有丝毫的感觉,则要尽快地走出单恋,另寻属于自己的爱情。有时成为别人单恋的对象让自己感觉很好,但对方坚持不懈地追求往往具有冒犯性、惹人讨厌,拒绝这样的追求者通常让人感到内疚。当然单恋并非坏事,通过单恋可以让我们更好地认识自己,也让我们知道哪些异性更适合自己,最终达到自我的成长。

二、亲密关系中的冲突

当两性在激情驱动下紧紧相拥时,不会考虑后来所伴随的冲突的日子。事实表明,绝大多数亲密关系,在激情过后,几乎必然发生不同程度的冲突。毫无疑问,每一段恋爱和婚姻都存在冲突,只是程度不同而已。

2020年,北京师范大学心理学部研究团队,联合北京师范大学教育学部儿童发展与家庭教育研究院,在全国31个省市自治区开展了疫情下家庭关系状况的调研,其中共有3720名已婚成年人参与此次调研。数据显示,疫情期间夫妻积极互动和消极互动均有所增多。25.1%的丈夫和29.4%的妻子表示疫情期间夫妻的积极互动增多,29.2%的丈夫和35.6%的妻子表示消极互动增多。此外,丈夫报告的积极体验水平普遍高于妻子,妻子报告的消极体验水平普遍高于丈夫。消极互动增多的情况主要体现在生气和争执上。疫情隔离在家的日子的确可能催生嫌隙,有人本来觉得自己的婚姻差强人意,直到不得不长时间面面相对时才发现,自己与伴侣之间的冲突和隔阂越攒越多。

1.双方价值观和态度的差异 亲密关系之间的冲突的主要根源是双方的价值观念和生活态度的差异。这种价值观念和生活态度的差异主要表现为以下几个方面:①双方如何度过闲暇时间的观念和态度的差异;②双方在社会道德及社会政治问题方面的观点和态度的差异;③双方的审美观和审美方面的观念和态度的差异;④双方宗教信仰方面的差异等。结婚后还会涉及一些问题,如双方如何花钱和如何投资的观念与态度的差异;双方处理家庭亲友之间、邻里之间的关系的态度的差异;双方教育子女的观念和态度的差异;双方的生活习惯、兴趣爱好等方面的差异。研究发现生活习惯、兴趣爱好如吃辣椒、睡眠时间、洗澡频率等方面的一致性都会影响双方的关系质量。

2."行动者—观察者"效应 尽管恋人间已经很熟悉,但仍会受到"行动者—观察者"效应的影响,也就是说恋人双方对类似行为的解释不同,各执一词。比如说在吵架时,一方会想"他这样做真令我生气",另一方可能这样想"她这暴躁的脾气,真该让她学学如何控制自己"。

3.当代青年的独立性和利己性特征 20世纪80年代以来实行的计划生育,使成长起来的一代子女具有明显不同于上一代人的特征。这些孩子在家庭成长过程中缺少玩伴,并受到父母和祖父母等亲人的无微不至的关怀甚至是溺爱,从而形成了这一代人的一些共同特征:一方面他们普遍具有独立的、自我中心的特征,甚至伴随着一些自恋和自私自利的特点;另一方面这些大学生比上一代对亲和的需求更为强烈,这就造成了独立与依恋亲和倾向之间的冲突。

三、亲密关系中的暴力

国内的相关研究结果显示,32.4%~37.3%的女生和39.1%~47.0%的男生报告有约会暴力经历;进一步的调查指出,在大学生亲密关系暴力中,精神暴力、躯体暴力和性暴力的报告率分别为33.6%、18.0%和5.1%;而且,有74.2%的大学生经历过3次以上亲密伴侣的施暴。2019年的一项国外研究表明有高达69%的女性和53%的男性会在25岁之前遭遇亲密关系暴力。

可见,在亲密关系中暴力相当普遍。无论是何种形式、何种程度的暴力都会极大地破坏恋人的关系,尤其是彼此之间的信任,而且会给受到暴力侵害的一方带来不同程度的身心伤害。

【案例11-1】

2019年12月,《南方周末》的一篇报道引起轩然大波。北京大学法学院大三学生包某长期处于男友牟某的"精神控制"中,身心俱疲万念俱灰,最后选择自杀。随后受害人朋友更新的二人的微信聊天截图绝对让人不寒而栗。男友最初以"不是处女"为由嫌弃包某,起初包某仍精神清醒,后来渐渐被其精神折磨到洗脑也认为自己是肮脏的,男友甚至要求其纹身为"牟××的狗",在言语之间完全不把包某当成人看待……在这个案例中,有着典型的PUA(Pick-up Artist)的特征,包某在关系的一开始就把自己塑造成无微不至地爱女友的人设,但在关系稳定之后就露出控制的真实面目,不仅仅精神折磨,还据此进行心理控制,这就是非常典型的亲密关系的暴力。

四、爱情的夭折——分手

当激情消失,只留下恋爱双方无休止的争吵或冷战,甚至暴力不断、反目成仇时,恋人间就面临唯一的结局——分手。大学生恋爱不仅仅意味着爱慕和激情所带来的幸福感,同时也是痛苦、悲伤和焦虑的来源。许多大学生都曾经历过一次甚至多次恋爱关系的结束,有时失恋会使人承受巨大的痛苦,也容易诱发一些非理性的行为。

【案例11-2】

一名大四男生小张,因失恋向心理咨询师求助。他诉说:他刚与恋爱近两年的女友分手,痛不欲生。他怎么都想不通,两年多来他对女友可谓是无微不至,处处呵护她,满足她的一切要求,她为什么还会离开自己?小张是个细心的"居家男人",虽然个子高大,但性格细腻,喜欢烹饪,做得一手好菜。把女友像公主一样捧在手里。"老婆,我这样伺候你一辈子"是小张经常对女友说的话。但女友经常耍小性子,每次都是小张让步,把女友哄好。女友经常怪小张没本事,学习不好,考试亮红灯,说他没出息。而小张则欣赏女友的聪明伶俐,学习能力强,专业水平高,连女友的任性刁蛮在小张眼里也是女孩的娇憨可爱。现在,女友无情地离他而去,任凭小张使出浑身解数就是不回头。使小张的生活一下子失去了重心,不知道每天将要怎样度过,陷入了失恋的阴影中而痛苦万状、不能自拔。

(一)纠缠

有的大学生为了挽回逝去的爱情,选择"浪漫的纠缠",即在对方已经明确地表明中断恋爱关系后,仍然发动攻势死缠烂打,要求恢复恋爱关系。纠缠行为多种多样,如深夜打电话,不停地联系对方,跟踪或监视对方,寄一些重复的情书,甚至采用辱骂、恐吓、身体攻击和伤害等形式。无休止的纠缠无论对双方来说都是一种压力,尤其是女生,会感到恐惧、焦虑和抑郁,严重时还会出现躯体不适。

(二)报复

失恋者容易对以前的恋人产生报复行为,他认为"我得不到的东西,别人也别想得到"。除了报复以前的恋人外,还有一种报复的行为——自残。当恋爱终止,有些大学生失恋者往往感到自尊心受到了极大的打击,在同学面前抬不起头,产生焦虑、抑郁的情绪,有时甚至轻生。报复和自残不但无济于事,反而加深了对自己、恋人和亲友的伤害。

【案例11-3】

某男,20岁,某大学二年级学生,因失恋感到非常痛苦前来咨询。来访者自述,他与女朋友是同班同学,一年前相恋。不久前女朋友中断了与他的恋爱关系,这对他来说是打击巨大。多日来,他借酒消愁,情绪抑郁,心烦意乱,无心学业,对新生活的所有期待与憧憬也顷刻之间化为乌有。来访者说这是他的初恋,而且是对方主动追求自己,相恋后感情曾经一直很稳定。但因个性不合,观点分歧,因几件小事而发生几次争吵,这使对方感到越来越烦,对他失去耐心。最后因第三者插足导致对方移情别恋,与其分手。该男生很想去挽回恋人的心,每次想起两个人曾经在一起的美好时光就泪流满面,痛苦至极。当确认恋人已无法挽回后,就对她心生怨恨,经常在宿舍痛骂她。

(三)自暴自弃 荒废学业

失恋后的另一种不良反应就是荒废学业,失恋时产生的痛苦、自责等负性情绪会影响一个人正常的生活和学习。面对爱情的失败,有的人选择"游戏人生",沉迷于各种游戏等娱乐活动,不再关心学习,自暴自弃。居里夫人19岁时曾爱上一位英俊而富有的大学生,由于家庭的反对,不得不承受失恋的痛苦,但她理智地控制自己,把精力投入到科学研究中,不仅获得了丰硕的科研成果,也因此获得了崭新的爱情。

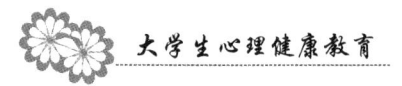

第三节　人生规划中的恋爱与择偶

一、树立正确的恋爱观

(一)端正恋爱动机

动机是人做事情的内部驱力,不同的恋爱动机会带来不同的恋爱体验。建立在攀比、虚荣、好奇等不正确的恋爱动机上的恋情就如空中楼阁,一般没有坚实的基础,是一种伪爱情,这种恋情往往会发育不良,最终难免流产消失。只有建立在正确恋爱动机上的恋情才可能开出真挚的爱情之花。

(二)认清爱情本质

人们存在两种截然不同的择偶观。一种是异质同构,即认为人们会被与自己有差异的人所吸引;另一种是同质同构,即人们倾向于选择那些与自己相似的恋人。研究认为,在种族、年龄、信仰、社会经济地位、智力、性格、态度、兴趣、爱好、生活习惯、生理吸引力等方面相似的恋人,其恋爱满意度更高,冲突更少。恋人间越相似越容易成为好朋友,这恰恰是爱情长期维持的基础。

二、培养爱的能力

爱的能力是指和他人建立亲密关系的能力,它对人一生的发展有着重要意义。弗洛姆在《爱的艺术》中指出:爱是一种能力,也是一种艺术,也是一个人的终生任务。培养爱的能力是大学生的重要发展性课题。

(一)识别爱的能力

由于主客观原因,部分大学生分不清什么是真正的爱情,从而酿成爱情悲剧。因此,学习辨别爱情真伪,是大学生迎接爱情的必要的能力准备。大学生在审视自己爱情的时候,应该清楚:爱情不是好感,爱情不是感情冲动,单相思更不是爱情,要正确区分爱情与异性友谊。

(二)表达爱的能力

若一个人心中有了爱,在理智分析之后,敢于表达也是一种爱的能力。在表达爱时,应注意:要有信心和勇气;使用恰当的方式和语言;明白爱一个人是幸福的,即使得不到回报;爱也意味着要承担责任。

(三)接受爱的能力

面对别人的示爱,能及时、准确地做出判断,并做出选择,这也是一种爱的能力。接受爱的能力包括:懂得爱是什么;了解自己,知道自己喜欢什么,需要什么,适合什么;对自己和他人保持敏感和热情。

(四)拒绝爱的能力

大学生应对自己不愿意或不应当接受的爱有谢绝的能力。主要包括以下两个方面:

第十一章 让爱情之花绽放——大学生恋爱心理与性心理

敢于理智地拒绝不希望得到的异性追求,学会勇敢地说"不";掌握恰当的拒绝方式,关切、尊重和机智地维护自己和他人的利益。

三、克服爱情中的非适应性观念

大学生在恋爱和择偶时容易产生一些认知上的偏差,导致婚恋的挫败或造成心理上的困扰。因此,在恋爱中的大学生要注意避免和克服下对爱情的一些非理性观念。

【讨论内容】

你是否有以下非理性的爱情观

1. 没有爱情的大学生活是失败的。
2. 对于爱情,只要付出必定有回报。
3. 爱不需要理由。
4. 恋人是完美的,爱情是至高无上的。
5. 爱情是永恒的。
6. 不求天长地久,只求曾经拥有。
7. 爱情能够改变对方,一切都会变好的。
8. 被拒绝是我人生的耻辱。
9. 我得不到的爱,也决不让他人得到。
10. 爱是排他的,所以我的恋人只属于我。
11. 爱是缘分,也是感觉。
12. 爱就是给予对方的一切。
13. 我要主导我们的关系。

第四节 如何建立和发展和谐的亲密关系

在当今时代,由于恋爱持续的时间越来越长,无法把恋人关系和夫妻关系完全分开,所以,大学生建立发展恋爱关系相处的艺术与未来夫妻关系的相处艺术是相通的,所以将这两个阶段的关系统称为亲密关系比较合适。

一、亲密关系是一个动态的平衡关系

亲密关系是一个动态的平衡结构关系,稳定的平衡状态是一个理想的状态;绝大多数亲密关系都是处于动态的平衡状态中;平衡是相对的,不平衡是绝对的。当亲密关系处于动荡和即将瓦解的状态时,就需要外力加以调整和干预,即恋爱和婚姻辅导。

为什么亲密关系会是动态变化的关系呢?这是因为个体的婚姻资源量在一生中是不断变化,而且每个人的变化也是不同的。有些人少年得志,平步青云,如年轻的歌星、影星和体育明星等;有的人大器晚成,中年得志,如大多数企业家、科学家和政治家等。

那么,如何建立和发展和谐的亲密关系呢?

二、认识男人与女人——两性差异

对两性调查发现,男人往往不理解,为什么女人喜欢逛商店,为什么女人说话缺乏逻辑关系,喜欢唠叨、任性?女人为什么容易迷路,不会倒车?而女人往往抱怨男人不关心自己,缺乏温情,好吹牛,不做家务,懒散等;不理解为什么男人喜欢做东(喝酒)和玩智力游戏?

我们可能会遇到下面两个情景。

情景一:当女人说:"即使是你给我买那个包包,我也不会原谅你的!"结果男人就傻傻地说:"好好好,咱不买……"

情景二:女人说:"老公,你看我表妹漂亮不漂亮?",男人马上说:"哇!好漂亮啊!"结果男人挨了女友一巴掌"好色!"

这就是男人与女人谈话时思维的逻辑不同之处。

男人和女人对待恋爱的态度及在恋爱中的表现也往往不同。多数情况下,男人获得爱的方式是主动出击,像燃烧的火焰,迅猛而热烈;女人获得爱的方法是缓慢地渗透,在平静中品尝爱的芬芳。往往是在男人的热情开始降温时,女人的激情才开始燃烧,两性的激情最高点往往不一致。

在恋爱过程中,男人希望把复杂的过程弄得越简单越好,比如,男人往往在恋爱关系建立不久就希望女方袒露身体,献出性,男人的性具有冲动性。而女人在恋爱过程中希望慢慢来,希望有仪式感,往往把简单的事情复杂化,女人希望男人坦露心声,每天都要不断地重复"我爱你",因为女人更缺乏安全感。所以,生活中就会观察到,在恋爱的初期,男人大都变得可怜巴巴,对女友唯命是从;而女人变得神经兮兮,总对男友不放心,有时对男友撒娇,有时对男友颐指气使。

男生选择女友时,大多希望女友经历越少越好,所以女生的单纯可爱更受到男生的喜欢;而女生在选择男友时,却希望男友经历丰富、成熟稳重。

对于以上这些男女生的差异,进化心理学有精辟的解释,希望大学生能够了解这些差异和差异背后的进化心理机制,对于大学生发展健康成熟地恋爱关系很有必要。

[资料窗11-3]

进化心理学对两性择偶行为的解释

进化心理学认为,人类的心理机制是为了解决人类所面对的一些适应性问题而产生并不断进化的,自然选择倾向于那些可以增加人类生存和繁衍概率的显型。Buss等人在一项研究中,对37个样本(来自6大洲、5个岛、涉及33个国家)共10 000人进行了调查,结果发现,尽管存在着地理位置、文化、种族和宗教信仰等方面的巨大差异,男性更强调未来配偶的身体吸引力和年龄,而女性则更重视未来配偶的经济能力、雄心和勤奋等特征。从人类进化史来看,亲本投入的差异是导致两性择偶行为差异的关键。对于女性而言,人类的繁殖过程如受孕、

第十一章 让爱情之花绽放——大学生恋爱心理与性心理

10月怀胎都发生在其体内,并且还要承担抚养孩子的任务,亲代投资远大于只需要一次性行为的男性。因此,女性在择偶方面会更加挑剔,并倾向于选择那些拥有大量资源并愿意养育后代的有责任的可靠男性。为了更多、更成功地繁殖后代,男性倾向于选择具有较强生殖潜力的女性,因此,年轻、貌美、身材好(如低腰臀比)的女性将更受男性的青睐。

三、如何做一个女人心目中的好男人

幸福的亲密关系是由好男人和好女人组成的。要想得到美满的婚恋幸福,首先要把自己打造成为一个好男人,而好男人是由女人来评判的。

(一)善于表达情爱

现代社会经济和文化的发展,对于女人来讲,"嫁汉嫁汉,穿衣吃饭"的时代已经过去,女人在恋爱和婚姻中的第一需求是情感满足,即女人渴望与人沟通。尤其是在恋爱和婚姻生活中,女人需要情爱表达、言语沟通、豁达开明的男人。所以,一个男人首先是要学会与人沟通的能力,具有豁达开明、真诚而幽默的性格特点。

(二)有一份自己钟爱的职业

男人有一份自己钟爱的职业,可以从中获得无限的乐趣和成就感,而事业上有成就感的男人,才会阳光灿烂地出现在女人面前。这种正性情绪很容易迁移到家庭生活中,从而感染自己的伴侣和家人。

学业、职业或事业的成功,也意味着经济收入的增加,这是幸福婚恋关系维持的基础条件。无论观察,还是大样本的调查都发现,那些收入高的男人的婚恋生活比收入低的男人其婚恋生活更幸福。

(三)心胸开阔、坚强和解决问题的能力

女人在婚恋生活中有一个强烈的需要,就是安全感。什么样的男人会给女人安全感呢?答案是那些能够支撑起家庭,像雨伞一样能为女人遮风挡雨的男人。男人遇到波折和困难不逃避,勇于承担家庭责任,有时需要隐忍和坚持。更重要的是解决问题的能力,能够努力化解危机,度过艰难的时期。

四、如何做一位男人心目中的好女人

(一)包容和理解　女人要学会以柔克刚

两性之间应该是刚柔并济、阴阳和睦的。女强人固然是优秀的,但倘若所有的事情都可以自己一个人做,那么伴侣便无法感受到自己在这段亲密关系中的价值。

切记,女人不要利用自己的吵闹功力。厉害的女人只会让男人避而远之;如果男人感到在家是压抑的,他就会设法逃离家庭。

因此,女人适当的示弱和以发展眼光看待对方,并试图以包容的心态去理解对方则显得尤为重要。适当表露自己的脆弱,既避免了自己独自承受的压力,又给了对方一个表达爱意的理由、更加理解你的切入口,又何乐而不为呢?

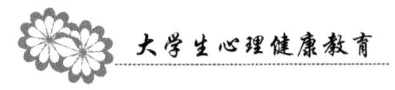

【案例 11-4】

当男人回家太晚的时候,女人该如何应对?

假如一对夫妻本来约定晚上 7 点回家,两人要去拜访朋友。结果丈夫晚上 9 点多才回来,丈夫一进门,女人应该如何反应呢?以下是女人的三种反应,同学们分析一下,哪一种最好,哪一种其次,哪一种反应最差?

第一种方法:"你还知道回家呀!你死哪了!?你死到外面算了!"

第二种方法:躺在床上睡觉,两天不理他。虽然让对方清楚地了解你的感受,但不是主动积极解决问题。

第三种方法:用泪汪汪的眼睛看着对方,"你让我好担心啊!给你打电话也不接,我害怕你出什么事呢?"

(二)婚恋生活不要追问对方的过去

多数情况下,你的恋人很可能已有恋爱经验了,这是再正常不过的事情。但有人总是在感情上有洁癖,总希望对方在感情上是空白的。一提到对方的前女友或前男友就会醋意大发,喜欢刨根问底,想弄清楚对方的过去恋爱经历的细节,便不断地追问对方与前女友是如何相处的等等,如果对方不想多说,她便更加怀疑对方有不可告人的秘密;如果对方将实情原原本本地讲出来,她又受不了,感到恶心。所以,婚恋关系相处的法则:不要追问对方的过去,除非对方自己主动交代;如果对方不断地追问,应学会巧妙地回避细节问题,避免不必要的矛盾冲突。在心理沟通原则里,称之为"安全范围的自我暴露"。这一法则同样适用于男生。

(三)不要拿别的男人与自己的男友比较

如果你想找一位十全十美的男人做男友,那就永远不要谈恋爱,因为这个世界上从来没有十全十美的男人。如果你总拿自己的男友与其他男人进行比较,你永远看到的是男友的不足和缺点。

请看以下场景:

妻子对丈夫不停地说:"你看看人家某某……,你再看看你现在……啊"

丈夫气愤地说:"那你跟他过去!"

所以,永远不要拿别的男人与男友做比较,尤其是不要在赞扬其他男人时贬低自己的男友。这样你会伤害他的自尊心以及双方之间的感情。在他还未成功时,你要鼓励他,培养他,比如"我相信你一定成功"。这样,在他飞黄腾达的时候,他会记得你,也会感激你。即使是没有达到你的理想的成功程度,也要看到他的优势。

(四)学会扮演多种角色

人的一生都需要一个可以依赖的人,绝大多数男人都没有想象的那么坚强。

一对幸福的婚恋关系,需要双方在不同的时间里扮演不同的角色。对于两个离开父母而相恋的青年来说,既有相互独立的一面,也又在心理上相互依赖的一面。一方面自己更多地想依赖男友,但是,男人也有脆弱的一面,当他遭遇挫折,学业或事业不顺利时,

第十一章 让爱情之花绽放——大学生恋爱心理与性心理

你作为女友,此时要像一位母亲一样,去关心他、安慰他、支持他。所以,要懂得看时机行事,时而如母亲般呵护,时而像女儿般依偎,时而像偶像一般崇拜,时而像老师一样成熟。在不同的情景中要学会转变不同的角色。这一角色转变原则,对男生也同样适用。

五、亲密关系的沟通艺术与问题解决

(一)亲密关系的沟通艺术

在心理咨询与治疗的理论流派中,有一个流派称之为"个人中心疗法",其实质就是一种与人沟通交流的艺术,该理论的沟通艺术主要包含以下几个要点。

1. 学会倾听　以开放的态度,倾听对方的诉说。倾听过程中尽量不打断对方的说话,一般不做评价,只是以认真的态度听对方讲话。

2. 无条件积极关注　以积极的平等的态度聆听配偶的讲话,无条件的接纳对方,无条件的尊重对方,发现对方思想的闪光点,理解对方说话的逻辑关系。可以点头或身体动作表示"我在认真听你讲"。

3. 共情　站在对方的角度理解问题,感受情绪,这是沟通艺术的核心技术。一是理解对方在讲什么,二是感受到对方正在感受什么样的情绪,并把自己的这种理解和感受反馈给对方。即"我听明白了,我感受到了"。实现第一个层次的共情常用的技巧是重复对方的话,对方往往会感受到你的理解;实现第二个层次的共情常用技巧,就是采用"我能感受到你的愤怒,如果是我的话,我也会愤怒",或"在那种情景下,换了谁都会生气的"等语句。

4. 自我暴露　在倾听、关注和共情的基础上,可以通过自我暴露的方法巩固以上的技巧,并暗示对方应该如何做。实用这一技术的方法就是谈谈自己的类似经历和感受,自己在那个类似的情景下是如何想的,如何感受的,如何做的,一方面起到感同身受的作用,另一方面起到让对方借鉴你的经验的作用。

5. 解释、忠告与讨论　根据自己的知识经验对对方所面临的问题进行解释和分析,切记要站在对方的角度,以中性的视角来分析问题。双方以讨论的形式,提出多个解决问题的方案,最后以平等的态度告诉对方:"在这几个方案中,你认为哪一个方案更好呢?"然后再说"所以,我建议你……,但这仅仅是我个人的意见,仅供参考"。

切记,第一,这一技术需要在实践中不断练习、思考和总结,最终才能掌握;第二,这一技术不仅适用于亲密关系,也适用于所有的人际关系。

6. 学会调整亲密关系中的不合理预期　经常有人会抱怨"为什么甜蜜的恋爱轮不到我呢",更多的人会抱怨自己遇人不淑。其实未必是亲密关系的质量出现了问题,很可能是对于亲密关系抱有不合理的期待所导致的。心理学教授 John Gottman 在对亲密关系进行了长达40年的研究后提出,合理的期待会让我们拥有"够好的关系,获得值得的感情。而比合理地期待更重要的是,我们需要学会在关系中不断重新校准(recalibrate)不合理的期待。①带着好奇心认识你的不合理期待;②给你的期待留出弹性空间;③用关心补齐心理落差。

(二)争吵中的大忌

有时双方的冲突往往涉及双方利益或敏感的问题,有些人只顾自己的情绪,一吐为快,却忽视了听者的感受,激发了对方不良情绪,对方便恶语相向,进行无情反击,对方的反击又加剧了另一方更强烈的愤怒,随即冲突不断升级。结果对对方及双方的关系造成极大的伤害。许多恋爱关系或夫妻关系就是在一场"战争"之后分手的。那么,在情绪化的争吵中哪些话容易激怒对方呢?

(1)常说伤害对方的话:"你有啥本事呀!我离了你照样过。嫁给你我倒八辈子霉。"对方反击:"我遇到你,我才倒霉呢!有本事,你自己过!"……

(2)在争吵中把矛盾不断扩大:"我早就受不了你了,一天都不想给你过了!"另一方反击:"不过就不过,我离了你,照样过"……

(3)在争吵中翻老账:"十年前你就与刘某某一起那个,你就是狗改不了吃屎。"对方反击:"你可好,你就差和张某某上床了,看你那德性!"……

(4)在争吵中乱摔乱砸东西。有些人在争吵中,其愤怒情绪越来越高涨,控制不住时,便拿起身边的东西就摔,或砸毁家具等,结果造成巨大损失。

(5)在争吵中诉诸武力。更为严重的是在激烈的争吵中,带着愤怒的情绪,开始诉诸武力,对方的反击带来更大的刺激,结果两败俱伤,身心俱伤。

所以,作者在婚前"幸福婚姻快乐营"培训活动中,培训之后要求新婚夫妻签订婚前契约,这份契约中就包含着双方在遇到情绪激动时避免说伤害关系的话和避免冲动性行为,就是一种"心理行为免疫训练"。

所以夫妻双方相互沟通之际,最好选择双方心平气和的时候,才能产生好的结果。

(三)解决冲突原则与艺术

1. 学会情绪信号识别 双方都要学会识别自己和对方情绪信号的技术,一旦发现自己或发现对方的情绪不良,有可能诱发冲突,就不再谈论敏感话题。如果双方正在为某事争论,要及时打住。要么以幽默地形式结束争论,要么是暂停争论,但避免长时间的冷战。

2. 学会道歉和让步 冲突之后,总要解决问题。许多恋人或夫妻不进行反思,错误的一方也不道歉,而是稀里糊涂就过去了,结果下次冲突再次出现,就这样不断重复,形成恶性循环,最终走向分手。所以,冲突之后,双方一定要反思冲突的原因,自己的责任有多大,是哪些地方做得不对。之后另寻合适的时间,双方坐下来心平气和地谈。一是相互道歉;二是要汲取经验教训。这个过程就是双方的磨合过程,也是亲密关系的成长和成熟的过程。

3. 改变致命的坏习惯 在谈恋爱的初期,女生的作,在男生看来是一种可爱的行为,由于男生的纵容,使得女生的"作"成为一种习惯。但到了确定关系或结婚之后,女生仍然犯这种"公主病",就会引起男生的负性情绪,日积月累,就会伤害双方的关系。

对于女生来说,希望男友与自己多沟通,多陪陪自己,而有些男生却心不在焉,长时间在电子游戏上,就会引起女生极大的不满和愤怒,许多女生提出分手都不同程度地与无法忍受男生打游戏有关。

第五节　如何对待自己的性能量——大学生性心理健康

一、人类的性及性心理的个体发展

(一)性的本质

性是以性器官和性特征为主要标志,以繁衍后代为原始意义的一种生物现象。人类的性是生物、心理和社会共同作用的结果,其具有多维价值。从生物角度看,它是生命延续的手段;从社会角度看,两性的结合构成了一定的社会关系;从心理角度看,性生理升华为人类丰富多彩的爱情心理,性心理也是文学创作的源泉。人类的性控制和性压抑是性文明的基础,也是一切文化的基础。

(二)大学生所处性心理发展阶段

1. 早期恋爱阶段:17~19岁

青年初期是性接近期的自然延续。在这一阶段,青年容易把爱慕集中到特定对象身上,更多的与异性单独约会,但是大多数学生仍处在高中阶段,一般家长和老师会强调以学习为重,不允许谈恋爱,结果就造成了青年一定程度上学习与恋爱之间冲突。

2. 恋爱与成家立业阶段:20~30岁

这一阶段称之为青年中晚期,这一段主要是大学、研究生和就业初期阶段。青年进入大学之后,环境的宽松,升学压力的减小,使得青年普遍具有谈恋爱的倾向性。这一阶段的恋爱已不是游戏性的,而是与结婚和组建家庭相联系的。

但是,由于现代社会文化的多样性,对青年的要求越来越宽松;同时,由于青年个性化的发展等因素的影响,导致一些青年在婚恋方面的多样化发展趋势,即大龄不婚或同居不婚、独身、丁克家庭等现象。

二、健康性心理的标准

成熟的性生理与发展中的性心理之间的矛盾会对大学生的行为产生影响,通过了解性心理健康的标准,有助于调整大学生的性行为。

(一)世界卫生组织关于性心理健康的标准

世界卫生组织认为性心理健康是通过丰富和完善人格、人际交往和爱情的方式,达到性行为在身体、情感、理智和社会诸方面的圆满和协调。其提出的关于性生理和性心理健康的标准如下。

1. 在符合社会道德和个人道德的情况下,能享受性行为、控制性行为。
2. 消除恐惧、羞耻、罪恶感和损害性关系的消极心理因素及虚伪的信仰。
3. 没有器质性的性障碍,没有各种疾病和妨碍性行为与生殖功能的躯体疾病。
4. 具有良好的性知识。
5. 对于性没有由于恐惧和无知所造成的不当态度。

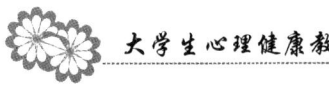

6. 性行为符合人道。

7. 在性方面能做到"自我实现",即能学会拥有、体验、享受性的能力,在社会和道德的允许下,最大限度地获得性活动的快乐和满足。

8. 能负责任地做出有关性方面的决定。

9. 能较好地获得有关性方面的信息交流。

10. 接受社会道德和法律的制约。

(二)我国大学生性心理健康的标准

世界卫生组织的性心理健康标准比较适合成年人,对于大学生而言,性心理健康的标准如下。

1. 有正常的性需求和性欲望。
2. 正确的认识和接纳自己的性别。
3. 与同龄人的性心理发展水平相当。
4. 具有较强的性适应能力。
5. 能与异性保持和谐的人际关系。
6. 有科学合理的性知识。
7. 有健康正当的性行为方式。

正常的性欲望和性需求是性心理健康的生理基础,科学的认识性是性心理健康的心理基础。合理的性行为是指符合社会道德和法律规范的性行为,只有性生理、性心理和性行为三者的相互协调,才能具备健康的性心理。

三、大学生性心理的特点

(一)性意识的强烈性与文饰性

大学生随着性生理的成熟会出现强烈的性欲望和性冲动,这是正常的生理现象。思想上的闭锁性和强烈的求知欲又导致其心理和行为表现上的文饰性,即十分在意自己在异性心目中的地位和印象,有时,表面却表现出羞涩和冷漠。这种矛盾心理使大学生产生了各种冲突和苦恼。

由于现代社会的开放性,性刺激增多,大学生每天都会接收到大量的性刺激而产生性冲动;另一方面,大学生的性受到社会道德的约束和规范,使其不得不压抑自己的性欲望。大学生性心理发展处于矛盾中,如果处理不好这些矛盾,容易出现性心理问题和性行为问题。

(二)性心理的性别差异性

性心理因性别不同而有差异。一般来说,在感情表现上,男生对爱情往往表现得比较外显和热烈,而女生则表现得比较含蓄、羞涩;在表达方式上,男生一般比较主动,女生往往采取暗示的方式;在内心体验上,男生更多的是新奇和喜悦,女生则常常显得较为羞涩和敏感,内心充满矛盾。

四、大学生性心理问题

由于大学生的性能量比较旺盛,当强烈的性本能冲动受到严格的社会规范和道德约束时就会产生心理矛盾和冲突。

(一)性生理的困扰

1. 性体象的困扰　处于青年早期的大学生,体象发生了很大的变化,他们的困扰主要体现在不能客观、正确认识自己的身体及第二性征,容易对自我体象产生失望感。男生会因为自身矮小、身材瘦弱或阴茎小而自卑;女生会因为体型较胖、长相一般或乳房小而感到苦恼。体象的困扰会使大学生体验到较多的负面情绪,导致其自卑感。

2. 遗精和月经的困扰　遗精是指男性在无性交状态下的射精现象,是未婚男性正常的生理现象。青年男子90%以上都会出现遗精现象,许多大学生对此感到羞愧和烦恼。女性的月经是子宫内膜周期性自然脱落的现象。月经期的女性处于生理的低潮期,身体的耐受性下降,容易产生疲劳、心情低落的感觉,这都是正常的生理反应。由于对月经存在不愉快的感受,使有些女性产生厌烦和嫌恶心理,这种感觉会加重情绪的低落和身体不适感。

(二)性意识的困扰

1. 性冲动　性冲动是在性激素和外界刺激的共同作用下产生的正常生理反应。未婚青年最容易发生性冲动,但由于现实条件的限制,难以找到合理宣泄和转移的途径,造成一些大学生的焦虑情绪,有些大学生会产生自我谴责和压抑的情绪,导致心理困扰。相比而言,男生比女生更甚。

2. 性幻想　性幻想是在觉醒或半觉醒状态下,个人沉浸到与所喜爱异性交往情景中的心理活动。当想与异性交往的强烈愿望不能够实现时,性幻想就有可能发生,幻想者是爱情故事中的主角,构想出与自己喜爱的异性约会、拥抱、恋爱、结婚等细节。适度的性幻想在一定程度上可以缓解性压力,然而过分地沉溺于性幻想中会导致注意力下降,影响学习和生活。

3. 性梦　性梦是指在睡眠状态下,因梦境情节而产生性兴奋,这是人们通过梦达到舒缓被社会规范所限制的性冲动的方式。性梦是正常的心理现象,但一些大学生因缺乏相应的性知识,对性梦了解甚少,对自己出现性梦感到羞愧、自责和抑郁。相比而言,男生的性梦更直接频率更高。

4. 性焦虑　性焦虑是指个体知觉到自己缺乏与性有关各方面的知识或能力,而对性行为产生焦虑和不安的情绪状态。性焦虑者在性交时(甚至只要想到性交),便会出现紧张和焦虑感,有时与异性接吻、拥抱或被抚摸时也会触发焦虑。总的来说,性焦虑一般与性知识的缺乏有关,因此,进行必要的性知识教育,可以逐步减轻或消除性焦虑。调查显示,女性的性焦虑水平要显著高于男性。

(三)性行为的困扰

1. 手淫　手淫又称为自慰,是指用手或者替代物刺激、摩擦性器官而获得性快感的行为。手淫是一种自我的心理缓解,能在一定程度上宣泄释放性能量,缓解紧张情绪,并不像传统所讲的会导致身体虚弱、元气损耗等。国内调查显示,多数男性存在手淫经历。手淫的危害并不在于手淫本身,而是对其所产生的恐惧、自责、羞愧和罪恶感。

2. 婚前性行为　这是一个比较宽泛的概念,一般指在没有办理合法婚姻手续前发生

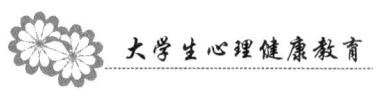

的性行为。当前大学生对待性的态度比较开放,认为只要双方愿意就可以发生性行为。对于性本身无可厚非,但婚前性行为可能会带来一些不良后果,如未婚先孕等,同时会给双方当事人带来一定的心理压力。

五、大学生性心理健康教育内容

大学生性心理健康是心理健康的基础,大学生性心理健康教育是心理健康教育的重要内容。

(一)学习科学的性知识

中医中所说的"通则不痛",可以演绎为明白了道理就没有了困惑。许多高校的性教育处于空白状态,大学生接触不到科学的性知识,因此容易形成错误的性观念、不良的性行为和性心理。当代大学生有必要全面正确地认识"性",以促进自身形成健康的性观念,预防在性心理、性行为等方面出现障碍。

(二)培养健康的人格

对待性的态度反映了一个人的人格成熟度。首先,当代大学生要在生理、心理、社会上全面认同自我的性别角色,学会欣赏和悦纳自己。此外,要培养自我良好的意志品质,虽然生理上的性欲望和性冲动不可抑制,但并非不能够控制和管理,对性冲动的管理和控制也是性心理健康的一种表现。

(三)合理的自我调节和宣泄

大学生处于性能量比较充沛的时期,需要对自己的性冲动进行合理的调节和宣泄,而不是一味地采取抑制的方式。大学生可以通过参加体育活动,将性能量转化为运动能量,如球类运动、登山运动游泳等都可以释放一些能量。也可以通过创造性的活动和艺术活动将性能量升华为精神能量。

(四)正当地与异性交往

与异性之间适度的交往有利于破除对异性的无知和好奇,可以满足大学生性心理的需求,缓解其性心理压力。此外,还能增进对异性的了解,丰富情感体验、培养社交能力,保持心理平衡,也可以促进其个性的全面发展和健康人格的形成。

(五)学会性方面的自我保护

善于自我保护才能避免受到心理和生理上的伤害。大学生尤其是女大学生要有自我保护意识,要做到自尊自爱,衣着打扮得体、举止端庄,尽量避免去危险的场合,晚上尽量不单独外出,不要在男性住所逗留过长时间。如果遭遇性骚扰,要向当地的公安部门寻求帮助,同时可以向自己的父母、老师、知心朋友等宣泄自己的情绪。

(六)寻求心理咨询的帮助

性心理咨询是心理咨询人员运用性心理学知识和技巧,给需要咨询的当事人以启发、指导和帮助,增进当事人身心健康的过程。大学生在遇到性心理方面的问题时,可以寻求心理咨询人员的帮助以摆脱心理困扰。

第十一章 让爱情之花绽放——大学生恋爱心理与性心理

【活动天地】

男生眼中的女生和女生眼中的男生

男生眼中的女生（男生填写）

1. 你认为女生最吸引你的三项特质，依次用 1、2、3 标出。

温柔、漂亮、贤惠、热情、真诚、稳重、聪明、勤奋、有学识、身材好、有修养、好运动、有主见、活泼、外向、沉稳、内向、善于打扮、穿着得体、爱好相似、家庭背景好、家庭背景相似

2. 简单描述你讨厌什么样的女生。

女生眼中的男生（女生填写）

1. 你认为男生最吸引你的三项特质，依次用 1、2、3 标出。

刚毅、潇洒、体贴、热情、真诚、稳重、聪明、勤奋、有学识、身材好、有修养、好运动、有主见、活泼、外向、沉稳、内向、精于装扮、穿着得体、爱好相似、家庭背景好、家庭背景相似

2. 简单描述你讨厌什么样的男生。

统计并公布调查结果，对结果进行讨论。

（1）女生为什么看重男生的这些特质，对男生有哪些启示？

（2）男生为什么看重女生的这些特质，对女生有哪些启示？

【测测你自己】

性观念测验

1. 你认为只要两情相悦就可以发生性行为吗？ 是 否
2. 你不赞成同性恋吗？ 是 否
3. 你认为电视剧检查制度过于严格吗？ 是 否
4. 你喜欢看黄色电影吗？ 是 否
5. 你厌恶杂志或报纸上刊出的裸体照片吗？ 是 否
6. 如果不会有人看见，你会在自家庭院里做日光浴吗？ 是 否
7. 即使有人看见，你会在自家庭院里做日光浴吗？ 是 否
8. 看见邻居做日光浴你会尴尬吗？ 是 否
9. 你喜欢到海滩裸泳吗？ 是 否
10. 你曾经裸泳过吗？ 是 否
11. 你厌恶电视上的裸体镜头吗？ 是 否
12. 你厌恶色情服务业吗？ 是 否
13. 家里有人喜欢裸体走动，你会觉得尴尬吗？ 是 否
14. 如果让客人看到家人裸体走动，你会觉得尴尬吗？ 是 否
15. 如果无人在家，光着身子从卧室或浴室走出来，你会觉得尴尬吗？ 是 否

【计分与解释】

以上回答"是"计1分,回答"否"计0分。

分数为10~15分:你是个观念十分保守的人。大概是从小父母教育你,性是一件龌龊的行为,并且暴露自己的身体是可耻的,一个有教养的人不应该以性作为话题。

分数为5~9分:你固然有些性压抑的倾向,但不算太过强烈,许多时候,你仍能够以开放的眼光来看待这件事情。

分数为4分以下:在性观念上,你的确跟上了时代的潮流,你能够以开放的眼光来看待性,任何观念都能够自在接受。

【参考文献】

[1] 王宇中.婚姻的两维度多层次匹配理论的构建[J].南京师大学报(社会科学版),2006(02):19-24,115.

[2] ARON A,FISHER H,MASHEK D J,et al. Reward, motivation, and emotion systems associated with early-stage intense romantic love. Journal of neurophysiology,2005.94(1):327-337.

[3] MACHADO C,CARIDADE S,MARTINS C. Violence in juvenile dating relationships self-reported prevalence and attitudes in a Portuguese sample[J]. Journal of Family Violence,2010,25(1):43-52.

[4] PAAT Y F,MARKHAM C. The Roles of family factors and relationship dynamics on dating violence victimization and perpetration among college men and women in emerging adulthood[J]. J Int Viol,2019,34(1):81-114.

[5] 王永红,陈晶琦.河北省某大专学生约会暴力经历与心理健康问题关联[J].现代预防医学,2010,7(19):3707-3709.

[6] 苏普玉,郝加虎,黄朝辉,等 2575名在校大学生亲密伴侣暴力现况研究[J].中华流行病学杂志,2011,32(4):346-351.

[7] SHEN A C,CHIU M Y,GAO J. Predictors of Dating Violence Among Chinese Adolescents:The Role of Gender-Role Beliefs and Justification of Violence. Journal of Interpersonal Violence[J],2012,27(6):1066-1089.

[8] 黄洋子.进化心理学两性配偶选择及相关问题差异的研究述评[J].社会心理科学,2009,24(06):44-47.

[9] 唐利平,黄希庭.择偶观的进化论取向述评[J].西南师范大学学报(人文社会科学版),2005(03):43-48.

[10] 王琳.从进化心理学角度探析人类的择偶策略[J].聊城大学学报(社会科学版),2011(02):260-261.

[11] BUSS D M. Sex differences in human mate preferences:Evolutionary hypothesis tested in 37 cultures[J]. Behavioral and Brain Sciences,1989,12,1-49.

[12] 李煜,徐安琪.择偶模式和性别偏好研究——西方理论和本土经验资料的解释

[J].青年研究,2004(10):1-11.

[13] 李培.择偶偏好的性别差异简析——基于进化心理研究[J].社会心理科学,2012,27(06):13-15,71.

[14] 乐国安,陈浩,张彦彦.进化心理学择偶心理机制假设的跨文化检验——以天津、Boston两地征婚启事的内容分析为例[J].心理学报,2005(04):561-568.

[15] 马晓霞.成人依恋对亲密恐惧的影响:消极完美主义、性焦虑的链式中介作用[D].重庆:西南大学,2019.

[16] 王军,罗文萍.多元文化背景下大学生性焦虑状况研究——以四川省高校为例[J].现代预防医学,2015,42(23):4314-4316,4321.

[17] 刘慧思.大学生恋爱中感情与性问题的调查研究[J].中国校外教育,2017(33):41-42.

[18] 杨银梅,沈雅利,李十月,燕虹.中国大陆地区大学生性行为发生情况meta分析[J].中国公共卫生,2018,34(01):142-147.

第十二章

做网络的主人
—— 大学生网络心理

第十二章 做网络的主人——大学生网络心理

【哲理名言】

天道酬勤,天助自助者!

——古语

作为青年大学生,你如果放纵自己,沉迷网络游戏,你收获的将是局限性和不自由;你如果能够抵制诱惑,管束自己,只做自己该做的事,你收获的将是自由和无量的前途。

——本书作者

互联网融入了人们社会生活的方方面面。网络展现出的新颖、快捷、刺激、方便、超前等特点,迎合了大学生接受新鲜事物快的特点,满足了大学生求新、求异的心理需要,大学生群体已成为中国网民最活跃的群体之一。

网络作为人类智慧的结晶,是一把"双刃剑",网络在丰富大学生精神生活和交往空间、拓展大学生视野、促使大学生思维更加开放的同时,也带来了不容忽视的负面影响,"这里的世界很精彩,这里的世界很无奈"。各位大学生朋友,你是选择精彩还是无奈呢?本章和同学们一起探讨在移动互联网环境下,如何趋利避害,培养健康的网络心理等问题,让你拥有一个精彩的网络世界。

【资料窗12-1】

2020年4月28日,中国互联网络信息中心(CNNIC)发布第45次《中国互联网络发展状况统计报告》,《报告》显示,截至2020年3月,我国网民规模为9.04亿,互联网普及率达64.5%,庞大的网民构成了中国蓬勃发展的消费市场,也为数字经济发展打下了坚实的用户基础。CNNIC主任曾宇指出,当前,数字经济已成为经济增长的新动能,新业态、新模式层出不穷。在此次疫情中,数字经济在保障消费和就业、推动复工复产等方面发挥了重要作用,展现出了强大的增长潜力。

CNNIC副主任张晓表示,2020年初,受新冠肺炎疫情影响,大部分网络应用的用户规模呈现较大幅度增长。其中,在线教育、在线政务、网络支付、网络视频、网络购物、即时通信、网络音乐、搜索引擎等应用的用户规模较2018年底增长迅速,增幅均在10%以上。在线教育呈现爆发式增长。截至2020年3月,我国在线教育用户规模达4.23亿,较2018年底增长110.2%,占网民整体的46.8%。2020年初,全国大中小学校推迟开学,2.65亿在校生普遍转向线上课程,用户需求得到充分释放,在线教育应用呈现爆发式增长态势。

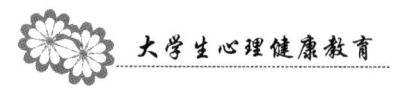

第一节　网络特征与大学生网络需求的心理特点

一、网络的特征

网络又称因特网(internet),是指以接收、处理、储藏、传递全球信息资源为主要功能的国际网络。它是计算机之间进行信息交流和实现资源共享的最佳手段,被称为继报纸、广播、电视之后的第四大媒体。网络作为一个崭新的信息交流技术,具有与传统媒体不同的特征。

(一)快速性和丰富性

网络传播具有迅速、快捷、方便和"高保真"等优点,信息在上网的瞬间便可同步发送到所有用户的手中;网络信息量大、内容丰富,形式多样,能够极大地满足我们的工作、学习、生活和各种信息获取的需要,足不出户便知天下事,大大提高了工作的效率。

(二)开放性与全球性

网络传播空间不分地域、没有疆界,信息资源可以共享,共享资源越多,开放性越高。网络使世界变成了地球村,真实的地理隔离不存在了,国界等限制也不存在了,用户可以上网全面了解世界各国、各民族、各种文化的各个方面,实现全球范围内的人类交往,体现了人与人之间"无限互联"和"无限交涉"。

(三)虚拟性和隐蔽性

网络虚拟性是指网络世界的存在形态是无形的,它以图像、声音、信息等电子文本作为自己的存在形式,在网络中人们可以用匿名或虚拟身份,就像比尔·盖茨的那个玩笑"在Internet上,没有人知道你是一条狗!"在网络上,并不存在现实世界中的身体属性、阶层属性以及地域属性,因此,可以不考虑自己的言论造成的后果,可以成为一个完全理想的自我,可以很大程度上满足不同人的心理需求。

(四)交互性和平等性

网络信息传播是一种开放的互动式传播。网络可以实时沟通,实现互动,对信息内容也可以随时展开讨论,如网络会议。平等性体现在网上的信息不为某一个人独有,而是平等地属于每一个网民。互联网的这种彻底"民主",任何人可以按照自己的意愿说话和做事。

(五)娱乐性和自由性

网络具有娱乐性特点,游戏、恋爱、交友、聊天等可以满足人的各种需要,带来精神上的刺激和享受,易于使人产生网络依赖。同时,网络的自由性,使得各种信息充斥网络,淫秽、色情、暴力、丑恶内容也在网上广为传播。

(六)个性化和非中心性

互联网以令人惊异的发展速度,把社会各部门、各行业乃至各国、各地区联成一个整

第十二章 做网络的主人——大学生网络心理

体,形成了一个相对自由的"网络时空"。这个网络没有中心,信息在网络中能够自由地传播。从地理角度讲,Internet 覆盖在整个地球表面上,既没有明确的国界和地区界限,也没有开始和结束。可以说,网络为人的个性发展提供了广阔的空间,使个体的创造性能够获得极大的张扬。

目前,许多学者注意到 Internet 是"没有法律、没有警察、没有国界和没有总统的全球性网络",信息安全方面让人担忧,网络犯罪现象频发。加强对大学生的教育引导,认识网络的利弊特征,可以有效降低网络这把"双刃剑"对大学生的伤害,学会合理使用网络,使网络成为促进大学生学习和成长的工具。

【案例12-1】

2011 年 5 月 18 日,《楚天都市报》报道:2001 年 8 月 28 日,那是大学刚刚肄业的儿子王刚离家"打工"的日子。

王刚这一去,竟然 10 年杳无音讯。今年母亲节的前夜,5 月 7 日晚,孙国香忽然接到了村治保主任的电话:"你的儿子找到了,他倒在武汉的一家网吧里,病很重,被公安送到了救助站!"

游子为何置家中白发双亲不顾,10 年不归?本报记者昨日赶到王刚住院的天门市第一人民医院重症病房,听 32 岁的他讲述 10 年网游生活。

王刚高中就沉迷网络游戏,曲折考上大学。王道洪回忆,孩子第一次学习出现问题是在高中二年级前后,当时,孩子忽然迷上了电子游戏机,并逐步发展到逃学、旷课的程度,经过学校老师和家长双方努力,王刚在高考前夕集中精力备考,终于考入了武汉某工学院某个热门专业。

大学二年级时,老师告知家长:王刚沉迷网络游戏,发展到长期旷课的地步,尽管王刚多次向老师家长承诺:一定痛改前非,好好学习。但是,此后的他依旧在网络中沉迷。最终因多门功课不及格,荒废了学业。

入院后不久,医院即向家属下达了《病危通知书》。王刚经过初步检查患有:左侧自发性气胸,继发性肺结核、双肺损毁,结核性脑膜炎,肛周寒性脓肿等病症,情况极其危重,随时有生命危险,急需转院治疗。在病倒之前,王刚有 20 多个"勇士"账号,玩游戏月入 2 000 多元。病床雪白的枕头上,一张惨白的脸庞,一尺来长的头发披散着,瘦骨嶙峋的身体……在一阵阵短促咳嗽的间隙,32 岁的王刚每说出一个句子都无比的艰难,最终,2011 年 5 月 15 日在父母的家里悄然离世,即王刚回家 7 日后不治身亡。

另外一位网名叫"绝望"学生坦言:"现在的互联网已经成为我无比依赖的精神家园,只要一有时间,我就泡在网上,哪天只有没有上网,心里就像少了什么,无聊的慌;如今我是到了晚上就兴奋,到了白天就发困,身体变得很虚弱,平时连说话都没有力气,还患上了胃病;我很担心自己的未来,我痛恨自己,也痛恨互联网,但是,我已经欲罢不能了。"

【心灵家园】

　　当下,有许多大学生喜欢网络游戏,游戏的时候,他们可以不吃饭、不出门、不与现实社会中任何一个人交流,在网络世界里寻找现实不能带给他们的兴奋与刺激;但清醒的时候,理性或超我又跳出来骚扰他们,使得他们感觉到自己失败的、无用的,因而不想出门,不想见任何人,只有跟网络在一起,他们才会感觉到欣慰和安全,他们无法让自己从这样不正常的生活里走出来,请问你们有没有思考过这样的问题:你们一生都要依赖父母吗?父母可以依赖一生吗?如果不能够依赖父母一生,那么,今后,自己的衣食住行的费用从哪里来?大学毕业以后,你们依靠什么,去融入真实的社会之中?未来如何生存与发展?科学技术的迅猛发展,可以把机器变成人,即人工智能,把人变成机器,即人成为互联网的奴隶!

二、大学生网络行为的心理需求

(一)积极的心理需求

1. 求知、求新、求异的心理　大学生具有求知欲强、追求新颖和探索未知的心理特点。网络的高科技性、超时空性、自由性、开放性、仿真性与时尚性对大学生具有很强的吸引力。

2. 自由平等的参与意识与自我实现欲望　对于追求自由、平等、尊重的大学生群体,在网络这个虚拟空间里,种种现实社会的限制都消失了,只要参与进来,任何人都是网络的"主人"。经常上网的学生能从网络中感受到平等的社会支持和评价,在网络中体验和分享成功,展示抱负,能够将网络作为个人价值实现的平台。

3. 追求开放性和多元性的心理　网络给大学生追求开放性和多元性的文化、观念提供了平台,能使大学生开阔视野,更多地了解和认识自己所生存的这个丰富多样的世界,满足了他们探索这个世界的需要。

4. 满足交往需求和寻求归属感的心理　大学生有较为强烈的交往意识,希望广交朋友,网络交互作用超越了真实社会中人际作用的时间和空间界限,网络空间为人们提供了各种各样的社交工具,如微信、QQ等,扩大了人际的交往。在这个平台上,每个人几乎都可以找到一个让自己感觉情趣相投的地方。

5. 网络心理空间的自由释放和情绪调节　在隐蔽和虚拟的网络空间,大学生可以获得一种自我表露,通过释放压抑的真实自我,获得一种自我满足。同时,真实自我的表达和在交互作用中的倾诉可以释放不良情绪,起到调节情绪的作用。

(二)消极的心理需求

1. 猎奇心理　许多大学生上网的目的是猎奇。他们往往会出于好奇或冲动的心理刻意去寻找一些色情、暴力、奇特的信息。几乎所有的学生都表示对芙蓉姐姐、凤姐、贾君鹏等现象比较了解;对于时下流行热词,如果和朋友聊天自己不知道,73%的人认为自己

OUT(落伍)了,会立即去网上搜索。

2. 反叛心理　越是为"主流"价值观、道德观所不容的东西,越是为主张特立独行的青少年网民所追捧。比如被网友誉为"极品乞丐""犀利哥",给人们潮流视觉眼前一亮,被网友开始追捧。他们有颠覆审美主流与反叛的强烈诉求。

3. 低俗的娱乐心理　网络中各种各样恶搞、暴力、色情等形式多样的低俗娱乐内容,能夺人眼球,满足人在现实生活中压抑的本我的需要和欲望,有可能混乱大学生的是非观和价值观,降低他们的情趣和社会道德责任感。

4. 虚拟的自我实现心理　在网络上,他们可以突破社会及他人对自己行为的框框与评价,轻松地实现从小梦想成为的侠客、富翁,可以在模拟战争中指挥千军万马搏杀疆场。部分大学生上网玩游戏,为了在游戏获胜后有一种成就感。这是因为网络游戏能够部分满足他们的自我实现需要。

5. 发泄心理　网络的"去抑制性效应"(discontent)会滋生无责任心理。这种无责任心理使得网民可以摘下面具,在互联网上,可以扮演任意你想成为的角色。坦然大胆地表露自我心态,展示自己的隐私,公开他人隐私,甚至通过谩骂、侮辱等方式发泄心中的郁闷。

6. 逃避心理　一些大学生畏惧多面对的现实,不去解决问题,转而投向网络,在网络空间采取各种办法来转移和分散注意,寻找平衡。网络成为他们逃避现实,寻求解脱的一个渠道。但是,逃避本身无助于他们的成长和成熟。

7. 焦虑心理　网络技术的迅速发展,使大学生担心自己的知识更新赶不上网络的发展而焦虑;同时,网上人际关系的不确定性与隐匿性、内容庞杂无序、良莠不齐的内容等缺陷,使大学生上网者无所适从、选择困难而焦虑。

总之,网络技术的高速发展使得网络知识更具有高度的综合性、声像多维一体化和高度图像化等特点,单纯依赖网络来获取知识,结果将会造成人的思维能力、实践能力、表达能力、抽象能力和阅读能力下降,这对大学生的成长和能力的提升是非常不利的。互联网的虚拟性特征有可能造成青年的非人性化的倾向,一方面可能使青年人产生对整个人类和真实社会的冷漠,另一方面由于具有可视性、亲和感的人际交往机会大大减少,造成他们在人与人交往上的困难,产生紧张、孤僻、情感缺乏等症状。此外,直接的视频效果、信息的可复制性也会使大学生的想象能力削弱,批判性思维减低。

第二节　大学生网络心理问题

一、网瘾问题

【资料窗12-2】

《中国互联网络发展状况统计报告》:网民人均每周上网时长:截止2020年3月,中国网民的人均每周上网时长为30.8小时,较2018年底增加了3.2个小时;受2020初新冠肺炎的影响,网民上网的时长有明显的增长。大学生由于疫情的影响改为在家上网课,故大学生每周上网的时长至少在 40 小时以上。

赵晶对大学生大样本的调查显示,网络成瘾包括社交成瘾、娱乐成瘾、信息成瘾、购物成瘾等类型;呈现社交成瘾和购物成瘾突出的趋势。

汪时冲调查显示:①86.8%的学生表示,每日手机使用时长在 3 小时以上。②近半数学生表示,在每日使用手机的时间中,用手机进行学习的时间比例只有 10%~25%。③96.5%的学生表示,一节课过程中会有玩手机的行为。上课玩手机在 10 分钟以内的有 45.1%的学生,而上课玩手机时间达到 20 分钟以上的则有 51.4%。④关于为什么会在课堂上玩玩手机的原因,64.7%的学生是因为习惯了;71.7%的学生表示课堂内容太枯燥和无聊了,就玩一会手机;63.3%的学生表示需要处微信、短信或者邮件等。

【案例 12-2】

……救护车在夜间飞驰,拨打电话的女生说:"自己宿舍有一个室友突然抽搐,口吐白沫,现在已经是昏迷的状态。"医生不敢耽搁,马上以最快的速度赶往学校。经过初步的检查,发现女孩是发生了猝死,并且血压持续走低,必须立刻进行抢救。心肺复苏,气管插管,电击,能用的手段都用了,遗憾的是,经过了一个多小时的抢救人还是没能救过来。令医生不解的是:一个好好的大学生为什么会发生猝死呢? 后来医生通过和室友的聊天找到了答案:发生猝死的女生叫晓琳(化名),现在正在念大三,因为比较胖,一直找不到自信,也没有男朋友。前一段时间,晓琳机缘巧合的在游戏中认识了个男生,男生不仅游戏打得比较好,而且平时在游戏中对晓琳很照顾,可能是因为现实的空虚,晓琳逐渐的沉浸在游戏当中。并且喜欢上了那个男生,为了迎合对方,只要是男生想要玩游戏,晓琳就一直陪着,并且为了让自己的游戏玩得更好,晓琳每天都在练习,几乎很少出宿舍的门,晚上一玩就是通宵,吃饭多数就是靠快餐和外卖……一晃几个月过去了,晓琳体重猛增了 7.5 千克,人也更加的懒惰了。事发当天晚上,晓琳的室友半夜起来上厕所,才发现了正在床上抽搐的晓琳,于是拨打了 120。医生解释,晓琳发生猝死,主要是两件事做太多:第一件是熬夜,熬夜会导致生物钟紊乱,交感神经过度兴奋,使心跳加速,引发室速、室颤,造成心源性猝死。并且晓琳属于典型的长期熬夜,对身体的危害自然是不言而喻的。第二件是肥胖加饮食不当,肥胖可以引发很多疾病,但危害最大的就是心脏疾病,一旦造成动脉粥样硬化,就会增加发生猝死的机会(网易号.2019 年 5 月 3 日)。

(一)网络成瘾综合征的含义及表现

"网瘾"即"互联网成瘾综合征",英文简称为 IAD,是指在无成瘾物质作用下的上网行为冲动失控,表现为过度使用互联网而导致个体明显的社会、心理功能损害。基本症状是上网时间失控,欲罢不能,可以不吃饭、不睡觉,但是不能不上网。患者即使意识到问题的严重性,也仍无法自控。常表现为情绪低落、头昏眼花、双手颤抖、疲乏无力、食欲不振等。

（二）网络成瘾的标准

(1) 渴求症状（对网络使用有强烈的渴求或冲动感）。
(2) 戒断症状（易怒、焦虑和悲伤等）。
(3) 耐受性（为达到满足感不断增加使用网络的时间和投入的程度）。
(4) 难以停止上网。
(5) 因为游戏而减少了其他兴趣。
(6) 即使知道后果仍然过度游戏。
(7) 向他人撒谎玩游戏的时间和费用。
(8) 用游戏来回避现实或缓解负性情绪。
(9) 因为玩游戏而失去了友谊、工作、教育或就业的机会。

网络成瘾的危害不可忽视，它会导致大学生身体、心理、社会的功能受损。

一项心理学研究表明，网络成瘾者与正常群体相比，表现出注意力不集中、不持久；记忆能力、思维能力、问题解决、推理决策的能力都有所下降；对学习逐渐产生厌烦感，对于上网的渴望逐渐加深，常为上网而逃课，导致学业的荒废。对大学生活中的各种活动漠不关心，进取意识减弱。随着在网上的时间不断延长，表现出情感的淡漠，性格孤僻，与周围同学关系紧张，他们的生活、学业、工作、人际交往能力下降。

（三）网络成瘾综合征的诊断

匹兹堡大学的 Kimberly Young 最早对互联网成瘾现象进行了研究，她设计了下面 8 个问题，通过调查对象对这些问题的回答来判断其是否患有"互联网依赖症"。

1. 你是否着迷于互联网？
2. 为了达到满意你是否感觉需要延长上网时间？
3. 你是否经常不能控制自己上网、停止使用互联网？
4. 停止使用互联网的时候你是否感觉烦躁不安？
5. 每次在网上的时间是否比自己打算的要长？
6. 由于互联网你的人际关系、工作、教育或者职业机会是否受到影响？
7. 你是否对家庭成员、治疗医生或其他人隐瞒了你对互联网着迷的程度？
8. 你是否把互联网当成了一种逃避问题或释放焦虑不安情绪的方式？

在上面 8 个问题中，如果被调查者对其中的 5 个问题的回答是肯定的，Kimberly Young 就断定他已经患上了互联网依赖症。

【资料窗12-3】

Kimberly Young 对 600 名被试进行了调查，结果显示：600 名被试中，2/3 符合互联网依赖症标准。这些人平均每周花费在网上的时间为 38.5 小时，既不是为了参加网上的学术活动，也不是为了寻找一份满意的工作，与一周的工作时间基本一致，但只有 8% 的人是从事高新技术工作。

这项研究还表明，"依赖型"和"非依赖型"上网者的不同，并不是仅仅指网民每周上网的时间，更主要的是在网上利用时间的方式。在依赖型上网者中，

35%的时间用于聊天室,28%的时间用于多用户互动游戏;而在非依赖型上网者中,55%的时间用于接发电子邮件和万维网,24%的时间用于查阅网上图书馆、下载软件等其他信息的收集上。

(四)网络成瘾综合征的心理原因

第一,当面对大学生活中的许多不如意、面对现实与梦想的冲突、找不到自己的位置和坐标时,网络的互动性、挑战性、实时性、生动形象性、感官刺激性对大学生具有很大的吸引力,正好满足了大学生的心理需要。

第二,在现实生活中受到打击或者遭遇挫折时,他们的自我控制和调节能力较弱,而网络的理想化和成就感恰恰弥补了现实的缺憾。

第三,与大学生的个性特质有关。研究表明,网络成瘾现象是由网络使用者的个人特质与网络功能相互作用的结果。网络成瘾者主要人格特质表现为:①个人管理和自我约束能力差。②孤僻和交友能力较差或不善于交际。③时间管理能力差,对于可以自由安排许多时间的大学生,如果不能科学理性地安排自己的时间,就容易被网络所俘虏。④具有猎奇心理的大学生容易被网络信息所迷惑而无法解脱。

二、网络失范行为问题

(一)大学生失范性网络行为的概念

朱伟、刘睿琼等人对大学生网络失范的定义是,大学生使用网络的过程中,所表现出来的一切违反道德和违法犯罪的非理性行为,行为程度和性质从网络失德到网络违法直至网络犯罪。即大学生发生在互联网空间中的以及与互联网密切相关并需要借助和依赖互联网的偏离或者背离社会规范的一切行为活动。

(二)大学生失范性网络行为的现状

刘慧瀛等调查结果表明,大学生的失范性网络行为中,诽谤性言论、恶意灌水或刷屏、发表不当言论等内容较少;而网络学习失范性行为(包括利用网络复制传播音乐、下载资料拼凑论文、做作业时从网上抄答案等内容)和网络娱乐失范行为(包括下载或者使用盗版软件、玩游戏时作弊、下载未经授权的音乐或视频等内容)较多。

(三)国内外对失范性网络行为的管理

1. 电脑道德理论十诫　西方在管理互联网、规范互联网行为方面的经验。美国华盛顿计算机伦理道德研究所推出了"电脑道德理论十诫"。

(1)你不应该用计算机去伤害他人。

(2)你不应该去影响他人的计算机工作。

(3)你不应该到他人的计算机里去窥探。

(4)你不应该利用计算机去偷窃。

(5)你不应该用计算机去做假证。

(6)你不应该拷贝或者利用你没有购买的软件。

(7)你不应该使用他人的计算机资源。

(8)你不应该剽窃他人的精神产品。

(9)你应该注意你正在写入的程序和你正在设计的系统的社会效应。

(10)你应该始终注意你使用计算机是在进一步加强你对你同胞的理解和尊重。

同时,该研究所也对一般的网络伦理道德和职业行为规范做出一系列的规定,如为社会和人类做出贡献;避免伤害他人;要诚实可靠;要公正并且不采取歧视行为;尊重知识产权;尊重他人隐私;尊重包括版权和专利的财产权等。

2.我国对网络行为、网络伦理的管理 20多年来,我国政府出台了一系列关于网络伦理管理的重要文件,对我国的网民的网络行为进行了法律和道德层面上的规范。但是,这些网络伦理、互联网秩序、网络行为的规范、网络法规等要成为每一位网民的行动的准则还需时日。对大学生的网络行为规范也需要道德和法律两个层面上的教育。

【资料窗12-4】

2006年,美国明尼苏达州女子亚米·托马斯被华纳兄弟唱片公司等6家音乐公司告上法庭,指控其未经许可非法下载和传播上千首他们拥有版权的歌曲,最终该州联邦地方法院判定托马斯侵犯音乐公司版权,勒令其每首歌曲赔偿9 250美元,共赔偿22万美元。

2010年,德国一市民因去度假前没有对自己的WiFi网络加密而导致被人滥用,被德国卡尔斯鲁厄法院判以100欧元的罚款。

三、其他常见网络心理问题

(一)网络依赖

长时间的沉溺于网络游戏、上网聊天、网络技术(安装各种软件,下载使用,制作网页),醉心于网上信息、网上猎奇,造成对网络的过度依赖和依恋,导致个人生理受损,正常学习、工作、生活及社会交往受到严重影响。网络依赖有以下6种类型:网络色情迷恋、网络交际迷恋、网络游戏迷恋、网络恋情迷恋、网络信息收集成瘾、网络制作迷恋。

在大学生中,网络交际迷恋者、网络游戏迷恋者、网络恋情迷恋者及网络信息收集成瘾者居多。"网恋"现在正成为大学生上网的最重要的因素之一。沉迷于网恋的大学生,在荒废学业同时,还有可能使自己的身心受到伤害。在网络这个十分虚幻的世界里,有些大学生上当受骗,情感受挫,给心理造成阴影,个别大学生甚至轻生厌世,甚至导致犯罪行为的发生。

【案例12-3】

用自己年轻的生命换取一段致命的"网恋"

年仅20岁的小雪(化名),以优异的成绩考入了某师范大学英语系。上大学后,小雪迷上了上网,并认识了一个叫"冬冬"的网友,很快两人便陷入狂热的"网恋",小雪还从自己所在的城市飞抵H市与网友见面,并发生性关系。后小雪向父母谎称与同学去 H 市看冰灯,再次约会网友。两人关系迅速升温,每日热线电话不断。当小雪告诉"冬冬",不久她将远赴英国留学,网友"冬冬"出现了邪念,与比他大 15 岁的邻居唐某密谋:将小雪骗到 Y 地,狠狠地敲上一笔。痴情的小雪对同寝只说了一句"去 H 市"后就踏上了北去的列车,从此便失踪了。当小雪的父亲收到从女儿手机发来的短信息时,大吃一惊:"你的女儿在我们手上,想要活的就痛快拿出 118 万元,不许报警,否则后果自负。"此后,小雪的父亲接连收到多次信息及电话,通知他立即带钱到 H 市,按照提供的网址上网再确定交钱地点。小雪的父母即到公安局报案。在 H 市刑侦支队配合下迅速侦破此案,抓获了犯罪嫌疑人网友"冬冬"和他的邻居唐某,但是小雪却永远消失了。据犯罪嫌疑人网友"冬冬"交代,小雪被带到冬冬的家中,与小雪发生性关系后,唐某突然闯进来,强奸了小雪,怕小雪告发,两人一起将小雪掐死,半夜,毕冬冬与唐振东用床单将小雪包住,运到农场后面的田野里埋掉(中国青年报 2002-05-18)。

(二)情感冷漠与自我认同混乱

一些沉迷于网络中的大学生长时间在网络中生活,慢慢变得分不清什么是现实、什么是幻想。他们把虚拟世界中的冷酷与无情带到现实生活中来,对周围的人和事无动于衷,对外界刺激缺乏相应的情感反应,对亲友冷淡,对周围事物失去兴趣,面部表情呆板,内心体验缺乏,严重时对一切都漠不关心。他们恣意表现自我,放纵自我情感,让现实中无法实现的事情,在网络世界中逐一变成现实。他们在表现个体自我时,把社会自我抛得越来越远,甚至企图借助网络在现实社会凸显自我,将自我凌驾于社会之上,进行网络犯罪,对自己的技术沾沾自喜,却很少对自己所造成的损害感到羞愧。

(三)人际交往受阻

大学生有着广交朋友的渴望,在虚拟的网络世界里,可以消除各种社会暗示和物质表象的干扰,平等地与对方沟通信息、交流思想、表达感情,以获得对方最大的理解和帮助。但当他们回到现实生活中时,会产生强烈的心理落差,而深感心理孤独。同时,由于把大部分时间投入到网上交友聊天中,现实生活中的交友减少,人际关系淡化。长此以往,就会走入"现代与孤独",造成现实人际交往的矛盾与错位。

斯坦福大学政治学者诺曼尼认为,"人们花在网络上的时间越长,他们与人们的交往时间就越少"。

第三节 大学生网络心理问题的调适

一、正确认识网络

Internet 的出现,宣告着人类信息时代的真正到来。它消除了人类跨地域沟通的"时滞",拓展了人类的交往空间,深刻地改变着人与人、人与社会的关系,给人类带来了一个全新的时代。但是,互联网是一把双刃剑,网络世界既是一个充满自由、开放、平等的世界,也是一个充满着诱惑与陷阱的危险之地。

对于大学生而言,应该看到网络只是一个工具,网络资源是人类社会不可缺少的财富,对网络的破坏与滥用就是对社会正常秩序的极大破坏,会危及我们每一个人。应该认清网络社会并非真实的社会,网上暂时的成功并非是真实的成功,虚拟的情感宣泄与满足也并非能得到真正的快乐,迷恋上网而不能自拔,会严重影响自己的身心健康,越来越难以正确地认识自我和适应社会。

【资料窗 12-5】

　　网络心理健康的标准:
　　1. 具有正确的网络心理健康意识或观念。
　　2. 能够保持在线时和离线时的人格统一。
　　3. 具备良好的网络交际和现实交往能力,人际关系和谐。
　　4. 不因网络的使用而影响正常的学习、生活和工作。
　　5. 使用网络而不影响到身体健康。
　　6. 网络活动中具备良好的心境、情绪稳定。
　　7. 具有符合年龄特征的网络心理与行为。
　　8. 在网络和现实社会环境中具有独立生活的能力。
　　全国青少年网络信息公约:
　　1. 要善于网络学习,不浏览不良信息。
　　2. 要诚实友好交流,不侮辱欺骗他人。
　　3. 要增强保护意识,不随意约会网友。
　　4. 要维护网络安全,不破坏网络秩序。
　　5. 要益于身心健康,不沉迷虚拟世界。

二、学会自律

自律有两层含义:其一要体现出人格尊严和道德觉悟,而不是被内在本能和外在必然性所决定;其二要自我约束、自我控制、自我主宰。

在网络社会里,信息含量巨大,各种文化与价值理念交织,各种论断莫衷一是,各色诱惑比比皆是;同时,网络又是一个充满自由的社会,缺乏外在约束。面对这一虚实难辨、是非难断的多彩世界,大学生容易产生心理困惑与矛盾,导致各种各样网络心理问题。

过多地沉迷于网络既是对现实的一种逃避,一种退缩,也是一种社会责任感的淡化,它不仅不能真正地解决面临的现实问题,当大学生从虚拟的网络中得到快乐而又迫切希望回到现实中来时,反而会更多地产生自我迷失,生活重心丧失、人际沟通障碍、理想破灭,出现心理行为问题。大学生应学会自律,积极面对现实,适应社会,承担起社会的责任与应尽的义务。

(一)控制上网时间,培养自制力

预防或戒除网瘾,很重要的是自己能科学合理安排上网时间和内容,尤其要为自己约法三章:一是控制上网时间,如每周上网不得多于2~3次;每次上网时间一般不超过2小时,且连续操作1小时后应休息15分钟。尤其是夜晚上网时间不能过长,按时睡觉。二是限制上网内容。每次上网前,一定先明确上网的任务和目标,按需搜索点击,不迷恋网上游戏,杜绝上黄色网站。三是准时下网。上网之前,根据任务量限定上网时间,时间一到,马上下网,不找任何借口,不放纵自己。

(二)坚持"小步子"原则

戒除网瘾,坚持"小步子"原则,建立可行的计划和目标,循序渐进地减少上网的时间,寻求别人的支持和帮助很有必要,可以请同学、老师、朋友帮助监督自己克服网瘾问题。可先向他们讲明自己控制上网的计划,请他们监督;当取得一点小成功时,比如已经按计划实行一周,还可以对自己进行奖励或暗示,为自己加油。平时要多与同学在一起,一起上课学习,一起交流、活动,转移注意力,淡化网瘾。

(三)选择积极健康的生活方式,回归现实生活

大学生要为未来发展做好知识准备;积极参加学校组织的各种社团活动、文体活动及社会实践活动,培养和锻炼各方面的能力;培养多种兴趣和爱好,丰富自己的课余生活;学习人际交往的技巧,学会处理人际关系。总之,要有明确的生活目标和重点,把注意力从网络转移到现实生活,让自己的大学生活充实而有意义,这是摆脱网络成瘾最有力的武器。

(四)转移注意,增添情趣

在戒除某种习惯时,这种习惯仍有很大的诱惑力,这是正常的心理现象。有心理学家把这种情况比喻为冲浪者所面对的阵阵波浪。这种诱惑的"波浪"虽然会出现,但也会自行消退。在戒掉"网瘾"的一段时间内,个人的情感需要并未结束。此时,需要用一些新行为、新习惯来替代老习惯所产生的满足感。对于上网成瘾或者是正在戒网瘾的青少年,要注意培养新的爱好和习惯,要多参加一些自己喜欢的有益的活动,多做一些自己感兴趣的事情,多与同学朋友交流,增添生活的情趣和乐趣,用自己的新行为和新习惯来代替上网习惯。

(五)正视生活中的挫折和困难,提高心理承受能力

在成长的过程中,不可避免地会遇到困难和挫折,逃入网络只能获得暂时的心理平衡,削弱自己直面现实、解决问题的能力。大学生要勇于面对生活中导致挫折感的具体问题,不畏惧、不逃避,通过克服困难、战胜挫折来磨砺自己,提高自己抗挫折的心理承受能力,促进自己的发展与成长。

(六)寻求心理咨询的帮助

当你自己无法解决上网成瘾问题时,一定要积极主动地寻求专业人员的帮助。一是可以找心理咨询师进行个体咨询,心理咨询老师会帮助你走出上网成瘾的困扰。二是可以参加团体心理训练,这是戒除网瘾的一种很有效的方法。

第十二章 做网络的主人——大学生网络心理

三、团体心理辅导

团体心理辅导是由心理辅导者指导,借助团体的力量和各种个体心理辅导理论与技术,就团体成员面对的共性的心理问题与他们共同商讨,提供行为训练的机会,为团体成员提供心理帮助与指导,使每一位团体成员学会自助,从而解决团体成员共同的发展或共有的心理障碍,最终实现改善行为和发展人格的目的。

团体心理辅导将求助者放入辅导团体中,建构一个群体环境。在团体中,网络心理问题者会发现其他队友有着许多相似的情绪体验和心理问题,从而降低心理上担忧与焦虑程度。由于"同病相怜",他们的心理认同感很强,群体归属感增强,群体的稳定性提高。在团体中,网络心理问题者在讨论交流等相互辅导活动中意识到他们不论是在交流解决问题、探索个人价值、人格形成还是发现他们的共同的情绪体验上,同一团体的人都可以提供更多的观点,并分享团体中的共同资源。

团体是社会的缩影或反射,是一个"微型社会",因而它为网络心理问题者提供了一个人际交往行为训练的练习场所。在团体相对安全的氛围里,网络心理问题者共有的或相似的情感、行为以及一些态度如对抗、恐惧、怀疑、孤立都可以被辨别出来并加以讨论。辅导师所提供的行为训练的理论与操作技巧指导可以在这里得到检验、反复练习和强化,这样健康的态度和行为更加容易习得和稳定下来,并在日常生活中运用。

团体辅导方式有师生辅导、成员互相辅导、讲座、小组讨论、行为示范等。(团体辅导的操作程序见心理咨询一章)

四、改善网络环境

为了保障大学生网络心理的健康发展,还需要社会、学校等多方力量共同关注大学生的成长,优化网络环境,为大学生提供一个良好的发展平台。

首先,加快网络信息控制技术研究,净化网络信息;其次,积极组织优秀传统文化与先进文化上网,这是优化网络环境的积极态度;最后,适应网络时代特点,改进高校教育与管理;第四,开展网上心理咨询。

【心灵家园】

对于网络成瘾大学生的诚恳建议

首先,不要把上网作为逃避现实生活问题,或者作为消除消极情绪的工具,借网消愁,愁更愁。第一个理由是:当你在网络遨游数小时以后,下网的时候问题依然在那儿,有句名言说的好:逃过了一时,逃不过一世。第二个理由是:你的上网行为在你不知不觉之中,已经反复得到了强化,已经从"上网"到"注意从现实中转移",再到"忘记生活生活中的烦恼"。这样不断地强化,你就会无意识的记住,上网能够忘记忧愁,长此以往,上网就会成为压倒一切的习惯行为。

其次,在你上网之前先设定明确的目标,每次花几分钟时间考虑一下,你上网要干什么?把具体需要完成的任务列在纸上,不要认为这几分钟是多余的,它可以让你省下几个小时的时间,就不会让人生有限的、宝贵的时光空空流失。

最后,在你上网之前,先设定时间,看一看你列在纸上的任务,用一分钟的时间估计一下,上网大概需要多长时间,假设需要一个小时,那么把闹钟订到三十分钟,到时间看一看在网上进展到哪里了?

【心灵家园】

詹姆斯对于养成良好习惯给出了5条建议:第一,选择环境,把自己置于那种能够鼓励自己进步、向上的环境条件,而避开使自己堕落、退步的环境条件;第二,如果打算养成一种好习惯,就不要允许自己做任何违背意愿的行为,哪怕这种行为是微不足道的;第三,不要指望慢慢地形成一种好习惯和摆脱一种坏习惯,做任何事情都有完全彻底、干净利落,不拖泥带水;第四,不要沉溺于形成好习惯、摆脱坏习惯的空想之中,重要的是开始做。没有什么比在空想和伤感中浪费生命更让人痛心了;第五,强迫自己以有利于形成好习惯的方式做出行为,即使在开始时令人痛苦和不舒服。

【活动天地】

团体心理辅导工作坊:减少网络依赖

人的性格、品德、境界均表现在人的行为中,可以这样说,人有什么样的行为就有什么样的命运!

(一)活动的原理与目的

做中学或体验式学习;帮助网络依赖者找回自我,战胜对网络的依赖。

本训练适合于以下成员:由于沉迷于网络中不能自拔,有减少网络依赖的愿望,曾自愿或主动求助的学生。

(二)活动的内容与程序

正式开始前,在团体指导老师的带领下,集体宣誓,确保培训的质量。

集体宣誓内容:我自愿、真诚参加本次团体训练,在活动过程中,我将敞开心扉,和成员交流感受和体验,对别人的表露,我将给予肯定和积极反馈。在活动过程中,我不会对其他人员进行人身攻击,并为他们所做的一切保密。不进行与本次培训无关的事。

正式团体活动开始时,团体指导者简单介绍互动主题与环节,必要环节进行示范表演。活动分为9个环节,每个环节有1个主题。

环节一:小调查。要求每个组员一张调查表和笔,根据自己上网的实际情况,仔细填写。

调查一:网络成瘾的自我判定(8个题目回答"是"的达到5个或以上,可视为成瘾者)。

1.上网的念头是否经常在你脑海中盘旋?是 否

2. 你是否感觉花更多的上网时间才能满足？是 否
3. 你是否尝试减少上网的时间但未成功？是 否
4. 停止使用网络的时候你是否感觉烦躁不安？是 否
5. 每次上网的时间是否比自己打算的要长？是 否
6. 由于上网的时间比较长,你的人际关系、学习、生活受到影响？是 否
7. 你是否对老师、家人或医生隐瞒上网的实际情况？是 否
8. 你是否把上网当成逃避现实或释放消极情绪的方式？是 否

调查二：网络与我。根据自己的真实情况,认真填写下面内容。
1. 我每天平均上网的时间：_____
2. 我上网一般做什么(时间用的相对多的,选择两项,划"√")？
A 查资料
B 看新闻或其他信息
C 与朋友聊天
D 网络游戏
E 看网上电影
F 搜集信息
G 其他
3. 我每月用于上网平均花费：
4. 每次离开网络空间后,我的心情一般那种居多？
A 沮丧   B. 空虚   C. 快乐   D. 充实
5. 网络使我失去了(至少写出3项)：

环节二：分组与互相认识(7~9人一个小组)。通过大家彼此之间的交流,认识对方,并了解彼此之间,平均每天用于上网的时间有多少。

环节三：游戏活动——排队。根据团体中每个人每天上网时间的多少,进行排队。在团体指导者的带领下,说出每人上网时的主要内容。

环节四：网络成瘾的阶段,自我对照分析。
1. 网络爱好者。
2. 网络已经代替生活中的人或事简称为"网迷"。
3. 完全依赖网络。

环节五：正视自己所失去的。请每人成员根据环节一所填写的情况,对自己由于对网络产生依赖而失去的东西的重要性给予评定,并相互讨论。

环节六：心理剧表演。通过心理剧的表演,思考网络会带给自己什么,失去了什么？感受迷上网络者的心理冲突,体会上网成瘾的原因和害处,并引导成员之间互相讨论,该如何解决。

"网络带给小A的"剧本

小A是一个大学二年级的学生,他的性格沉稳内向。在一年级入学伊始,他打算锻炼自己的领导能力,就加入了学校的一个社团,现在已是某社团的组织部的部长。但在社

团活动中,不知道什么原因他总觉得很多人不听他的,甚至与他对着干,工作总是不能顺利开展。最近小A迷上了上网,网络上的形形色色的游戏,对他有极大的吸引力,他觉得在那个领地他就是绝对的领导和英雄。但是因为上网时间过多,小A的学业成绩直线下降,对社团的活动也失去了热情,他自己也非常感到空虚和无聊。

这一天,刚刚从网吧上网出来,满眼通红的小A走在会宿舍的路上。这时碰到了同宿舍的小B。

小B急匆匆地对他说:"快,这次考试你有两门课程不及格,快去看看吧!""啊?"小A情绪一下子降到了最低点。真的?不及格?这还是上大学以后头一次。他懊恼地回到了宿舍里,倒头就睡,心想:"不去管了,等我睡醒了再去考虑。"

10分钟后,电话响了,是社团打来的,要开会研究新问题,要求小A必须参加。他无奈地起床穿上鞋子赶到会场。

社团的骨干正在讨论接收新社员的计划,见小A进来,另一个部的部长小C说:"我觉得这个应该A来负责,他毕竟是负责组织工作的。"

"负责组织的也不能什么事情都干,干吗都推到组织部?"小A没好气地说。

"本来就应该你管嘛,你们部还人多,你最近什么都不管……"

"社长还没说,你多什么事……"烦躁的小A嗓门越来越大。

……

引导讨论:你觉得小A的问题仅仅是和小C矛盾吗?什么原因导致小A目前的处境?小A为什么会迷上上网?网络带给了小A什么?小A的问题该如何解决,能解决好吗?

环节七:制定对策——时间表。成员之间就如何才能减少对电脑的依赖做出讨论,并就讨论的结果,写出作息时间安排表。

环节八:坚定地做出承诺。写下自己打算如何减少使用网络的策略,以及如果做不到的惩罚办法,并在众人面前读出来,做出承诺。

环节九:总结与作业。最后,指导者总结成员之间交流的经验,并布置作业,让每个成员每天都严格要求自己完成作息时间反馈表,以便下次训练的时候检查。

【参考文献】

[1]中国互联网络发展状况统计报告,2020-04-28.

[2]叶浩生.心理学通史[M].北京:高等教育出版社,2006.

[3]冉超凤,黄天贵.高职大学生心理健康与成长[M].北京:科学出版社,2017.

[4]谭德礼.新编大学生心理健康教程[M].北京:高等教育出版社,2012.

[5]周宗奎.网络心理学[M].上海:华东师范大学出版社.2017.

[6]赵晶.远离市区某高校大学生手机网络成瘾现状及其影响因素研究[D].唐山:华北理工大学,2019.

[7]汪时冲,张鸽.大学生手机日常使用情况调查与分析[J].教育现代化,2018,5(53):324-327.

[8]魏华,周宗奎,田媛,等.网络游戏成瘾:沉浸的影响及其作用机制[J].心理发展

与教育,2012,28(06):651-657.

[9] CHOU C,CONDRON L,BELLAND J C. A Review of the Research on Internet Addiction[J]. Educational Psychology Review,2005,17(4):363-388.

[10] ADAMS J. The rise of research networks[J]. Nature,2012,490(7420):335-336.

[11] GOSLING S D,MASON W. Internet Research in Psychology[J]. Annual Review of Psychology,2015,66(1):877-902.

[12] SUN N,RAU P L,MA L. Understanding lurkers in online communities:A literature review[J]. Computers in Human Behavior,2014,38(9):110-117.

第十三章

绽放生命心飞扬
——大学生生命教育与心理危机应对

第十三章 绽放生命心飞扬——大学生生命教育与心理危机应对

【哲言睿语】

人的一生可能燃烧也可能腐朽,我不能腐朽,我愿意燃烧起来!

——奥斯特洛夫斯基

老骥伏枥,志在千里;烈士暮年,壮心不已。

——曹操

世上只有一种英雄主义,就是在认清生活真相之后依然热爱生活。

——罗曼·罗兰

生命教育就是关于生命与健康、生命与安全、生命与成长、生命与价值、生命与关怀的教育;学习正确处理个人、社会和自然之间的关系,掌握生存的技能,感悟生命的意义和价值,加深对自身、他人和对生命的尊重、敬畏与热爱之情,提升对生命价值与人生态度的深刻认知,对于当代大学生的心理成长和成熟具有重要意义。

第一节 生命的本质与意义

一、什么是生命

【故事点击13-1】

这是一个真实的故事。一个叫黄美莲的女子,自小就患有脑性麻痹症。此病会导致肢体失去平衡感,手足时常乱动,口里也会经常念叨着模糊不清的词语,模样十分怪异,医生判定她只能活到6岁。在常人看来,她已失去了语言表达能力与正常生活的条件,更别谈什么前途与幸福。但黄美莲硬是靠顽强的意志和毅力,考上了美国著名的加州大学,并获得了艺术博士学位。她靠手中的画笔和很好的听力抒发着自己的情感。在一次演讲会上,一个中学生贸然地提问:"黄博士,你从小就长这个样子,请问你怎么看你自己?你有过怨恨吗?"在场的人都暗暗责怪这个学生的不敬,但黄美莲却十分坦然地在黑板上写下了这么几行字。

"一、我好可爱;二、我的腿很长很美;三、爸爸妈妈那么疼爱我;四、我会画画,我会写稿;五、我有一只可爱的猫;六……"

最后,她以一句话作为结论:"我只看我所有的,不看我所没有的!"

生命只有一次。虽然我们无法决定生命的长度,但是我们可以掌握生命的宽度,即实现生命的意义,活出人生的精彩,展现自我的价值。生命对于黄美莲来说是不屈服,是充满热爱。那么生命对我们来说意味着什么?这个问题是古往今来人类最感兴趣的话题之一。古希腊哲学家亚里士多德认为生命是躯体和灵魂的结合体。现代哲学的先驱勒内·

笛卡尔认为：人类由身体和思维两部分组成，他说"我思故我在"。我国《战国策》指出"万物各得其所，生命寿长，终其年而不夭伤"，把生命视为生物生存，生物所具有的活动能力。生命，从本质上讲是指事物所具有的能够存在下去的性质。

心理学界认为生命分为两个系统，即第一生命系统和第二生命系统。这个概念，最早由英国作家葛瑞姆·汉卡克在《人是太空人的后代》中提出。第一生命系统是现实存在的，具有具体直观有机物理形态的生命形态，是所有物种共有的直观表现的生命形态；第二生命系统是精神、心灵、智慧等称谓的集合。通俗地说，第一系统指肉体，有形状、有重量，在化学家的眼中，人就是一堆核糖核酸；第二生命系统指精神，有情感、有智慧、有善恶。第二生命系统学的重要组成部分是社会学、教育学、心理学，除此之外，还包含医学、哲学、宗教学、脑科学等学科的内容。

人的生命由3个因素构成，即生理（自然属性）、心理（社会属性）和灵性（精神属性）。生命的自然属性即自然生命，决定着人的生命长度，即寿命的长短；生命的社会属性即社会生命，决定着人的生命宽度，它是以文化为内核和根基，从零开始不断拓展的；生命的精神属性即精神生命，决定着人的生命高度，它并非纯粹指人在成功的顺境中所能达到的高度，也指人在失败的逆境中所处的低谷，因为生命的深刻体验和灵性的深层次激发，构成了富有意义的生命高度的一部分。生命长度、生命宽度和生命高度统一在一起，共同凝结成人的生命亮度。存在主义大师罗洛·梅认为，生命是指一个人的自我追寻之路，这个过程是动态的、不断成长的、自我创造的。

二、生命的特征

（一）生命的不可逆性

从胚胎起，生命便一直生长、发育，以至衰亡。它绝不会"倒行逆施"，返老还童。

（二）生命的有限性

人生命的有限性表现生命存在的时间有限、生命的无常性（表现在生老病死、必然走向死亡）和个体生命的存在不能离群索居。正是生命的有限性才促使人去努力思考、发奋创造，积极生活去实现自己生命的意义。

（三）生命的双重性

在人的生命体中存在着两种生命：一是作为肉体的存在物，是自然界的一部分，受自然规律的决定和制约，具有自然性；二是人作为精神的存在物，受到道德规律的制约和支配。每个时代、每个人都必须面对这种矛盾，人的这种双重性、矛盾性及其之间的作用是人的生命存在的最根本的动力。

（四）生命的创造性

生命就是运动，不间断地运动。一切静止意味着死亡。但生命比单纯的持续运动更为丰富。生命就是在此基础上不断产生新内容的创造性运动，通过创造去发现生命的意义。每个人的生命过程都是不同的、独特的。

三、人为什么活着

活着是为了什么？很多人都思考过这个问题，乐观的人找到了很多答案，豁达的人认为不需要思考这个问题，自信的人认为自己已经找到了答案。或许每个人理解都是不同的：有人认为是为了孩子，为了责任，为了使命，为了爱，为了艺术。世界著名的实业家、哲学家稻盛和夫先生给出他的答案：人活着的意义和人生价值就是提高身心修养，磨练灵魂。

【故事点击13-2】

> 2010年被网友称为"癌症妈妈"的郭雪姣，年仅25岁身患"胃癌晚期伴腹部转移"。她因发表《我不该放弃自己》等系列"抗癌微博"，一夜之间成为网络关注的焦点。她在微博里写道："我是个得了癌症的妈妈，今年26岁(虚岁)，有个两岁半的宝宝，化疗了几个月，我已经变得面目全非了。但是我并没有气馁，因为家人并没有放弃我，我更不应该放弃自己……"对儿子，"我把他带来这个世界，不能丢下他不管"。对爱人，"我还没'折磨'够你呢，我肯定不会死的"。"癌症虽然可怕，但我还是会坚强地和它斗争，加油！阳光总在风雨后。"

一个人的存在给世界上其他人带来了什么？奥斯特洛夫斯基在书中这样写道："人最宝贵的是生命，它给予我们只有一次。人的一生应当这样度过：当他回首往事时不因虚度年华而悔恨，也不因碌碌无为而羞耻。这样在他临死的时候就能够说：'我已把我整个的生命和全部精力都献给最壮丽的事业——为人类的解放而斗争。'"这种人生观与价值观是社会的主流精神，它激励了一代又一代人。它告诉我们"你是别人需要的人，生命才有意义"。癌症妈妈生命的意义就是不放弃，为了家人同癌症争夺生命。

"人固有一死，或重于泰山，或轻于鸿毛。"有的人视生命如草芥，如：因为感情纠葛而跳楼自杀的浙大男生；因找不到如意的工作喝农药自杀的北京师范大学的毕业生；因考试不及格就结束自己生命的中学生；一时学不会跳绳，而奔向阳台跳下去的一贯优秀的小学生……生命对于他们意味着什么？他们活得很肤浅，死得很自私，他们的死比鸿毛还轻，毫无意义。

"身体发肤，受诸父母，不可伤毁，孝之始也。"人的生命只有一次，我们的生命不仅属于自己，也属于家庭，还属于国家。人拥有了生命才拥有美好的一切，只要生命存在，一切皆有可能，失去了生命人的一切也无从谈起。史蒂芬·威廉·霍金说："大脑对我们的感情和生命的意义负责，敬和爱、对和错都是我们大脑创造的这个宇宙的一部分，大脑不仅感知现实也同时赋予它意义，生命的意义在于你的主观选择。"正如宇宙学家卡尔萨根所说："我们其实就是宇宙的自然思考，意义——是一个只可能存在于人类思维范围内的概念。"正因为如此，生命的意义并不存在于别的地方，而就在我们的脑海之中。每个人的生命意义是不同的，主要是看你怎样选择。

【故事点击13-3】

2012年11月24日,红网中国频道转发《广州日报》邓海建撰写的题为《优秀清华博士转行作教师:我已经厌恶科研了——导师痛惜》的文章,说的是清华博士生萧杨突然放弃留校继续做科研的机会,与北京一所重点中学签约做数学老师。其导师程代展彻夜难眠,在博客上发表了一封3000多字公开信《今夜无眠》表达惋惜与困惑。"他的选择让我很惊讶,我彻夜失眠也没想明白。他是我遇到过的最有天赋的学生。""想当然地认为他会从事高端的科研。""你这样做,中国,甚至世界可能会失去一个优秀的科学家。"数日后,萧杨在一个社交网站上贴出一封长信回复老师,称"其实很简单,唯一的原因就是没兴趣了。……我已经厌恶科研了。""做科研太累,当我决定退出科研的时候,心里是久违的无比的轻松。"也许常人确实难以理解,一位曾在系统控制领域的国际顶级专业期刊(IEEE TAC)上以第一作者的身份发表数篇长论文(中国系统控制领域的博导都没有几人在这本期刊上发表过文章)的学生,竟然以博士身份从科研领域主动转行去做中学老师。他的人生选择是对还是错?

邓海建评论:老教授看重天赋,年轻人看重兴趣,科研或者人生,各有各的道理。尊重清华博士"厌恶科研"的权利,也许我们会失去一个天才,却见证了一份遵从本心的幸福人生。

第二节 生命的价值

生命的意义在于你的主观选择,而我们的选择就是生命价值的显现。生命的价值是什么?是我们每个人对生命的根本看法和态度,是人们对生命存在形式的总的价值判断。它包含自我价值和社会价值两方面。自我价值表现为个体存在的意义、个体需求的满足和社会对个体的尊重和满足;社会价值则表现为个体对社会需求的满足和对社会进步的贡献。文学家列夫·托尔斯泰认为:"人生的价值,并不是用时间,而是用深度去衡量。"

一、珍爱生命

珍爱生命不仅是个体生存的需要与权利,更是一种责任与共同生活的基本法则。珍爱生命就要敢于探索人生的意义,竭尽全力实现生命的价值,去打败苦难与挫折,去战胜厄运。珍爱生命就是要活出独一无二的自我。

人的生命是宝贵的。人的生命又是脆弱的,在地震、海啸、水灾、火灾等自然灾害面前人显得是那么的不堪一击。2008年5月12日四川汶川大地震已确认69 225人遇难,374 640人受伤,17 939人失踪。2020年初新冠肺炎疫情暴发,世界卫生组织截至北京时间2020年5月19日数据显示,全球新冠肺炎确诊病例达4 628 903例,死亡病例312 009例。我们要珍爱生命,不仅是自己的也包括他人的乃至动物的。对于在校的大学生来说,珍爱生命关系到大学生一生的命运也关系到无数家庭的幸福和谐,还关系到国家的前途与未来。

人生的道路崎岖不平,拿破仑说过:"人生的光荣,不在永远不失败,而在于能够屡扑屡起。"一些大学生在面对挫折时选择了轻生,而许多人同样在面对挫折时却选择了坚强,用行动告诉人们:"加油,阳光总在风雨后。"成为我们面对逆境、挫折的榜样。

【故事点击13-4】

用灵魂演奏生命的音符

刘伟,他在小学时酷爱足球。10岁时因高压线电击的意外事故,不仅失去了双臂,同时也剥夺了他在绿茵场奔跑的权利。面对挫折,小刘伟没有放弃生命,而是在家教的帮助下,全力以赴地把耽搁了两年的学业,仅用一个暑假就追了回来。刘伟没有留级,开学考试进入班级前三名。重回人生轨道的刘伟,一直对体育念念不忘,足球不行,那就改学游泳。12岁那年,他进入北京残疾人游泳队,两年后在全国残疾人游泳锦标赛上夺得两金一银,他成功了。刘伟跟母亲许诺要"在2008年的残奥会上拿一枚金牌"。谁知厄运又来纠缠,过度的体能消耗导致免疫力下降,他患上了过敏性紫癜。医生警告说,必须停止训练,否则危及生命。无奈之下,刘伟与游泳说再见,走进了后来带给他成功的音乐世界。用脚弹钢琴的艰辛超乎了常人的想象。三年后,刘伟的钢琴水平达到了专业七级。他说:"我的人生中只有两条路,要么赶紧死,要么精彩地活着。"

二、尊重生命的神圣

生命是神圣的,任何人包括自己都没有权利剥夺与侵害自己或他人的生命。尊重是指敬重和重视,尊重生命就是敬畏生物体所具有的存在和活动的能力。学会尊重生命就是对生活的热爱。在世界上有许多杰出人物的历程并不是一帆风顺,他们有的出身卑微、有的饱受病痛的折磨、有的屡遭挫败、有的一再迷失,但他们热爱自己的生命,也勇往直前、突破瓶颈,让生命散发出不朽的光辉。大学生热爱生活不仅需要有生活目标,还要用实际行动去追逐目标。生命是宝贵的也是短暂的,逝去的生命是无法重来的。所以要好好尊重生命,我们要爱护它,保护它,敬畏它。

【故事点击13-5】

在一次网球公开赛中,最后一个关键球,甲方发球,乙方接住,双方成平局。可就在这时,一只小鸟突然飞进场内,非常不凑巧的是,小鸟被高速飞行的网球击中,当场坠地死亡。那位运动员不再关心比赛的输赢,他没有去接球,而是当着众多观众的面,虔诚地跪倒在那只小鸟面前,为自己的过失表示忏悔。与这位运动员爱护动物相比,有一些人却虐待动物,竟然只为满足自己的好奇心而去烧熊,为发泄情绪去虐待猫。有的人为了金钱利益而猎杀动物,也有很多利欲熏心的人,为了私利,而乱砍滥伐树木……

我们要对地球上所有的生命给予尊重和爱护。尽己所能帮助它们,从小事做起,与各种生命和谐相处,世界才会在我们面前呈现出无限生机;对生命常怀敬畏之心,我们才会感到生命的高贵与美丽;不要随意虐待和伤害生命,我们的社会将会更美好。生命,可以很坚韧,也可能很脆弱。拥有它,就要懂得珍惜、尊重,知道为别人付出,尊重每一个生命。不仅为别人,也是为自己。

三、活出精彩人生

【故事点击13-6】

片段一:

一个现场采访乡村放牛娃的电视节目中的对话。

记者:"你在这儿放牛做什么?"

放牛娃:"让牛长大!"

记者:"那牛长大以后呢?"

放牛娃:"卖钱,盖房子。"

记者:"有了房子又做什么?"

放牛娃:"娶媳妇,生娃。"记者:"生了娃呢?"

放牛娃:"让他也来放牛呗!"

片段二:

"看了电视,我想到了自己——我为什么读书?""考大学。考上大学又为什么? 找一份好工作。有了好工作又怎样? 找一个好老婆。然后呢? 生孩子,让他也读书,考大学,找工作,娶媳妇……生命轮回,周而复始。""这样的生活没有意义,这样的生命没有价值。"一个14岁的少年得出了这样的结论。

那么人生价值到底如何定义? 大学生要如何活出精彩的人生?

幸福、美好的人生是所有人追求的目标。对于大学生来说,不断地学习知识技能、积累阅历经验、提升自身素质、完善自我人格,都是为了寻找更好的发展,完成自己的理想,实现自我的价值,追求幸福快乐,建造美好人生。为了帮助大学生在人生的轨道上走得更加顺畅、更加精彩,我们提出了以下一些可以借鉴的方法。

(一)确立人生目标

所谓人生目标,就是个体对人生的某一时期或阶段所期望达到的成就和结果。人生目标的确立决定着人生的根本方向、根本态度和人生价值的实现。目标对一个人的进取心具有激励作用,能使人更好地把握现在,合理地安排计划和取舍,指导个人的行动。大学生要确立恰当的人生目标可参考以下几个方面。

1. 充分了解自己 人生的目标总是要与自我的需要、能力、条件等相吻合,才能充满吸引力,才能体现自我的价值,使自己为了目标坚持努力,确保其实现的可能性。因此,大学生在确立自己的人生目标时,要全面、客观地了解自己的性格特征、兴趣爱好及生存环境等,以确立适合自己的人生目标。

2. 确定目标的起点和终点　要使自己的人生目标清晰明确,就需要对目标的开始时间、完成结果、持续时间、实现过程与步骤有一个整体的规划和清醒的认识。只有弄清自己所处的角色和位置,明确自己行动的方向和目的,确定目标的起点和终点,才能使行动在正确的轨道上运行。

3. 清楚地表达出自己的人生目标　只有用明确的语言或文字将自己心中的目标表达出来,才能使自己更加清楚具体的奋斗方向,用具体的事物激励自己,才能使自己看到希望,增强信心,集中精力,充分利用各方资源去尽力实现目标。同时,将自己的目标清晰地表达出来,还有助于及时了解行动的进程,激发继续进取的热情。

4. 长远目标与阶段目标相结合　在确立人生目标时,既要有长远的整体规划,还要有阶段性的具体安排。长远目标可以保持积极进取的动力和心态,在遇到困难时可以坚持不放弃;阶段目标则规划了某一时期应该完成的具体任务,使自己明确现在应该做什么,并能抓紧时间,付诸行动。

5. 人生目标的高度要适当　确立人生目标既要有激励价值,又必须切实可行。高不可攀的目标,即使全力以赴也难以达到,因而会挫伤积极性和自尊心;唾手可得的目标,会降低实现目标的热情和动力。只有适当高度的目标,才能激发拼搏的力量,获得成就感和满足感。

6. 适时调整目标　社会是在处于不断发展变化之中的,因此,已确定的人生目标也并非绝对固定不变,当主客观环境发生了变化,自己的人生目标不能完全适合自己或得到实现,就需要依照现实情境对目标进行改进和调整,以使自己的人生朝着更好的方向发展。

(二)保持积极心态

著名心理学家马斯洛说:"心态若改变,态度跟着改变;态度改变,习惯跟着改变;习惯改变,性格跟着改变;性格改变,人生就跟着改变。"因此,大学生应保持积极的心态,增强进取的信心,乐观地面对困难,扫除眼前的阴霾,实现美好的理想。培养积极的心态可从以下几方面入手。

1. 热爱生活、享受生活　生活中有许多值得留恋和感动的事物,只要你留心生活的细节,会发现我们的身边充满了阳光和乐趣,有许多值得留恋和感动的事物,只要你主动去接受和领略它的美好,就会在生活中找到快乐。

2. 学会微笑　微笑是一种含意深远的身体语言,有实验表明,保持住一段时间的微笑,即使没有什么值得高兴的事情,也会使自己拥有一份愉快的心情。微笑可以给他人带去愉悦的感受,可以鼓励他人的信心,使周围的环境和谐融洽,同时,你会得到他人微笑地回馈,使你感受到真诚、自信和快乐,并建立起积极的心态。

3. 用积极的语言提示自己　经常用积极的语言提示自己,对自己进行积极地心理暗示,这样就会将积极的观念和态度输入潜意识,并反映到意识之中,以积极的观念指导自己的思想行为,控制情绪情感,使人们保持积极的心态。如经常对自己说"我能行","我是开心和快乐的"等。

4. 从积极的角度看待挫折和困难　事物都是具有两面性的,当大学生遇到挫折和困境的时候,尝试从积极的角度进行分析,看到它们产生的正面影响。应该认识到,挫折和困难有时会成为幸事,使你认识到不足,积累到经验,避免日后出现更大的错误,正所谓"塞翁失马,焉知非福"。如此,才能避免陷入悲观失望,才能继续保持积极的心态,追求更大的成功。

5. 避免无关紧要琐事的困扰　要保持积极的心态,就应避免在一些无关大局的、非原则性的小事情上浪费精力。要把自己的时间和关注点放在重要的事情上,以一种超然的态度对待那些鸡毛蒜皮的小事,避免斤斤计较、无事生非。如此,会减少不必要的烦恼,减少消极情绪的影响,保持宽广的胸襟和积极的心态。

6. 心存感激　对人生对大自然的一切美好的东西,我们要心存感激,那样人生就会显得美好许多。对于身边的人或事要怀着一颗感激的心,要感谢生活赐予我们的美好,学会珍惜所能拥有的一切相信他人的真诚和关爱,减少抱怨、责备和怨恨,懂得奉献和回报,你会感受到点滴的幸福。

7. 坚持必胜的信念　卡耐基说过:"一个对自己的内心有完全支配能力的人,对他自己有权获得的任何其他东西也会有支配能力。"如果大学生充分地相信自己,以积极的心态把自己看作是成功者,就已经开始成功了。相信自己可以成为自己想要成为的那种人,这种积极的思维就会赋予人们积极的心态。

第三节　大学生心理危机干预

一、什么是心理危机

心理危机是指由于突然遭受严重的灾难、重大的生活事件或精神压力,使生活状况发生显著的变化,尤其是出现了用现有的生活条件和经验难以克服的困难,致使当事人陷于痛苦和不安的状态。伴有绝望、麻木不仁、焦虑以及自主神经紊乱和行为障碍的发生。

(一)个体内部的影响

1. 源于内部的危机　源于内部的危机大多属于"自我同一性"危机。大学生寻找和确立自我的过程中,常常由于理想自我与现实自我的矛盾产生心理危机,这在大学生中普遍存在。其根本原因就是不能正确地评价自己与他人,容易产生强烈的挫折感,由过分的自尊转变为过分的自卑甚至自暴自弃。

2. 个性缺陷　在轻生的人中,性格有缺陷的占相当大比例。这些人往往心理承受能力差,人格偏执,易于冲动或怯懦退缩,一旦面临危机就会手足无措,心理崩溃,找不到正确的解决办法。更有一些自闭孤僻的人不愿意与人交流,从而使自己因无法获得外界帮助,而丧失了接受干预的机会,进而产生不理智的过激反应,对自己或他人的生命造成伤害。

3. 生理和心理矛盾　大学生生理和心理的发展正处在特殊时期,对人生和社会问题的认识飘忽不定:有时正确而深刻,有时错误且肤浅;有时客观而全面,有时主观并偏激。在大学生的意识之中,也常有自相矛盾的情况:独立性与依赖性交织,情绪与理智并存,强烈的求知欲和相对较差的识别力博弈,理想与现实脱节等。这种不稳定的心理状态如果受到外界因素的干扰和影响,就很容易产生心理危机。

4. 个体应对策略不当　面对危机,心理健康的人常常能够正视危机,冷静解决。而有心理缺陷的人却常因认知偏颇、情绪失控、意志丧失而产生心理危机。

(二)环境的影响

有研究者指出,现代社会转型加速,科技迅猛发展,社会竞争压力加大,不少大学生精神迷茫,常常陷入剧烈的心理冲突之中。在优胜劣汰的激烈竞争中,一些同学整天忧心忡忡,表现出严重的危机感。一旦努力失败,会带来严重的心理挫折感。

(三)社会支持系统的缺乏

研究表明:在相同社会压力情境下,那些受到来自朋友或家庭较多心理或物质支持的人,比受到较少支持的人身心更为健康。那些缺乏社会支持的大学生遇到挫折容易产生心理危机。

(四)性生理的成熟与性心理的不完善

由于性心理不完善和不成熟,生活经验欠缺,对性冲动和性要求理解不当,大学生常会产生紧张、恐惧、羞涩甚至不正当的行为,还有的因陷入感情旋涡、失恋、单相思等问题困扰产生苦闷、惆怅、失望、悔恨与愤怒的情绪,给身心带来严重的影响,甚至会诱发精神疾病。

二、心理危机预警与干预

心理危机的预警对象,应该是危机承受能力相对较弱、危机事件发生概率较高以及正在遭遇危机事件的个体或群体。从危机事件发生概率来说,对一些家庭教育环境不佳,个体人格以抑郁、内向、自省为特征,思维方式特别,情绪、情感不稳定,行为冲动、异样反常的学生应给予高度的关注。具体来说,可以通过建立心理危机电子档案来实现对危机预警对象的全面、及时的把握。

危机干预是随时对经历个人危机、处于困境(或遭受挫折)、将要发生危险(如自杀)的人提供帮助和支持,使之恢复心理平衡,达到危机前行为水平的短期治疗过程。可以理解为当事人无法通过自身因素调整自身心理问题时,就应该采用外界手段干预的方式,对当事人进行辅导和治疗,以防止不良后果的产生。

三、自杀

自杀是一个人以自己的意愿与手段结束自己的生命。是个体遭受挫折后的一种极端反应方式,也是受挫后针对自身的一种典型的、特殊的攻击行为。当个体受到突然而沉重的挫折打击,或者长期受到挫折的困扰和折磨,感到万念俱灰、无力自拔时就可能产生自暴自弃、轻生厌世的想法,此时若得不到外力的帮助,就有可能采取各种方式自杀。

在现代社会中,自杀已成为人类的十大死因之一,并已经成为15～35岁青年人的首位死因。世界卫生组织(WHO)的统计数据表明,全世界每年约有100万人死于自杀,平均40秒左右就有1人死于自杀,每3秒有1人自杀未遂。自杀不仅伤害本人,还至少对与其有关的6个人在心理上产生巨大冲击,同时也对社区和家庭在心理、社会交往及经济上产生不可估量的影响。自杀已经成为现代社会严重影响人类健康和寿命的主要问题之一。

(一)自杀的分类

中国学者把自杀分为情绪性自杀和理智性自杀两类。情绪性自杀常常由于爆发性的情绪所引起,如委屈、悔恨、内疚、羞惭、激愤、烦躁或赌气等情绪。此类自杀进程比较迅速,发展期短,甚至呈现即时的冲动性或突发性。理智性自杀不是由于偶然的外界刺激唤起的激情状态导致的,而是由于自身经过长期的评价和体验,进行了充分的判断和推理以后,逐渐地萌发自杀的意向,并且有目的、有计划地选择自杀措施。因此,自杀的进程比较缓慢,发展期较长。

(二)自杀的原因

自杀的原因主要是抑郁症和精神障碍,成为内源性自杀。外源性自杀主要由外界压力和挫折引起。大学生因失恋、学习、升学、就业压力过大;情绪低落或无倾诉对象;与重要的人关系破裂,绝望;发生无法挽回的事(被性骚扰、强奸、性侵害);患了重病,失去健康;失去工作、金钱、地位、自尊、重要的事物;处在心理疾病被折磨或极度痛苦的环境;处在濒临死亡的危机中;自杀事件的影响与暗示等,都是影响自杀的成因。

青少年心理研究专家认为,青少年自杀的原因主要在于他们所面对的社会压力比较大,而他们在学校和家庭都缺乏必要的挫折教育和心理健康教育,这就造成了他们的心理素质不高,面对压力缺乏相应的应对能力。预防青少年自杀绝不是青少年的个人行为,除了要提高青少年自身的心理素质和自控能力外,学校和家庭在预防青少年自杀方面做到"共同参与"至关重要。

(三)自杀的预防

要预防大学生自杀事件的发生,在学校和家庭进行挫折教育和心理健康教育十分重要。美国自杀协会主席希尼亚·帕佛认为:"防止自杀最好的办法不是注意自杀本身,而是应当更广泛地注意是什么因素导致了自杀的发生……"了解自杀的一些征兆有利于我们预防危机事件的发生。对处于自杀边缘的个体要进行危机干预。

自杀过程可分为3个阶段:自杀动机或自杀意念形成阶段;矛盾冲突阶段;自杀行为选择阶段。从矛盾冲突中解脱出来,决死意志坚定,情绪逐渐恢复,表现出异常平静,考虑自杀方式,做自杀准备。自杀行为的形成相当复杂,涉及生物、心理、文化及环境因素,根据精神医学研究报告显示,自杀的人70%有忧郁症,精神疾病者自杀概率更高达20%。

1. 建立正确的认知观念　对于自杀情绪的形成,美国心理学家、理性疗法创始人阿尔伯特·艾利斯认为:"人的情绪和行为障碍不是由于某一激发事件直接所引起的,而是由于经受这一事件的个体对它不正确的认知和评价所引起的,最后导致在特定情景下的情绪和行为后果。"在认知上错误地觉知或解释外界的刺激,在思考上有不合逻辑的推论形式,而令个人形成负向的感受、较低的自尊,甚至形成罪恶感或无助感,最后即可能造成忧郁。因此,改变情绪要从建立正确的认知观念入手。从而达到改变情绪的目的,心理学叫认知矫正。

2. 建立社会支持系统　大量的证据表明,缺乏社会支持是导致心理及躯体疾患的一

第十三章 绽放生命心飞扬——大学生生命教育与心理危机应对

个因素。反之,有广泛的支持性社会关系网络则可降低自杀发病率。

3. 合理地运用心理防御机制　合理地运用心理防御机制,可暂时减轻或消除内心的不安和痛苦,缓冲冲动和偏激,使个体有寻求最佳应对方式时间和方式,有助于适应心理应激。

4. 对自杀的干预　对自杀的干预包括干预有自杀意念或决定自杀的人,以及对一般人进行自杀预防。

第一,要掌握有关自杀问题的知识,敏感于寻求自杀者发出的呼救信号,需要消除对自杀有关问题的诸多误解,如:一个人自杀未遂后自杀危险就会结束;威胁别人说要自杀的人一定不会自杀等。

第二,当有人谈及自杀念头时,要认真考虑他的话,因为他可能有了麻烦,他正发出求援讯号,他也可能正打算把这想法付诸行动,所以不要忌讳,一定要做些什么。①表明你真诚的关切和关心,建立一种良好的信任关系;②耐心聆听他的倾诉,聆听他的心声、听出他的感受,就是一种支持的力量;③求援:当有立即的危机时,可向任何可咨询的机构或信赖的人寻求支持,或报警处理。

【资料窗 13-1】

有自杀倾向的初期警号

在前数天、数星期或数月有以下的迹象可视作自杀线索与求救信号。
1. 表示自己一事无成、没有希望或感到绝望;感到极度挫败、羞愧或内疚。
2. 曾经写出或说出想自杀。
3. 谈及"死亡""离开"及在不寻常情况下说"再见"。
4. 将至爱的物品送走。
5. 避开朋友或亲人,不想和人沟通或希望独处。
6. 性格或仪容突然变化,如长期严重抑郁症情绪突然好转。
7. 做出一些失去理性或怪异的行为。
8. 情绪反复不定,由沮丧或低落变得异常平静开心。
9. 灾难中有亲人离故或经历其他重大生活事件。
10. 搜集有关自杀的资料等。

【心理活动】

临终遗言

目的:对个人的人生价值观作具体的探索并协助成员在生活中作明智的抉择。

时间:45~60分钟

准备:白纸、笔

操作:指导者告诉团体成员,由于种种原因,你正面临着死亡。终期将至,时间只允许你再做最后10件事,你会做哪10件事,并排出先后次序;然后写下你的遗嘱(50字以内)。请认真思索后写下你的决定和遗嘱。分小组向其他组员讲出,并解释原因,谈一谈你在写的时候有什么感受,这感受对你今后的生活有什么影响?

【"一人一故事"心理剧场】

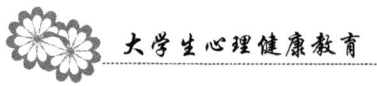

演绎人生的剧场

人数:不限

场景与道具:在一个亲密的表演空间里,中间放几张排列整齐的椅子,左舞台区域有个乐师身边摆着各式的乐器,右舞台有架子,上面挂着不同颜色、不同形状的布条,右下舞台邻近观众的地方则放着两张并排的椅子,靠近观众席的是导演教师,另一张坐的是上台来说故事的观众。

演出阶段:台下愿意上台的观众,讲出自己的故事,演员在聆听后以形体雕塑、说话、唱歌、诗歌、舞蹈或剧情表演等形式即兴呈现,把故事"重演"一次,作为礼物回赠给讲述者。

活动意义:每个人都有自己的生命故事,每个故事都值得被聆听。不论对于讲故事的人,还是一言不发地观众,提供了一个互动真情的空间,不是心理治疗却有着治疗的功效,即使舞台上的演员表演水平有限,台下观众也会非常投入并叫好。因为,正在上演的虽然不是自己的,但也是与自己有关或者与自己类似的生命故事。让观众说出他们的亲身感受或经历,无论是平凡的、酸甜苦辣的,还是深刻的,当把自己的经历或感受说出来以后,就可以目睹自己的故事重新被呈现后的变化。所以,"一人一故事"剧场不仅是一种表演艺术,同时是人与群体互动的分享过程。每个人只要愿意开放自己,不仅可以听到别人的故事和感受,还会发现自己活在当下的内心世界以及与社群之间产生的联系。大家在一起,通过这种方式来分享自己的喜怒哀乐,并从中获得深刻的感悟、体验和教诲。

【好书推荐】

1. 玛格丽特米切尔. 相约星期二. 上海译文出版社,2007.
2. 陆幼青. 生命的留言(《死亡日记》全选本). 华艺出版社,2000.
3. 稻盛和夫. 人为什么活着. 中国人民大学出版社,2009.

【电影赏析】

《真爱之吻》

《真爱之吻》是由马克·波兰斯基执导,克里斯蒂娜·里奇、詹姆斯·麦卡沃伊等人主演的奇幻电影。该片讲述了出身贵族的佩内洛普由于受到诅咒,长着猪一般的丑貌,打破这个诅咒的唯一办法是有人接受她,真心爱她。佩内洛普由此踏上一条寻求真爱的奇幻之旅。

《自杀专卖店》

《自杀专卖店》是一部2012年在法国上映的动画电影。讲述死气沉沉的法国小城,一家有口皆碑的老店却格外生意兴隆。原来这家祖传老店代代皆以贩卖自杀产品著称。在如此灰暗恐怖的小镇上,自杀成了当地居民稀松平常之事,这也是小店异常火爆的原因。经营此店的老板三岛了无生气,老板娘更是日日愁眉苦脸。他们早就丧失了对生活的热情,终日郁郁不安。长期贩卖自杀用品,让他们濒临崩溃的边缘。幸好他们的一双儿女还热爱着生活,尤其是他们的小儿子阿伦,笑容总是挂在他的脸上。然而,阿伦热爱生活的态度却威胁着老店的经营,父亲想尽办法让阿伦变得消沉,甚至把阿伦逼上了绝路……

【参考文献】

[1] 瞿珍. 大学生心理健康[M]. 上海:华东理工大学出版社,2018.

[2] 冉超凤,黄天贵. 高职大学生心理健康与成长[M]. 4版. 北京:科学出版社,2017.

[3] 高美华,张佳洁. 大学生心理健康教程[M]. 北京:中国铁道出版社,2017.

[4] 刘嵋. 校园心理剧团体心理辅导与咨询[M]. 北京:清华大学出版社,2016.

[5] 张海涛. 大学生心理调适与发展[M]. 北京:人民邮电出版社,2016.

[6] 邓勤勤. 当代大学生自杀危机及其干预[D]. 西安:西安电子科技大学,2010.

[7] 朱彤. 大学生自杀预防及危机干预策略研究[D]. 金华:浙江师范大学,2011.

[8] 王恩娜. 大学生生命意义感和心理资本的关系及干预研究[D]. 兰州:兰州大学,2016.

[9] 王秦飞. 大学生正念、心理资本与生命意义感的关系及干预[D]. 开封:河南大学,2019.

[10] 靳宇倡,何明成,李俊一. 生命意义与主观幸福感的关系:基于中国样本的元分析[J]. 心理科学进展. 2016,24(12):1854-1863.

[11] SCHLEGEL R J, HICKS J A, KING L A, et al. Feeling Like You Know Who You Are:Perceived True Self-Knowledge and Meaning in Life[J]. pers soc psychol bull,2011,37(6):745-756.

[12] STEGER M F, FRAZIER P. Meaning in Life:One Link in the Chain From Religiousness to Well-Being.[J]. Journal of Counseling Psychology,2005,52(4):574-582.

[13] VAN TONGEREN D R, GREEN J D, DAVIS D E, et al. Prosociality enhances meaning in life. The Journal of Positive Psychology,2016,11(3):225-236.

第十四章

你准备好了吗

——大学生职业生涯规划

第十四章 你准备好了吗——大学生职业生涯规划

【案例14-1】

"大学生村官"王先美：来自农村回归农村

今年6月,毕业于中国青年政治学院思想政治教育专业的王先美成为了一名大学生村官。王先美现就职于北京市大兴区安定镇某村,担任村主任助理一职。

"刚来的时候有点不太适应,现在已经好多了。"环境的恶劣,条件的艰苦,对于这位24岁的年轻村官来说,都远比在大学里遇到的苦要多得多,但这却没有动摇王先美的决心。

对于农村,王先美并不陌生。他出生于湖北省贫困的农村家庭,由于家庭困难,他在踏入大学大门的那一刻就决定了毕业以后直接就业,而且不一定非得留在城市里,甚至去西部也可以。

进入大四,由于学的是冷门专业,王先美一开始就把求职的目光投向了国家公务员。在国家公务员的笔试考试中,王先美以130多分的高分顺利通过,这一结果令他喜出望外。可面试成绩出来后,他被淘汰了。但是,王先美没有沮丧。之后的日子,王先美重新准备简历开始找工作。通过多种途径,采用了多种方法,投递了数十份简历。公务员考试、校园招聘、社会招聘……几乎所有的尝试都是以失败告终。面对这一系列挫折,王先美后来说:"我没什么经验,可能这些尝试都不是最适合我的,我还是应该做一些我真正能够做的事情。"

5月初,学校公布了要在校内竞选北京村官的启示,当时王先美所在的马克思主义学院有2个名额,他开始萌生要当村官的想法,并得到了父母的支持。学院里总共有15位同学报了名,经过笔试面试等严格的筛选,王先美最终入选。

王先美回报农村的心愿最终以"大学生村官"的方式得到了实现。回首并不平坦的求职之路,王先美说:"虽然就业形势一年比一年严峻,但不是严峻到让大学生找不到饭吃的地步。我们班里所有的同学毕业前都找到了工作,我觉得大学生在求职时还是要有足够的信心。"

虽然每个月只有2000元的工资,但王先美并不后悔当初的选择。王先美村官的合约签的是三年,三年后,他就会拿到北京户口,而且届时考公务员还可以优先录取。就在一个月前,一起来农村任职的一位同学辞职了,但王先美依然在坚持着,而且感觉这个工作比较适合自己。

第一节 大学生活从规划开始

大学生要想很好地融入大学生活,使自己的大学生活过得充实有意义,必须要有明确的目标和可执行的计划。

一、什么是职业发展与规划

职业生涯是一个人一生中所有与职业相联系的行为与活动以及相关的态度、价值观、愿望等的连续性经历的过程,也是一个人一生中职业、职位的变迁及工作理想、人生价值的实现过程。职业发展是指为达到职业生涯计划的各种职业目标进行的知识、能力和技术的发展性培训、教育等活动,也是个人逐步实现其职业生涯目标和工作理想,并不断制定、实施新目标的过程。

职业规划是指个人根据自身的主观因素和客观条件,通过分析、总结研究并综合分析与权衡,根据自己的职业倾向,确立自己的职业发展目标,选择实现这一目标的职业,制订和安排相应的教育、培训、工作计划,并付诸行动,实施职业发展目标的过程。这是个人职业生涯走向成功的战略指南,是人的职业发展的真正动力和加速器,其实质是追求最佳职业发展道路的过程。

大学生进行职业规划的目的和任务包括四个方面。

第一,正确认识自我,包括认识自己的个性特征,认识自己的职业兴趣,认识自己的职业知识和技能等。

第二,明确职业定位,在正确认识自我的基础上,初步确定自己的职业目标,明确自己的职业定位。

第三,择业培训的内容包括择业动机分析、择业心理准备、择业技巧、行业分析等方面。

第四,培育职业素养,进行角色转换,如职业道德观、职业礼仪、职业规范等培训。积极参加各种形式的、规范的职业素养培训,尽早地实现角色转换是大学生进行职业规划的一项重要任务。

二、大学生职业发展规划的阶段

大学生职业发展规划应按照大学学习时间分阶段进行,每个阶段面临不同的情况与任务,注意的问题也是不一样的,各个阶段具有各自的特点、目标和规划重点。分析各阶段实际情况,结合个人条件进行大学生职业发展与规划,有利于大学生职业发展与规划的针对性、具体性和明确性。一般来说,大学生职业发展规划可分五个阶段:适应阶段、成长阶段、冲刺阶段、分化阶段和实现阶段。

(一)适应阶段

这一阶段作为大学一年级学生进入新环境的起点,具有重要意义。这一阶段的主要任务是尽快熟悉和适应大学生活,对专业进行初步认识,了解专业人才培养目标和实施途径并对自我价值观念进行澄清,对个人特质进行评估,逐步养成自己的学习生活习惯,并在认识自我的基础上,结合对专业的认识,进行专业兴趣培养。

(二)成长阶段

这一阶段又称为综合素质提升阶段,学生可以通过担任学生干部,积极参与学校各种活动,提高自己的综合素质和能力;通过英语和计算机的相关证书考试,增强英语应用的能力和计算机操作能力;尝试社会兼职等实践活动,最好能在课余时间长时间从事与自己未来职业或本专业有关的工作,在工作中增强自己的责任感、主动性、意志力和应变能力。

(三)定向阶段

通过几个学期的学习和对自我的再认识和再评估,确定下一阶段的发展方向——就业或继续深造。准备就业的学生,在进一步加强专业学习的基础上,应该注重提高求职技能,关注就业信息和就业政策。该阶段生涯目标的特点是:长期目标逐渐明确和坚定,近期目标更加具体,由于与社会密切接触,职业生涯目标得到有效修正,修正后的目标更加正确,与社会现实更加符合。

(四)分化阶段

大学生经过三年多的学习生活,无论是知识积淀,还是个人综合能力都有了全面的提升,职业目标已经明确,职业目标与个人能力之间的差距进一步缩小,已具备有针对性地进行学习生活规划的能力。开始求职,积极参加招聘活动,在实践中检验自己的积累和准备,实现顺利就业。该阶段生涯目标的特点是:目标更具有现实性和可操作性。

(五)实现阶段

毕业前后,学生进入职业发展与规划的实现阶段,在此过程有成功的喜悦,更有充满挫折、甚至失败的泪水。这时,需要根据社会需求、自身情况和机遇不断对自己的职业发展与规划进行必要的调整,以保证职业发展目标的实现。

三、大学生活对职业发展的影响

(一)专业学习对职业发展的影响

1. 选择适合自己的专业有利于将来职业发展 具备相关专业背景,对于找到自己喜欢的工作是较为重要的,用人单位也倾向于招聘专业对口的毕业生。越早一步确定职业目标,打下坚实的专业基础,越有利于职业的发展。如果说大学是一项人力资本的投资,那么,选择适合自己的专业往往收益更大。

2. 专业不完全决定职业 面对就业,如果你对所学专业不是很感兴趣,或自己所学的专业很难就业,可以考虑尝试做与专业不一致的岗位工作。况且现代大学教育多为通识教育,其培养目的并非专才而是通才,只要你善于学习,完全可以适应非专业性的工作。同时,也可以用阶段目标规划职业生涯,根据人生的不同阶段职业发展和社会需要及时调整自己的心理定位,冲破专业与职业的藩篱,为自己创造更多的机会。所以,在大学学习期间,宽厚扎实的专业基础知识学习和较强的综合素质是职业发展之本,即基础知识和综合素质,作为知识结构和实践能力的根基,是每个大学生的职业发展之本。

(二)社会活动对职业发展的影响

美国著名企业家比尔·盖茨曾对大学生提出这样一条建议:在学校里可能没有赢家和输家,学校可能会不断给你机会找到正确答案,真实人生中却完全不是这么回事。

用人单位对大学生的综合素质的要求越来越高。但在培养环节中,高校更多地侧重于理论教学、课堂授课、考试考查等,这使得大学生在择业过程中或初次就业后表现出诸多方面的不适应,这种不适应自然会影响到大学生的职业发展。积极引导和鼓励大学生参与社会实践,就是要使学生了解自己、了解职业要求、了解自己与职业要求之间的差距,从而为缩小差距、适应职业角色奠定基础。

课外活动强调以育人为中心,强调以学生为主体,促进了大学生的思想教育、技能培养、素质提高,强化学生的主体意识、成功意识、成才意识,对大学生职业发展起到了不可估量的作用。所以,学校要结合大学生不同阶段的职业发展需要,开展形式多样、内容丰富、有吸引力的职业发展教育的课外活动,帮助学生树立职业精神,拓展职业能力,提高综合素质。

【知识窗口14-1】

财经专业学生课外活动参与情况与职业发展调查分析

本研究基于江苏省南京市部分高校财经专业2014届、2015届2 926名大学本科毕业生在校期间课外活动参与情况、目前职业发展情况的实证调查,分析大学生课外活动参与度、参与动机及其对大学生能力培养的影响。

数据显示,找工作和是否为学生干部、专业学习、思政教育、职业规划、专业实践、社会志愿这些因素相关度较高,与通识教育、心理教育、科技创新相关度不高。而大学生对工作适应情况与性别、是否为学生干部、专业实践、心理教育四个因素相关度较高。而从没有找到工作的毕业生数据看出,他们的各类课外活动参与度都很低,并且在专业实践、专业学习、社会实践方面参与度也特别低。

第二节　为了明天,发展你的能力

一、大学生应具备的职业能力

(一)时间管理能力

时间是有效地应用资源,时间管理可以帮助我们减少对时间的浪费,抛弃陋习、引进新的工作方式和生活习惯(如订立目标、妥善计划、分配时间、权衡轻重、权力下放)从而通过自我约束、持之以恒、事半功倍地取得个人重要的目标。在工作中要很好地完成工作就必须善于利用自己的工作时间。

(二)自我决策能力

自我决策能力是一个人能否独立思考,果断处事和独立完成某项工作的能力。对于即将毕业走向社会的大学生来说,面临求职择业,别人的意见和忠告各种各样,最终要靠自己决定。在未来的工作中,很多事情和问题必须靠自己迅速做出决定,及时予以处理。

(三)创新能力

培养大批具备创新意识和创新能力的青年学生是作为第一生产力的科学技术的发展

的需要,也是高等学校落实"科教兴国"战略的关键。所以学校应更新传统的教育教学理念,深化教育教学改革,"授人以渔"而不是"授人以鱼",使学生不仅"学会",而且"会学""会创"。

(四)表达能力

一个人要想让别人了解你,重视你,更好地发挥自己的才能,其前提就是要有表现自己的能力。大学生应高度重视表达能力的培养,以适应求职、就业及实现个人理想的需要。

二、大学生职业能力培养的方法

一个人职业能力发展与提升,自身的努力是关键。

(一)主动学习,积累知识

知识的积累要靠积极主动的学习来实现,大学生要充分利用在校期间的黄金学习时间,不仅要学习课程计划内的知识,还要博览群书,不断扩大知识面。同时,学习的过程也是能力锻炼、提高的过程。比如,通过实验提高观察能力、动手操作能力;通过查阅资料、搞科研、撰写论文培养独立思考能力、自学能力、创新能力和表达能力等。

(二)积极投身各类实践活动

1. 担任学生干部或参加学生社团　一个优秀的学生干部需要具备沟通能力、表达能力、组织协调能力、管理能力、团队协作能力等多方面的能力,这些能力都可以在工作中锻炼和提高。学生社团是学校里的非正式组织,是丰富学生业余生活的充满活力的团体,大学生通过参加适合自己的社团有助于开阔视野,增长知识,提高社交能力、社会适应能力等。

2. 勤工俭学　大学生可以利用业余时间参与勤工俭学,不仅可以获得一定的经济收入,缓解贫困学生的经济困难,而且可以提前体验社会生活,从而锻炼能力,增长才干。

3. 专业实习和社会实践　专业实习是学生了解社会、职业的窗口。大学生应充分利用寒暑假和实习课程时间进行专业实习和社会实践。自己认清能力特点,了解行业与职业的具体情况以及与自身是否匹配。通过实习和实践不仅可以锻炼实践操作能力、社会适应能力、社交能力及专业技能,而且可以及时对自身制定的职业发展目标给予纠偏。

4. 参加各类竞赛　校内外的各类竞赛是锻炼、发展职业能力的一个舞台和重要途径。比如,通过参加"挑战杯"创业计划竞赛可以激发学生的创业意识,锻炼创新能力;参加演讲比赛有助于提高口头表达能力;参加体育比赛有利于培养大学生的团队协作能力等。

[知识窗口14-2]

麦可思《2019年中国大学生就业报告》

该报告显示,2018届毕业生中,有2.7%选择了自主创业,较2014届(2.9%)略有下降。从对2015届毕业生的跟踪结果来看,三年内有6.2%的学生选择了自主创业,而在选择自主创业人数中,三年后仍坚持自主创业的只剩

44.8%,较2014届(存活率46.2%)有所下降。三年内创业的存活率不足一半,其中原因值得深入思考。相关调查发现,当前大学生大多是简单的创业,停留于低端创业,与学生所学专业并不相关,技术含量不高,门槛比较低。调查数据显示,某职业学院学生70%创业项目是开网店;很多大型竞赛,诸如创新创业大赛、职业规划大赛和挑战杯竞赛等,参赛作品与所学专业相关的只有23.5%,大部分的作品都是脱离专业知识和技能的。从以上现状来看,大学生职业核心能力有待提升,主要是专业知识能力、实践应用能力以及创新创业意识等。

第三节 完善自我 迎接挑战

一、大学生就业心理问题

毕业生就业制度的改革有利于市场对人力资源的合理配置,拓宽了职业选择面,使大学生求职呈现多元化的趋势。但许多毕业生在传统择业观和现代就业形势面前无所适从,呈现出各种心理表现,产生了许多就业心理问题。

(一)功利心理

择业功利心理是指从择业的趋利避害出发片面扩大自我利益的追求,而缺乏对就业环境的客观评价。调查结果显示,77.3%的用人单位认为大学生仍存在期望过高的现象,主要表现在薪酬、地域、个人发展机会和要求专业对口等个人功利取向方面。

(二)求"稳"心理

择业求"稳"心理,是指从职业的稳定性出发,追求工作职位的安稳、清闲、福利待遇好等,不愿意选择有风险、有挑战性的职业,更不敢去自己创业。因而,毕业生对全额财政保障的事业单位趋之若鹜,公务员考试热度始终不减,即使选择企业也首先以企业的所有制性质和大小而论,不太在意对企业的发展前景的分析,甚至全然不顾"人职匹配"的客观合理性。受家庭传统文化影响,干部、知识分子家庭尤甚。

(三)从众心理

形成择业"从众"心理现象主要是由于缺乏择业主动性,缺乏对现实就业市场和政策的充分了解,缺乏对就业信息的主动收集与分析判断,对自己的职业目标、需要、价值观及自身特点等没有明确认识,随大流而造成的。

(四)依赖心理

择业依赖心理是指在择业中缺乏独立意识和自主承担责任的意识。主要是由于个人独立决策能力不强,缺乏进取精神而造成的。往往表现为不主动出击,消极逃避就业市场,抱着等、靠、要的依赖思想,依赖家人通融社会关系,试图通过关系就业;依赖老师、学校送工作上门,试图坐等就业;即便有就业岗位选择的机会,也要向千里之外的家长寻求决策帮助,拿不定主意,以致贻误择业时机。

二、大学生常见的择业心理困扰

(一)择业焦虑与恐惧

2020届毕业生心理压力加大。受疫情影响,各大高校延期复学,虽然开展了"停课不停学"计划,但对于毕业年级的毕业相关事项还是有诸多不便。如毕业要求的相关实习不能完成、毕业设计缺少设备或实验材料、毕业论文缺乏导师当面指导影响进度等,这些都直接影响着毕业生能否顺利毕业,加重毕业生心理负担。同时,招聘季的推迟、招聘岗位的减少、求职人数的增多、网络应聘的限制、考研复试的漫长等待,这些都会导致毕业生恐慌、焦虑情绪有所增加。据对学生调查结果显示,毕业班的学生焦虑情绪明显高于其他年级,有19.97%的学生表示对自己就业前景比较焦虑,就业面临更多挑战。

(二)择业挫折心理

大学生就业有时由于没有充分考虑自身条件与社会的实际需求,违背了职业生涯规划中关于"人职匹配"的理论基础,容易出现"高不成,低不就"现象,其结果事与愿违,最终不能顺利就业。而又由于当代大学生未曾经历过多少波折,心理承受能力和自我调节能力较差,缺乏应对挫折的心理准备,一次次就业失败的心理暗示必然会导致就业挫折心理的产生,进而使大学生择业行为发生偏差。

三、大学生就业心理的自我调适

(一)客观认识自己

面对择业中的各种矛盾和问题,毕业生首先要正确认识和评价自我,明确自己今后的职业发展方向,从职业发展的角度分析最适合自己的岗位特征和地域范围。高等学校对毕业生的就业指导多偏重政策教育,而对毕业生求职能力的培养和就业心理的辅导不够。学生可以借助现代心理测评工具,了解自己的职业兴趣和职业成熟度等,这是就业心理调适的有效途径之一。

(二)主动适应社会

目前,我国毕业生就业的结构性矛盾也日益显现,一方面是用人单位招人难,另一方面是毕业生有业不就或频繁跳槽,这种结构性矛盾的产生,源于毕业生的主体选择与社会实际需求之间的冲突。毕业生能否顺利就业,取决于毕业生的就业观念能否随着社会的不断发展变化,主动做出适应性调整。树立正确的就业观,明确现实岗位的重要性和工作的目的意义;在选择职业岗位时要把个人的兴趣、爱好、专长与社会实际需要有机统一起来,努力寻求到社会需要与个人追求的交汇点。

【知识窗口14-3】

新冠疫情冲击下大学生就业形势变化与对策

受全球疫情蔓延和防控因素冲击,2020—2021年全国大学毕业生就业形势将出现四方面变化:一是大学生线上择业线上就业逆势增长,二是大学生就业从主要劳动力市场向次要劳动力市场渗透,三是深度参与全球价值链的行业企业吸纳大学生就业的岗位部分流失,四是海外留学人员归国和国内学生海外留学受疫情影响反向冲击。为稳住大学生就业,中央以及各级地方政府出台多项普惠性政策与专向性政策。然而,大学毕业生就业压力有长期化趋势,缓解就业压力短期靠政策,长期靠改革。要继续保持创岗位稳就业政策支持力度,千方百计创造就业;要持续提高大学人才培养质量,增强大学生适应数字经济时代就业的能力;要完善人才有序流动和交流合作政策体系,畅通城乡、区域与企事业单位人才互动与合作渠道;要利用好国内超大规模市场优势,加快创新基础设施建设,提升经济发展吸纳大学生就业的能力。

(三)增强就业能力

1. **增强就业心理能力** 大多数大学生在就业时不可能一帆风顺,总会有这样那样的不如意或挫折。而拥有严谨而理性的思维方式和乐观自信的心理状态是就业心理能力的重要资源。要培养良好的意志和坚强的性格。避免在关键时优柔寡断、丧失良机。

2. **科学规划职业生涯** 职业生涯规划和职业发展观念可以帮助大学生确定自己的人生轨迹,科学地将其划分为不同的阶段,明确每个阶段的特征和任务。大学生要树立终生择业的观点,,采取"先就业,后择业,再创业"的办法,凭借自己的努力,通过合理的职业流动,逐步实现自我价值,取得事业的成功。

3. **构建合理的知识结构** 合理的知识结构是满足现代社会职业岗位的必要条件,是人才成长的基础,也是求职择业的基本保证。掌握学习专业知识与提高技能有机结合的方法,根据现代社会的发展需要,塑造自己,发展自己,不断适应现代社会就业的要求,努力提高就业能力。

四、大学生涯设计与时间管理

(一)大学生涯设计内容

大学生涯设计是我们未来职业生涯的前期准备阶段,是为我们个人实现终身可持续发展奠定基础的阶段。大学生涯设计既有我们个人的终极目标,又有眼前的现实性和针对性。那么大学生涯要怎么设计?我们认为要把握好以下几个基本环节。

1. **认识自我** 结合相关的性格、价值观等人才测评报告对自己进行全方位、多角度的分析。

(1)兴趣——喜欢做什么。在人才素质测评报告中,兴趣前三项是××型(×分)、××型(×分)和××型(×分)。我的具体情况是……

(2)个人能力——能够干什么。人才素质测评报告结果显示,××能力得分较高(×分),××能力得分较低(×分)。我的具体情况是……

(3)性格——适合干什么。人才素质测评报告结果显示……我的具体情况是……

(4)职业价值观——最看重什么。人才素质测评报告结果显示前三项是××取向(×分)、××取向(×分)和××取向(×分)。我的具体情况是……

(5)自我分析小结。

2.环境分析　参考人才素质测评报告建议,对影响大学生活选择的相关外部环境进行了较为系统地分析。

(1)家庭环境分析,家庭的经济状况、家人期望、家族文化等对本人未来发展的影响。

(2)学校环境分析,了解学校特色、专业学习、课程设置及实践经验。

(3)社会环境分析,了解当前就业形势、就业政策、竞争对手等。

(4)大学生涯条件分析小结。

3.大学目标定位及其计划实施

(1)大学目标定位。结合第一部分和第二部分的主要内容得出本人大学规划定位的SWOT分析:内部环境因素优势因素(S),弱势因素(W),外部环境因素机会因素(O),威胁因素(T)。分析结论:

大学生涯目标:未来大学每个阶段要完成的目标是××。

发展策略:通过××的方法完成相应目标。

发展路径:走实践与理论相结合,能力与知识共发展。

具体路径:大一××——大二××——大三××——大四××。

(2)计划实施。把职业目标分成三个规划期,即:近期规划、中期规划和远期规划,并对各个规划期及其要实现的目标进行分解,逐项实施。

大学生涯规划计划实施总表

计划名称时间跨度总目标分目标计划内容策略和措施备注短期计划(大学计划)20××~20××年如大学毕业时要达到……如:大一要达到……大二要达到……或在××方面要达到如专业学习、职业技能培养、职业素质提升、职业实践计划等如大一以适应大学生活为主,大二以专业学习和掌握职业技能为主……或为了实现××目标我要……大学生职业规划的重点中期计划(毕业后五年计划)20××年~20××年如毕业后第五年时要达到……如毕业后第一年要……第二年要……或在××方面要达到……如职场适应、"三脉"积累(知脉、人脉、金脉)、岗位转换及升迁等……大学生职业规划的重点长期计划(毕业后十年或以上计划)20××年~20××年如退休时要达到……如毕业后第十年要……第二十年要……如事业发展、工作、生活关系、健康、心灵成长、子女教育、慈善等……方向性规划

4.评估调整　大学生涯规划是一个动态的过程,必须根据实施结果的情况以及变化情况进行及时的评估与修正。

(1)评估的内容。大学目标评估:是否需要重新选择目标?(假如一直……那么我将……)规划路径评估:是否需要调整发展方向?(当出现……的时候,我就……)实施策略评估:是否需要改变行动策略?(如果……我就……)其他因素评估:身体、家庭、经济状况以及机遇、意外情况的及时评估。

(2)评估的时间。在一般情况下,定期(半年或一年)评估规划。当出现特殊情况时,要随时评估并进行相应的调整。

(3)规划调整的原则:因时而动、随机应变。

通过对大学生活的规划,同学们不仅能对自己的未来有一个清晰的了解,更能好好把

握大学的青春年华,为自己的人生画卷上添上最绚烂的一抹印记。

(二)做好大学生涯规划中的有效管理

既然我们制订了相关计划,就要根据计划来合理的管理实践,那么大学生涯的管理问题有两个方面:一是我们做好规划设计以后,要定期地对生涯实践进行评估、反省、修改、调整;二是我们要有一个时间的计划、安排和管理。

从主观上来讲,导致时间浪费的因素有这么几个:一是缺乏目标;二是办事拖延;三是不会聚零为整;四是做事有头无尾,不会坚持;五是缺乏条理和总结;六是不懂得拒绝,不会推脱别人的要求。

希望同学们在大学生涯设计确定以后,一定要高标准、高质量、高效率地去实践它,如期地去实现它。对学习进程要自我设定时限,要求零缺点地学习,要坚持"第一胜过最好"的理念,就像奥运会上大家都只会记住金牌得主。在未来的事业中,我们的社会将会给第一以最大的依赖和支持。争取到了第一,也就赢得最大的价值空间。所以在学校里,一定要力争把各方面的事情做到最好。设立了目标以后,就不要降低自己的要求,每天降低自己的要求,就会流于平庸。

最后,希望同学们做好大学生涯设计方案以后,就朝着自己的方向去努力。如果我们每一个人都把大学作为人生的一张黄金试卷,答卷自己最满意,我想我们每个同学将来走出校园以后,都会是成功者!

【测测你自己】

MBTI 测试(简易版 20 题)

要求:每题考虑的时间不得超过 10 秒钟。

1. 你倾向从何处得到力量:
(E)别人。
(I)自己的想法。

2. 当你参加一个社交聚会时,你会:
(E)在夜色很深时,一旦你开始投入,也许就是最晚离开的那一个。
(I)在夜晚刚开始的时候,我就疲倦了并且想回家。

3. 下列哪一件事听起来比较吸引你?
(E)与情人到有很多人且社交活动频繁的地方。
(I)待在家中与情人做一些特别的事情,例如说观赏一部有趣的录影带并享用你最喜欢的外卖食物。

4. 在约会中,你通常:
(E)整体来说很健谈。
(I)较安静并保留,直到你觉得舒服。

5. 过去,你遇见你大部分的异性朋友是:
(E)在宴会中、夜总会、工作上、休闲活动中、会议上或当朋友介绍我给他们的朋友时。

(I)通过私人的方式,例如个人广告、录影约会,或是由亲密的朋友和家人介绍。

6. 你倾向拥有:

(E)很多认识的人和很亲密的朋友。

(I)一些很亲密的朋友和一些认识的人。

7. 过去,你的朋友和同事倾向对你说:

(E)你难道不可以安静一会儿吗?

(I)可以请你从你的世界中出来一下吗?

8. 你倾向通过以下哪种方式收集信息:

(N)你对有可能发生之事的想象和期望。

(S)你对目前状况的实际认知。

9. 你倾向相信:

(N)你的直觉。

(S)你直接的观察和现成的经验。

10. 当你置身于一段关系中时,你倾向相信:

(N)永远有进步的空间。

(S)若它没有被破坏,不予修补。

11. 当你对一个约会觉得放心时,你偏向谈论:

(N)未来,关于改进或发明事物和生活的种种可能性。例如,你也许会谈论一个新的科学发明,或一个更好的方法来表达你的感受。

(S)实际的、具体的、关于"此时此地"的事物。例如,你也许会谈论品酒的好方法,或你即将要参加的新奇旅程。

12. 你是这种人:

(N)喜欢先纵观全局。

(S)喜欢先掌握细节。

13. 你是这类型的人:

(N)与其活在现实中,不如活在想象里。

(S)与其活在想象里,不如活在现实中。

14. 你通常:

(N)偏向于去想象一大堆关于即将来临的约会的事情。

(S)偏向于拘谨地想象即将来临的约会,只期待让它自然地发生。

15. 你倾向如此做决定:

(F)首先依你的心意,然后依你的逻辑。

(T)首先依你的逻辑,然后依你的心意。

16. 你倾向比较能够察觉到:

(F)当人们需要情感上的支持时。

(T)当人们不合逻辑时。

17. 当和某人分手时:

(F)你通常让自己的情绪深陷其中,很难抽身出来。

(T)虽然你觉得受伤,但一旦下定决心,你会直截了当地将过去恋人的影子甩开。

18.当与一个人交往时,你倾向于看重:

(F)情感上的相容性:表达爱意和对另一半的需求很敏感。

(T)智慧上的相容性:沟通重要的想法;客观地讨论和辩论事情。

19.当你不同意情人的想法时:

(F)你尽可能地避免伤害对方的感情;若是会对对方造成伤害的话,你就不会说。

(T)你通常毫无保留地说话,并且对情人直言不讳,因为对的就是对的。

20.认识你的人倾向形容你为:

(F)热情和敏感。

(T)逻辑和明确。

21.你把大部分和别人的相遇视为:

(F)友善及重要的。

(T)另有目的。

22.若你有时间和金钱,你的朋友邀请你到国外度假,并且在前一天才通知,你会:

(J)必须先检查你的时间表。

(P)立刻收拾行装。

23.在第一次约会中:

(J)若你所约的人来迟了,你会很不高兴。

(P)一点儿都不在乎,因为你自己常常迟到。

24.你偏好:

(J)事先知道约会的行程:要去哪里,有谁参加,你会在那里多久,该如何打扮。

(P)让约会自然地发生,不做太多事先的计划。

25.你选择的生活充满着:

(J)日程表和组织。

(P)自然发生和弹性。

26.哪一项较常见:

(J)你准时出席而其他人都迟到。

(P)其他人都准时出席而你迟到。

27.你是这种喜欢……的人:

(J)下定决心并且做出最后肯定的结论。

(P)放宽你的选择面并且持续收集信息。

28.你是此类型的人:

(J)喜欢在一段时间里专心于一件事情直到完成。

(P)享受同时进行好几件事情。

计分方法:本问卷共有28题,各题请你根据实际情况做出选择,并记下选项前括号里的字母。每7题为一组,按照表14-1格将字母分成4组,并记下每个字母的选择个数。按照选择次数最多的四个字母可以得出具体的人格类型和适合的职业。

第十四章 你准备好了吗——大学生职业生涯规划

表 14-1 MBTI 测试分组

E	I	S	N	T	F	J	P
✓							
✓							
		✓					

16 种人格类型及其适合的职业类型：
ESTP 实干家——充满干劲解决周遭问题
ESFP 表演者——生活就是一个巨大的舞台
ENFP 启发者——天下没有不可能的事
ENTP 预言家——把点子变成众人的愿景
ISTP 手工者——冷静观察却迅速行动
ISFP 艺术家——展示有形作品以丰富内心世界
INFP 哲学家/治疗师——生活在自己的理想世界里
INTP 思考者——聪慧深入地分析问题
ESTJ 管家——让当下事情有条不紊地进行
ESFJ 照顾者——热情主动地帮助他人操持一切
ENFJ 赠予者——将每一个人的潜力发挥到极致
ENTJ 执行官——一切尽在掌握之中
ISTJ 检查员——细致谨慎地执行好现有规则
ISFJ 护卫者——细致周到呵护他人
INFJ 指导者——将光亮带入他人的黑暗
INTJ 专家——追求卓越与独特

【活动天地】

"撕思人生"

每一个学生裁剪出一条长方形的纸条，这纸条名称叫作时间馅饼，代表人的一生时间。然后请学生先后把代表以下时间的一定长度的纸条亲手撕掉。

25～60 岁的工作时间、0～现在年龄的已经过去的时间、60 岁以后的退休时间、以后继续读书的时间、每年寒暑假时间、每学年的几十个双休日时间、睡觉时间、吃饭时间、看电视时间。剩下了的短纸段是代表现在的学习时间。此游戏让学生体验感悟到学习时间的短暂，对激发学生发奋读书的紧迫感有一定的作用。

职业生涯的鱼骨图

鱼眼表示原点,即出生时刻及出生地;鱼头,呈现三角形,代表人出生后0~3岁的发展迅速的阶段;鱼尾,表示职业生涯结束后,生命逐渐老去的部分;鱼尾尖,表示生命的终点。

1. 请你在生命的圆点上写上出生日期和0岁。再请你根据自己的健康状况、家族的健康和你所生活地域的平均寿命来预测自己和世界说再见的时间,并标注在箭头的终点上。

2. 请找出今天你的位置,用一个自己喜欢的标记表示在生命线上,并写上今天的日期和年龄。

3. 请你进一步仔细回忆过去,以生命线上的时间点为初始点,标出过去影响你最大或令你最难忘的5件事,用鱼刺表示,积极影响事件朝上,消极事件鱼刺朝下;并以鱼刺的线段的长短表示事件对自己影响的大小。

4. 现在请你在生命线上标出今后你最想做的3件事或最新实现的3个目标同样用鱼刺表示,能够由自己全权决定的鱼刺朝上,需要别人参与或者全部由别人定夺的鱼刺朝下,并以鱼刺的线段长短表示意愿的强弱(图14-1)。

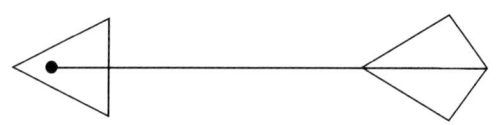

图14-1 职业生涯的鱼骨图

【故事点击14-1】

拼多多破1000亿美金,黄峥自述:我的人生经历和创业理念

很多人瞧不上的拼多多连续两日股价大涨,市值创历史新高。

6月15日,总市值破900亿美金!

6月16日晚,总市值破1000亿美金!

比京东高出100亿美金。继阿里巴巴、腾讯、美团之后,拼多多成为第4家进入到千亿美元市值的互联网公司。

80后拼多多创始人黄峥,逆袭为中国第3大富豪,身价仅次于马云、马化腾。

福布斯实时数据按6月16日当日拼多多市值计算,黄峥身价超过430亿美元,比百度市值还高……

从白手起家到身家千亿,黄峥只用了5年。

但在很多人眼里,拼多多还是"上不了台面的东西",黄峥只是刚好踩上了"消费降级"的风口,投准了大众"爱贪小便宜"的喜好,不是什么"英雄好汉"。

这篇文章,跟你分享一下黄峥自述的人生经历、创业理念和思维方式。相信认真看完后的你,会对黄峥和他的拼多多,有一个全新的认识。

以下,是黄峥的自述。

第十四章 你准备好了吗——大学生职业生涯规划

一、人生经历篇

01 上学

小时候谈不上贫穷,但比较拮据,经常要穿妈妈同事或者是亲戚家小孩的衣服。很多消费习惯和前期的家庭环境有很大关系,跟现在拥有的财富没太大关联。比如我妈到现在都舍不得打车,她会觉得时间又不值钱,太浪费了。这个对我一直有很大影响,包括影响我思考做商业,我脑子里一直都记着我爸妈这样的普通家庭,他们是怎么思考的,他们是怎么生活的。

我的小学很一般,但考上了杭州最好的中学之一,杭州外国语学校。相比于其他中学,接受西方文化影响更早,程度也更深。杭外毕业后被保送到浙大混合班,也就是浙大竺可桢学院的前身。

我在上学时就意识到几个事:一是寒门出贵子是小概率事件,大部分富二代,尤其是官二代非常优秀。二是田忌赛马,在整体资源劣势的情况下可以创造出局部优势,进而有机会获得整个战役的胜利。基于此,平凡人可以成就平凡事。三是钱是工具,不是目的。

我在上学时有一个较大的遗憾,就是自己目标导向太明确,在追求第一、努力做个好学生上浪费了过多时间,损失了逆反、捣蛋的青春时光,后来才慢慢悟到"60分万岁是个好哲学"。

02 工作

我第一个实习的公司是微软,但毕业时没有留在微软。一是觉得自己留在微软能看到自己十年后的样子。另外,"人生导师"介绍我去当时还不成熟的Google。所以我就在Google做程序员和产品经理,后来还成为Google第一批回国员工参与Google中国的初创阶段。

我对Google有一些个人的观察。

一是Google非常重意识形态,当意识形态发生冲突时,反应超出一般商业公司。

二是Google鼓励基层创新,但核心权力高度集中,有集中办大事的制度优势。

三是Google的"不作恶"深入到了基因,把使命、价值观放在了利润之前,而利润只是随着做正确的事带来的副产品。

四是Google的大部分收购很成功,这些收购案例大多是收购了拥有很好团队的小公司,这些小公司融入Google的文化逐渐变大。不过也有很多事是Google无力改变的,比如Google没有逃脱层层职业经理人的管理模式,Google在社交上的尝试也不成功。

03 投资

2002年我去美国读研究生认识了段永平,毕业后在Google工作时又离他家很近,所以开始帮他做一些投资。

04 创业

我最早创业做的是电商代运营和游戏公司,对于商业来说,只有赚钱才是道德的,应该按照商业的逻辑去做一个本分的商人。

我为什么要再次创业?一是我还喜欢当前的事和团队,我很喜欢深度的和一帮自己喜欢的小伙伴披荆斩棘地创造一些东西。二是自己还有一些野心,还有一些能力和能量没有释放,隐约觉得当前的机会能让自己做出一个影响面更大、成就感更强的事。

二、创业理念篇

01 拼多多核心理念

消费升级不是让上海人去过巴黎人的生活,而是让安徽安庆的人有厨纸用,有好水果吃。

只有北京五环内的人才会说移动互联网第三波人口带来的是下沉人群,拼多多关注的是中国最广大的老百姓。移动互联网未必是用户的下沉,而是用户拉平了,它让最广大的中国老百姓拥有了和一线城市一样信息获取的能力和交易能力,这是 PC 时代做不到的。

拼多多吸引的是追求高性价比的人群,他会买一个爱马仕的包,也会用 9.9 元买一箱杧果,这跟消费能力没关系。实惠这件事,是一个普适性的需求。比如我妈已经算是一个有钱的妈妈,但她出去买菜、买纸巾,还是会在乎一两块钱的差异,但她同时也买高配的 iPhone。传统公司采用一二三线来划分人,拼多多满足的是一个人的很多面。

低价只是拼多多阶段性获取用户的方式,拼多多对性价比的理解是"始终在消费者的期待之外",拼多多的核心不是便宜,而是满足用户占便宜的感觉。

拼多多试图做消费和娱乐的融合,拼多多的使命就是多实惠多乐趣,让消费者买到更多更实惠的东西,然后在这个过程中更快乐。

拼多多的核心竞争力就是五环内的人群理解不了。

02 拼多多运营情况

现阶段拼多多对整个商品和服务的品质管控都很初级,拼多多正在通过升级供应链和打击假货来提高商品质量。

部分员工对公司的理解依然是流量至上,这些员工在流量思维环境里受了多年教育,拼多多成立不久,和员工的统一思想还没做得很好,得从上往下贯彻。现在的情况是我在这一头,整个社会和媒体在流量的那一头,员工可能在中间。

拼多多对运营员工的考核是留存、复购第一,GMV 第二。

03 拼多多未来发展

拼多多不会做采销,也不会做物流和配送,对供应链升级是拼多多长期的战略重点。拼多多的最终模式是使得上游能做批量定制化生产。

全品类扩张依然是传统的流量逻辑,品牌升级也是一个五环内人群俯视的视角。拼多多不一定要品牌升级、要全品类,拼多多要做的事情永远是匹配,让合适的人在合适的场景下买到合适的东西。

拼多多目前没想做服务电商,因为实物电商已经足够大。服务电商是流量思维,即流量灌进来,用不同的服务去消耗这个流量。拼多多的出现就是因为不

第十四章 你准备好了吗——大学生职业生涯规划

用旧思维,在以人为先的思维下,先想这个人需要什么。

04 拼多多与竞争对手

拼多多与淘宝的模式有本质的不同。淘宝是流量逻辑,主体是搜索,用户要自己去找商品,所以需要海量SKU来满足长尾需求。拼多多代表的是匹配,推荐商品给消费者,SKU有限,但要满足结构性丰富。淘宝一直倡导C2B但做不起来,就是因为淘宝的千人千面相当于个性化搜索,但搜索本身是长尾的,很难做反向定制。而拼多多是把海量流量集中到有限商品里,有了规模之后再反向定制,极大降低成本。这也就是沃尔玛和Costco的差别,拼多多的终极定位就是针对不同的人群做不同的Costco。

拼多多和淘宝是错位竞争,争夺的是同一批用户的不同场景,错位才会成长的更快。拼多多并不想做第二个阿里,拼多多的存在本身就是一种模式,你可以说我low,说我低级,但你无法忽视我。

京东、唯品会和蘑菇街都试验过类似拼多多的模式,但对它们来说,拼团只是一个创造GMV增长工具,拼多多是人的逻辑,通过拼团了解人,通过人推荐物,后期会过渡到机器推荐物。

拼多多在APP里几乎没有搜索,也不设购物车,可以想象把今日头条下的信息流换成商品流就是拼多多。

【好书推荐】

1. 吴芝仪.我的生涯手册.经济日报出版社,2008.
2. 理查德·尼尔森·鲍利斯.你的降落伞是什么颜色,中信出版社,2002.
3. Robert D·Lock.把握你的职业发展方向,中国轻工业出版社,2006.
4. 卡罗尔 L·麦克莱兰.职业转换,机械工业出版社,2004.

【电影赏析】

《当幸福来敲门》改编自美国著名黑人投资专家克里斯·加德纳年初出版的同名自传。这是一个典型的美国式励志故事。作为一名单身父亲,加德纳一度面临连自己的温饱也无法解决的困境。

在最困难的时期,加德纳只能将自己仅有的财产背在背上,然后一手提着尿布,一手推着婴儿车,与儿子一起前往无家可归者收容所。实在无处容身时,父子俩只能到公园、地铁卫生间这样的地方过夜。

为了养活儿子,穷困潦倒、无家可归的他从最底层的推销员做起,最后成为全美知名的金融投资家。

回忆起自己的这段过去,克里斯·加德纳表示:"在我二十几岁的时候,我经历了人们可以想象到的各种艰难、黑暗、恐惧的时刻,不过我从来没有放弃过。"这本自传还有一层深意,那就是即使在最最艰难的时刻,父亲与儿子是不可分离的。"

【参考文献】

[1] 赵苍丽,刘文佳.财经专业学生课外活动参与情况与职业发展调查分析[J].河南教育(高教),2017 (12):110-111.

[2] 林佳.创新创业视角下大学生职业核心能力提升研究[J].合作经济与科技,2019(23):94-95.

[3] 黄梁.大学生就业从众心理与主体性就业指导[J].人民论坛,2019(14):118-119.

[4] 陈建伟,赖德胜.疫情冲击下大学生就业形势变化与对策[J].中国大学生就业,2020(11):34-37.

[5] 张美玲,赵子涵冰.新冠肺炎疫情对高校毕业生就业工作的影响及对策研究[J].河北工业大学学报(社会科学版),2020,12(02):67-73.

[6] 赵健."职业化":破解大学生就业难题的创新思考[J].福建广播电视大学学报,2014(02):74-78.

[7] 赵晓姝.当代大学生就业观研究[D].锦州:渤海大学,2013.

[8] 李祎迪.大学生就业能力与社会需求匹配状况研究——以北京中医药大学为例[D].北京:北京中医药大学,2015.

[9] 周瑾.提升高职院校大学生就业竞争力的调查研究--以兰州Z职业技术学院为例[D].兰州:西北师范大学,2015.

[10] 王立军,董冶.以社会实践为载体拓展大学生就业能力的相关研究[J].中外企业家,2020(14):150.

[11] 赵莹,郭剑峰,曹文玉,等.基于暑期"三下乡"社会实践活动的高职院校学生就业能力培养研究与实践[J].重庆电力高等专科学校学报,2020,25(01):54-58,62.

[12] 毛顾.大学生职业预期与实际就业匹配研究[D].长沙:湖南大学,2018.

[13] 曹积稳,许素艳.大学生就业价值取向变化特点及引导研究[J].教育现代化,2019,6(A4):196-198.

[14] 裴敏.人员测评在大学生就业指导中的价值初探[J].山西经济管理干部学院学报,2019,(02).

[15] 杨若兰,刘小峰.微信公众号平台在大学生就业创业服务工作中的应用研究[J].信息记录材料,2019,(02).

[16] HERBERT I P, ROTHWELL A T, GLOVER J L, et al. The International Journal of Management Education Graduate employability, employment prospects and work-readiness in the changing field of professional work[J]. The International Journal of Management Education, 2020,18(2):100378.

[17] KLARA KÖVESI, ANIKÓ KÁLMÁN. How to manage the study-to-work transition? a comparative study of Hungarian and French graduate engineering students' perception of their employability[J]. European Journal of Engineering Education, 2019(53):1-18.

第十五章

创造的力量
——大学生创造力开发

【故事点击 15-1】

阿基米德解决"皇冠纯度"

两千多年前,古希腊的叙拉古国的国王希罗让工匠为他做了一顶纯金的皇冠。金灿灿的皇冠戴在国王头上很合适,并且非常漂亮。可是希罗国王总怀疑工匠少用了一些黄金,偷偷掺进了白银。于是,他让人称了皇冠的重量,不多不少,与给工匠的黄金质量不差毫厘,这就难了,如何能既不损坏皇冠,又能辨别皇冠是否是纯金做的呢?

希罗国王把这道难题交给了聪明的阿基米德,阿基米德把王冠捧回了家,冥思苦想了很长时间,也没有找到辨别皇冠纯度的办法。

有一天他到盛满水的浴缸中洗澡,当他跨入浴缸时,浴缸里的水就往外溢出来。这一现象吸引了阿基米德的注意,他突然跳出浴缸,竟赤裸着身体跑出屋外,嘴里大声地喊着:"我找到了!我找到了!"

回家以后,他将希罗国王的皇冠轻轻地放入盛满水的容器里,仔细测量出溢出水的的体积,也就是皇冠的体积,又用同样的方法测量出与皇冠同样重量的纯金的体积,他发现这次溢出的水比上次少。这就说明皇冠的体积比与皇冠同样质量的纯金的体积大,因此,皇冠不是纯金做成的。后来,阿基米德又进行了进一步的测量,证明了皇冠里掺进了一些白银。

阿基米德帮助国王解决了皇冠纯度之谜,并没有就此满足,接着他又做了大量的实验,提出了物质密度的重要概念,并且制出了液体密度计,为我们找出了一个反映物质特性的物理量——密度,并以此来鉴别物质。

第一节 创造力概述

一、"双创"的含义

"大众创业、万众创新",自 2014 年 9 月夏季达沃斯论坛上李克强总理提出后,掀起了创新创业的热潮。李克强提出,要在 960 万平方公里土地上掀起"大众创业"、"草根创业"的新浪潮,形成"万众创新""人人创新"的新势态。此后,他在首届世界互联网大会、国务院常务会议和 2015 年《政府工作报告》等场合中频频阐释这一关键词。每到一地考察,他几乎都要与当地年轻的"创客"会面。他希望激发民族的创业精神和创新基因。推动大众创业、万众创新是充分激发亿万群众智慧和创造力的重大改革举措,是实现国家强盛、人民富裕的重要途径,要坚决消除各种束缚和桎梏,让创业创新成为时代潮流,汇聚起经济社会发展的强大新动能。

2018 年 9 月 18 日,国务院下发《关于推动创新创业高质量发展打造"双创"升级版的意见》。2018 年 12 月 20 日,"双创"当选为 2018 年度经济类十大流行语。如今直播、新媒体、地摊经济、短视频等充斥在我们身边,各种有创造力和创业的热潮让我们对创造力充满了好奇。

二、创造力与创造性思维

创造力是人类的一种综合能力,它与创造性活动及创造性成果相联系的各种心理特征的综合。创造力可产生新思想,发现和创造新事物,是成功地完成某种创造性活动所必需的心理品质。例如创造新概念、新理论,更新技术,发明新设备、新方法,创作新作品等都是创造力的表现。

创造活动离不开创造性思维,任何创新成果都是创造性思维的结果。创造性思维不同于一般的逻辑思维,创造性思维具有一些明显的特点。

(一)创造性

创造性思维就是指具有创造性的思维活动,它是人类创造力和创造性的集中反映和突出体现。创造性思维的过程就是创造过程。创造性思维从思路、方法到结果都具有创造性。

(二)新颖性

创造性思维是原始性创新,具有创新功能,能为人类文明宝库增添新的库存。创造性思维的结果必须是前所未有的,具有新颖性。新颖性体现出创造性思维的空前性和先进性。

(三)非重复性

创造性思维所要解决的问题都没有现成的答案,靠重复、模仿等都无济于事。对创造性思维而言,只有可供借鉴的思维程序与方法,而没有完全能照搬套用的现成的思维程序与方法。创造性思维具有非重复性。非重复性体现出创造性思维的批判性和革命性。

(四)批判性

法国作家巴尔扎克说:"打开一切科学的钥匙都毫无异议的是问号。""而生活的智慧大概就在于逢事都问个为什么。"习惯思维是人们思维方式的一种惯性,致使人们不敢想、不敢改、不愿改,墨守成规,大大阻碍了新事物的产生和发展。因此思维的批判性体现在冲破习惯思维,另辟蹊径,这样才能迸射出创造性的火花,发现前所未有的东西。法国作家莫泊桑说:"应时时刻刻躲避那走熟了的路,去另寻一条新的路。"

(五)价值性(求实性)

人类所取得的一切成果归根结底都是创造性思维的结晶,创造性思维为人类文明宝库增添新的成分。创造性思维具有很强社会价值,从满足社会的需求出发,拓展思维的空间。新时代由于电商、网络和信息科技的发展,使得我们的生活发生很大变化,比如疫情期间我们利用线上课程进行教学,通过直播我们可以实行直接对话等,这些都对我们的生活产生非常大的价值。

(六)灵活性

创造性思维思路开阔,善于从全方位思考,不拘泥于一种模式,从一个思路到另一个思路,从一个意境到另一个意境,善于巧妙地转变思维方向,随机应变,产生适合时宜的办法。创造性思维善于寻优,选择最佳方案,机动灵活,富有成效地解决问题。

三、创造性思维的形式

创造性思维的显著特点决定了创造性思维与逻辑思维的表现形式有所不同,其主要形式表现为灵感、顿悟、直觉、想象与联想、梦、潜意识等。

(一)灵感

灵感是人们在创造活动中突然出现的具有创新意义的短暂的思维过程,是科学家或艺术家创作或创造过程的思维的高潮期。从心理学角度看,灵感的产生过程是创造者长期有意识有目的的思维过程向无意识思考活动的转变,是意识和无意识活动的协同过程。

(二)顿悟

顿悟是指对问题的突然领悟。顿悟强调是悟,是对事理的明白,是对事物之间联系的理解和把握。比如有研究者曾做了让大猩猩取香蕉的实验,研究者把香蕉挂在猩猩够不到的地方,结果发现大猩猩能够想到用箱子叠起来或者用棍子够香蕉的办法,其关键就在于顿悟,猩猩突然顿悟到挂着的香蕉和地上的箱子或者棍子的关系。

【故事点击15-2】

科学怪人

1995年,日本东京都中野区,住着一个穷困潦倒的知识分子——田中正一,他没有职业,一文不名,却整天关着门在家里研制一种"铁酸盐磁铁",被邻居们都看成"怪人"。当时他患上了"神经痛",怎么也治不好。那时候,每逢星期四他都要带着很多制好的磁石到大井都工业试验所去测试。时间一长,他发现每逢周四他的神经痛就会缓解。

他感到十分好奇,于是就找来一个橡皮膏,在上面均匀地粘上五个小磁石贴到自己的手背上进行试验。很快,他发现这玩意对治神经痛很灵,就立即申请了专利。田中正一认为:"将磁石的南极、北极相互交错排列,让磁力线作用于身体,由于人体内有纵横交错的血管,血液流过磁场时,便能产生微电流,这种微电流能达到治病强身的效果。"

取得专利权后,田中正一模仿表带的式样,制造四周镶有小磁石的治疗带,向市场推出。产品上市后,果然不同凡响,产品大受欢迎。田中正一因为一个小小的顿悟从流浪汉变成了大富翁。

(三)直觉

直觉是创造主体依据以往的知识和经验,在无意识的条件下,从整体上迅速猜测、预感或观察到隐藏在现象背后的事物的本质属性或本质联系的一种思维方式。它是一种思维的断层和跳跃。

第十五章 创造的力量——大学生创造力开发

【资料窗 15-1】

直觉的名人评论

我对自己的直觉特别有信心,几乎所有的投资决定都是来自于自己的直觉,这一点儿都不夸张。

——沃伦·巴菲特("股神"、著名投资专家)

你的时间有限,所以不要为别人而活,不要被教条所限,不要活在别人的观念里,不要让别人的意见左右自己内心的声音。最重要的是,勇敢地去追随自己的心灵和直觉,只有自己的心灵和直觉才知道你自己的真实想法,其他一切都是次要的。

——史蒂夫·乔布斯(美国苹果公司联合创始人、前总裁)

敢于尝试,有按着自己直觉走的勇气。

——李嘉诚(长江实业集团董事局主席、总经理)

(四)想象

想象是人在头脑里对已储存的表象进行加工改造形成新形象的心理过程。联想则是由一事物想到另一事物。

(五)梦境

梦境每个人在睡眠的时间都会做梦,一个晚上大约做 4~5 次梦,均在快速眼动睡眠时期,将处于快速眼动睡眠的人们唤醒,通常会报告生动的梦境体验。有研究证实,快速眼动睡眠时的梦境对于思考有重要的启发作用。例如德国化学家凯库勒提出苯环的结构就是因为他曾梦到一条蛇咬住了自己的尾巴。

四、创新思维与创造性人格

创造力是与具体的创造性活动相联系的。创造力的具体体现——创新思维与创造性人格是紧密联系的。创造性人格具体表现为以下几个方面。

(一)创新意识和浓厚的兴趣

创新意识集中表现为个体对创新活动及其成果的欲望。稳定持久的创造力需要创造的欲望和浓厚的兴趣。而有着广泛而又专一的认知兴趣则是创造的不竭动力。

(二)质疑与批判精神

质疑指对一切领域,不管是已知的还是未知的,都敢于结合自己的独立思考提出质询和怀疑。它要求人们凡事都要问个为什么,决不盲信盲从。质疑和批判的目的在于不仅要从熟悉的现象进入未知的领域,而更要获得新知,发展和延伸真理,去伪存真,把原来不正确的东西纠正过来。

在 19 世纪末,许多物理学家认为制造一种比空气还轻的机器是不可能的,所以飞行器是不可能被制造出来的。但是美国的莱特兄弟全然不顾这些定论,两人经过多年的反复试验,冒着生命的危险,最终驾驶着他们的飞行器飞向了天空,克服了地球的引力。可见,创造活动是人类最高层次的智力活动,是在对旧事物否定和突破基础上的创新。

(三)探索与求实精神

探索表现为不满足于现状,为创造发明,获得真理而勇于开拓,不断进取。"路漫漫其修远兮,吾将上下而求索"即是这种精神的典型写照。对于大学生来说,探索表现在两个方面:一是不满足于书本知识的现成结论而对其过程进行探索,从而得出结论,发现真理;二是为补充、修改、验证、发展,应用书本知识或为获得书本之外的新知识而在新的领域进行探索。

(四)拼搏与坚韧精神

探索和创新作为人类的活动来说,其结果大多数是辉煌的,但对于探索者来说,他要付出巨大的努力,战胜许多困难和挫折,同时还要等待社会的理解,寻求社会的支持。在创新和探索时,创新者和探索者往往不可能及时得到社会的认同、理解与支持。这正如中国发明协会副主席张开逊教授所说:"一种科学思想、一项方案或发明,无论多么好,只不过是一粒有可能带来丰收希望的种子,还不是丰收本身,而社会期待的是丰收。一粒种子变成丰收果实,要经过漫长的过程。"

【故事点击15-3】

海王星的发现

1843年,英国剑桥大学22岁的学生亚当斯,根据力学原理,利用各种数学工具,通过10个月时间的计算,确定了海王星这颗未知行星的位置。在此年10月,他满怀信心地把计算结果寄给英国格林威治天文台台长艾利。不料,这位台长是一个迷信权威的人,对他的结果未予理睬。再晚些时候,法国巴黎天文台青年数学家勒维列于1846年计算出了这颗新行星的轨道。他于这年9月18日写信给当时拥有详细星图的柏林天文台的工作人员加勒,信中写道:"请你把望远镜对准黄道上的宝瓶星座,即经度326°的地方,那么你将在离此点1°左右的区域内见到一颗九等星。"(肉眼所能见到的最弱的星是六等星)加勒在9月23日接到了勒维列的信,当夜他就按照勒维列指定的位置观察,果然在半小时之内,找到一颗以前从未见过的星,距勒维的计算位置相差只有52′。经过24小时的连续观察,他发现这颗星在恒星间移动着,的确是一颗行星。所有天文学家经过一段时间的讨论,都公认它便是太阳系的第八颗大行星,并根据希腊神话故事,把它命名为海王星。这是人们用笔最早计算出的行星。

(五)冒险与牺牲精神

创新往往意味着与众不同,创新往往意味着挑战权威,创新往往意味着无休止地实验与摸索。大自然中那孕育"杀机"的奥秘,社会生活中蕴含伤害的"黑手",无时无刻不对创新者构成威胁。如果达尔文、赫胥黎、胡克等缺乏冒险与牺牲精神,"生物进化论"又如何击败当时被奉若神明的"神创说"而被人们所广泛接受?试想,如果哥白尼和布鲁诺缺乏冒险与牺牲精神,不敢同当时的权威势力——"地心说"进行抗争,那么我们也许会很长时间内仍处于地心说这一错误学说中。所以,一个敢于质疑旧制度,且愿意冒险尝试新事物,甚至敢于奉献和牺牲的人才有可能有创新。

(六)幽默感

创造力强的人往往有幽默感,而幽默感又会使人轻松,处于一种兴奋状态,使思维具有开放性和灵活性,同时幽默感还能降低自己和周围人的焦虑水平,使人的冒险精神和创造力进一步发展。

创造性思维是创新人才的智力结构的核心,是社会乃至个人都不可或缺的要素。很多同学想知道自己到底是不是具有创造性的人,这里就涉及了创造性人格的测评。创造性人格的测评方法有很多,一种比较客观的方法就是心理测验,即通过让被试回答一些固定的题目并根据结果进行评价。

【故事点击15-4】

爱迪生巧算灯泡体积

普林斯顿大学数学系毕业生阿普拉曾与爱迪生一起工作,常在卖报出身的爱迪生面前炫耀自己的学问。为了让阿普拉谦虚些,也为了让阿普拉对科学有真正的认识,爱迪生决定出个题目难为一下他。

有一天,爱迪生把一只玻璃灯泡交给了阿普拉,请他算算灯泡体积是多少。在传统的数学上,只有少数形状规则的物体的体积能很快计算出来,有些物体的体积虽然能计算,但很复杂,特别是某些形状不规则物体的体积。阿普拉拿着那个玻璃灯泡一看,灯泡是梨形的,心想:虽然计算起来不容易,但还是难不住我!

他拿出尺子上上下下量了又量,并依照灯泡的式样画了草图,然后列出密密麻麻的计算式。过了两个多小时,阿普拉还低着头列算式,根本没有快完成的样子。爱迪生不耐烦了,他拿过玻璃灯泡,沉在洗脸池的水中,将灯泡灌满了水,接着将灯泡内的水咕嘟咕嘟地倒在量杯里,一看量杯读数,对阿普拉说,就是这么多毫升,问题解决了。阿普拉这才恍然大悟,爱迪生的办法才是非常简单而准确的。

解决问题首先要选择正确的方法,而方法的选择要根据对问题的具体分析。阿普拉不作分析,一头钻进数学计算中,但爱迪生却创造性地选择了更简单的实际测量方法。

第二节 创造力的影响因素

创造力是一种复杂的心理现象,创造力的影响因素是多种多样的。

一、智力水平

哈里特·朱克曼在其《科学界的精英》一书中,对100多位诺贝尔奖奖金获得者所做出的分析表明,尽管有许多非智力因素或环境条件在起作用,但完善合理的智力结构是这些创造性人才所共有的素质特征。几乎所有著名的科学家或发明家均具有渊博的知识、敏锐的观察力、超人的记忆力、极强的综合思维能力、丰富的想象和联想能力等。威廉·詹姆斯曾说:"天才只不过是一种以非惯常方式感知事物的才能。"所以,正常的智力水平是进行创造活动的基础。

二、知识

一个人要在给定的领域中富有创造性,就必须拥有该领域的相关知识。专业知识深厚、宽广并能灵活有效运用,才能创造更多成果。

在建立科学的知识结构中要注意几个问题:第一,正确处理专业基础知识与其他知识的关系,建立网络式的知识结构。把本专业的基础知识作为核心、重点,建立起创造发明的"根据地",还要广泛涉猎专业之外的其他知识,建立起创造发明的"游击区"。第二,正确处理知识与能力之间的关系,建立宝塔式的智能结构。学习知识的同时对知识的灵活运用给予充分的重视,及时把知识转化为能力,而不要让大脑单独成为堆砌知识的仓库。

【资料窗15-2】

《乔布斯语录》片段——知识与经验

"创造"其实就是把各种事物联系在一起。当你问一个很有创造力的人他们是如何做事的,他们会感觉惭愧,因为他们真的没有去刻意这样做,他们只是看到了一些不一样的东西。这对他们而言其实是很平常的。因为他们能够把经验和新事物联系在一起。而他们可以做到的原因是他们比其他人拥有更多的经验和经历,或者他们对自己的经验和经历思考的更多。然而不幸的是,这种人才太稀缺了!我们这行的绝大多数人都没有什么丰富的经验。因此他们没有足够多的"点"进行连接,因此最终拿出一个非常线性的解决方案,缺乏对问题的宽广视角。一个人越是对人性有更全面的理解,我们就越是能设计出好的产品。

你学习的东西越多,你能拿来进行连接的知识也就越多。这已成为基础通识教育的理论基础。2005年在斯坦福的毕业典礼上,乔布斯提出几点学习的理由:在当下,或许学习的东西没有什么实际的益处。但随着时间的积累,这些东西加起来会为你提供一个广泛的知识基础,让你可以把各种想法连接起来。

三、认知风格

认知风格指个体在信息加工过程中表现在认知组织和认知功能方面持久一贯的特有风格。许多学者研究认为,不同的认知风格对于创造力有很大影响。例如,具有感觉型认知风格的人倾向于依赖外部信息,注意力集中于现实情境及已经给定的东西,注重细节问题,常从感性方面入手。而直觉型认知风格的人更富创造性,倾向于关注事物的"意义、关系与可能性",善于从理性角度分析问题、解决问题,并运用已有的知识进行创新。

四、动机

创造的动机是创造的主要条件和直接推动人们进行创造的内部动力。动机是隐藏在创造力之后的驱动力。总的看来,内部动机有利于创造,而外部动机不利于创造。但这一原则并不普遍适用,Crutchfield. R 曾指出:"内部驱动者,比如自我表达欲,如果太明显、太强烈反而不利于创造力的产生。"

五、技巧

爱因斯坦曾经将成功总结为"艰苦的劳动+正确的方法+少说空话"。

所谓创造技法,就是人们根据创造理论及规律总结出的解决问题、进行创造发明的技巧和思维方法,掌握并运用创造技法可以提高创造者的创造效率。例如鲁班发明锯子的过程中,就不自觉地运用了"类比创造法"。意大利的达·芬奇曾设计过一架飞机,其不自觉地就运用了"希望点列举法"和"仿生学法"。全世界发表的有关创造学的文献已经远远超过10万篇,提出的创造技法也有数百种,可见创造技法在人类生活的各个领域发挥着越来越大的作用。正如怀特里特所说:"最大的发明是发明方法的发明。"

六、环境

有研究表明,"丰富的环境等于更聪明的大脑"。创造环境可以分为"硬环境"和"软环境"。硬环境就是创造者进行创造所需要的各种条件,如生存必需品、进行创造试验必需的设备及相关材料等。软环境包括创造者所处的社会制度、舆论、风俗、文化传统、行为准则和创造者所在单位的学术气氛、群体精神面貌等。

个人因素的提升只能是个人创造力水平提高,而社会大环境的改变才能导致整体社会创造力的提高。

【资料窗15-3】

MIT学院开发虚拟学习环境,促进线上教学

为了应对新冠疫情对现实课堂的影响,来自麻省理工学院多媒体实验室(MIT Media Lab)的RemixEd团队设计了一个虚拟学习环境,帮助项目化学习课程更好地在网上开展。

麻省理工的RemixEd团队在研究了众多适用于团队组织进行创造性工作的工具后,创新了Milanote学习管理系统,替换了传统的学习管理系统(比如Canvas或Google Classroom),Milanote能快速通过可视化的方法创建和组织思路提供一个易于使用的媒介。同时,将Milanote与ZOOM视频会议软件结合,能够为学生们创建了一个类似面对面交互的虚拟环境,学习的氛围和现场感更加逼

近线下教学。

Milanote 虚拟学习环境里提供的自由空间帮助学生获得了创造力和表达的自由。麻省理工研究团队发现，Milanote 提供的自由空间让学生们获得了创造力和表达的自由，可以有效解决线上教学中协作力不足的问题，促进线上虚拟环境中的协作与创造力，对进行线上创意性工作协作带来了更多的可能性。例如，学生们在远程学习过程中，可以使用 Milanote 作为一个协作工具来组织班级的工作，并分享设计、文档和他们的其他探索。在 Milanote 上，学生能够自由地创造多维的、非线性的视觉方式表达他们的想法和感受。可以说，Milanote 为学生们高度个人化的学习路径设计提供了充足的支持。

在常规网课基础上，RemixEd 团队在 Milanote 学习管理系统增加了提示和作业的部分，为每个学生或者协作团队创建了工作空间，并能够记录和表达思维轨迹，让"思考→创作"更有可能性。RemixEd 团队认为，Milanote 对创造性项目的开展尤其重要，因为学生们在过滤加工的过程中往往会淘汰他们最离谱的想法，而这些想法很可能是他们最好的想法之一。

第三节　如何提升创造力

创造性思维是在一般思维的基础上发展起来的，它是后天培养与训练的结果。表演艺术家卓别林为此说过一句耐人寻味的话："和拉提琴或弹钢琴相似，思考也是需要每天练习的。"因此，我们可以运用心理上的"自我调解"，有意识地从几个方面培养自己的创造性思维。

一、展开"幻想"的翅膀

心理学家认为，人脑有四个功能部位：一是接受外部感觉的感受区；二是将这些感觉收集整理起来的贮存区；三是评价收到的新信息的判断区；四是按新的方式将旧信息结合起来的想象区。只善于运用贮存区和判断区的功能，而不善于运用想象区功能的人就不善于创新。据心理学家研究，一般人只用了想象区的 15%，其余的还处于"冬眠"状态。

青年人爱幻想，要珍惜自己的这一宝贵财富。幻想是构成创造性想象的准备阶段，今天还在你幻想中的东西，明天就可能出现在你创造性的构思中。

二、培养发散思维

所谓发散思维，是指一个问题可能有多种答案，那就以这个问题为中心，思考的方向往外散发，找出适当的答案越多越好，而不是只找一个正确的答案。1979 年诺贝尔物理学奖金获得者、美国科学家格拉肖说："涉猎多方面的学问可以开阔思路……对世界或人类社会的事物形象掌握得越多，越有助于抽象思维。"比如我们思考"砖头有多少种用途"。我们至少有以下各式各样的答案：造房子、砌院墙、铺路、刹住停在斜坡的车辆、作锤子、压纸头、代尺划线、垫东西、搏斗的武器……如此等等。

三、发展直觉思维

直觉思维在学习过程中,有时表现为提出怪问题,有时表现为大胆的猜想,有时表现为一种应急性的回答,有时表现为解决一个问题,设想出多种新奇的方法、方案等。为了培养我们的创造性思维,当这些想象纷至沓来的时候,可千万别怠慢了他们。

四、培养思维的流畅性、灵活性和独创性

流畅性、灵活性、独创性是创造力的三个因素。流畅性是针对刺激能很流畅地作出反应的能力。灵活性是指随机应变的能力。独创性是指对刺激作出不寻常的反应,具有新奇的成分。美国心理学家曾采用所谓急骤的联想或暴风雨式的联想的方法来训练大学生们思维的流畅性。训练时,要求学生像夏天的暴风雨一样,迅速地抛出一些观念,不容迟疑,也不要考试质量的好坏,或数量的多少,评价在结束后进行。速度愈快表示愈流畅,讲得越多表示流畅性越高。这种自由联想与迅速反应的训练,对于思维,无论是质量,还是流畅性,都有很大的帮助,可促进创造思维的发展。

五、培养强烈的求知欲

要激发自己创造性学习的欲望,首先就必须使自己具有强烈的求知欲。而人的欲求感总是在需要的基础上产生的。要有意识地为自己出难题,或者去"啃"前人遗留下的不解之谜,激发自己的求知欲。一个人,只有当他对学习的心理状态,总处于"跃跃欲试"阶段的时候,他才能使自己的学习过程变成一个积极主动"上下求索"的过程。

【资料窗 15-5】

知识营销:满足大众的求知欲

在当下的互联网经济中,"内容+流量"已经成为很多自媒体的生存之道,与此同时,商家也抓住这一模式,在内容和流量上下足功夫,通过内容吸引广大用户们的注意,聚集流量,让产品和品牌通过内容在潜移默化中更为人所知。

内容营销借助互联网媒体的普及和成熟发展出了丰富的形式,在题材和媒介上更是多种多样,作为内容营销中的一类,知识营销以知识为内容,在传播知识的同时进一步传播品牌和产品。所以,在"内容+流量"的时代,知识营销也深受品牌的青睐。

知识营销是什么?

所谓知识营销,就是企业通过有效的知识传播途径,将自身所拥有的对大众有益、有价值的知识传递给潜在消费者。这种知识可以是专业的研究成果、品牌的文化、产品知识、经营管理思想等等,通过这些知识的传播,接收到的用户能够逐渐形成对企业品牌和产品的良好认知,有利于潜在用户转化成为真正的顾客,并对其消费行为产生有利的影响。

那么,为什么知识营销在近年如此火热呢?

知识营销作为一种网络营销手段,和传统营销最大的区别是需要借助互联网强大的信息传播功能来完成知识信息的迅速传递。网络的发展不仅提供了传播快捷、覆盖范围广、多渠道的土壤,而且让各种信息资源触手可得。而在这信息轰炸中,充斥着许多垃圾信息,要在其中找到具有专业性、系统性的"干货",成为很多人的痛点。

知识营销能够满足人们的"求知欲",在内容上提供有价值的知识,这是它大受欢迎的一个原因;另一方面,随着消费升级,在内容消费上人们的需求同样也存在着升级,知识内容提升了内容营销的品质,能够带给人们实际的价值和收获。如果经常玩知乎,你会发现在知乎的推荐首页中总是会出现一些知识性的信息流广告,如"一个四两拨千斤的拷问,你是如何面对脱发问题的",这很明显是一个脱发产品或者医疗机构的知识广告;同样,在很多知识性问题下面,总是会有很多官方账号出现答题,如丁香医生在关于健康养生方面的问题下就非常活跃,并且解答相对比较专业。

总之,知识营销的兴起,主要源于互联网经济、知识经济和消费升级的共同作用。

六、科学思维方法的训练

科学的研究都依赖于科学的思维方式。一般来讲,正确的思维方法,有助于创造力的培养。下面主要介绍模拟法、类比法和头脑风暴法。

【资料窗 15-5】

趣味实验

纽约大学管理与组织学教授埃文·伯尔曼(Evan Polman)和康奈尔大学组织行为学博士生凯尔·艾米赫(Kyle J. Emich)发现:换个人称代词就能显著高创造力。

他们做了四个实验来验证自己的假设。第一个实验里,参与者需要画外星人,一组参与者被告知他们画的外星人会用于别人所写的故事,另一组则被告知他们画的外星人会被用于他们接下来自己要写的故事。结果显示,前一组的创造力显著比后者高,画出来的外星人更"诡异"。

是为了难为别人,参与者才这么做的吗?实验设计者于是又展开了第二个实验。这次参与者被分为 A、B、C 三组,任务是想出五种生日礼物。不同的是,A 组是给自己,B 组是给亲近的他人(生日与参与者在同一月份),C 组是给陌生人(生日与参与者在不同月份)。结果发现三组的创造力依次递增。

生日会不会限制思路?于是,第三个实验又在第二个实验的基础上控制了被试掌握的关于亲近他人与陌生人的信息量。结果,信息量对结果没有影响。

最有意思的是第四个实验。随机将参与者分为两组,接受这样的任务:"一个囚犯被关在一座高塔里,他只找到了一条绳子,而这条绳子只有塔高的一半。请问他如何成功地逃走?"一组参与者要求想象自己被关在塔里,另一组则想象别人在塔里。结果后一组答对这个问题的概率要显著高于前者。正确答案是什么,亲爱的朋友可以动脑筋想一下。

无独有偶,印第安纳大学心理学博士莉莉·嘉(Lile Jia)及其同事也发现了一种类似的方法。他们给参与者做了一个语言技能的测试(让参与者列举交通工具,不限时),但一组参与者被告知该测验是印第安纳大学与普度大学印第安纳波利斯联合分校的学生开发的(距离近),另一组则被告知测验是由在希腊留学的学生(距离远)开发的。结果,后一组在测试中表现更好。

这两个实验,一个是变化人称代词,另一个是改变地理距离,其实是在调节心理距离。为什么心理距离的调节可以改变人的创造力?我们可以用"解释水平理论"(construal level theory,CLT)来解释。解释水平理论认为,处于高解释水平时人们看问题更核心,而处于低解释水平时人们看问题会受到更多偶然、次要、情景因素的影响,从而影响了其决策和判断。

总之,心理距离远了,人们就能以更抽象的角度看问题,受到更少的思维禁锢,就可能显示出更独特的创造力。

(一)模拟法

模拟法常常是在对"原型"的因果关系尚未认识或尚未充分认识的情况下,在实验室内,用"模型"去模拟"原型"复杂的变化过程。它与常规的试验方法相比较,不是对"原型"的各种因素影响的纯化和简化,而是尽量对"原型"复杂因素进行全面的模拟和研究。比如,用实验方法研究某种疾病发生的原因和治疗的方法,鉴定药物疗效和毒药的烈性程度等。功能模拟是以自动化(如电子计算机的数字模拟)和生物体(包括人体神经网络系统的人工智能模拟)的某些行为的相似为基础,运用分析和综合及类比法,建立模型,用模型来模拟原型的某些功能或行为。伴随着人工智能的发展,越来越多的模拟依赖于思维的创新和创造力的发展。

(二)类比法

类比法是通过类比来提出新设想。直接类比,就是根据原型启发,直接将一类事物的现象或规律搬到另一类事物上去。日本的"香扣子"也是在衣服上戳个小洞注入香水,从而使衣服"永远"香味扑鼻。

一般来说,类比法作为模拟法的补充,二者可以进行综合运用,常常广泛应用于创新思维的开发上。而随着人类社会的发展,团队的合作在创新思维的开发上越来越重要,更多时候需要借助团队的力量进行创新。类比法和模拟法作为自然科学研究的有效方法,十分有利于创造力的培养。

【资料窗 15-6】

模拟类比法带来的仿生学

1. 从令人讨厌的苍蝇身上,仿制成功一种十分奇特的小型气体分析仪。已经被安装在宇宙飞船的座舱里,用来检测舱内气体的成分。
2. 从萤火虫到人工冷光。为了防止之前的光源发出的热能对眼睛造成损伤,人们从鱼的眼睛以及萤火虫等冷光源中创造性地发明了人工冷光。
3. 从电鱼到伏特电池。
4. 水母的顺风耳,仿照水母耳朵的结构和功能,设计了水母耳风暴预测仪,能提前 15 小时对风暴做出预报,对航海和渔业的安全都有重要意义。
5. 根据蝙蝠超声定位器的原理,人们还仿制了盲人用的"探路仪"。
6. 根据对人体骨骼肌肉系统和生物电控制的研究,已仿制了人力增强器——步行机。
7. 壁虎脚趾对制造能反复使用的黏性录音带提供了令人鼓舞的前景。
8. 贝用它的蛋白质生成的胶体非常牢固,这样一种胶体可应用在从外科手术的缝合到补船等一切事情上。
9. 响尾蛇能感知附近动物的体温而准确捕获猎物和红外制导空对空响尾蛇导弹。
10. 人们根据章鱼发明烟雾弹。
11. 根据蛋壳发现拱形的承受力量。
12. 从长颈鹿将血液通过长长的从颈到头部中得到启示,设计出特殊的器械,使宇航员在失重状态下,体内的血液也能正常输送到离心脏较远的下肢。
13. 从鲸特殊的形体"流线体"得到启示,改进了船体设计,提高了航行速度。
14. 模仿袋鼠跳跃,发明了越野车。
15. 从鱼类在水中自由升降得到启示,发明了潜水艇。

七、头脑风暴法

(一)什么是头脑风暴法

头脑风暴法又称智力激励法、BS 法、自由思考法,是由美国创造学家 A·F·奥斯本于 1939 年首次提出、1953 年正式发表的一种激发性思维的方法。

头脑风暴法可分为直接头脑风暴法(头脑风暴法)和质疑头脑风暴法(反头脑风暴法)。前者是由专家群体决策尽可能激发创造性,产生尽可能多的设想的方法,后者则是对前者提出的设想、方案逐一质疑,分析其现实可行性的方法。奥斯本认为,头脑风暴法可以激发创造力的主要因素有联想反应、热情感染、竞争意识和个人欲望。

第十五章 创造的力量——大学生创造力开发

(二)使用头脑风暴法时应遵守的原则

1. **庭外判决原则(延迟评判原则)** 头脑风暴法必须坚持当场不对任何设想做出评价的原则,既不能肯定某个设想,也不能否定某个设想,也不能对某个设想发表评论性的意见,对各种意见、方案的评判必须放到最后阶段。认真对待任何一种设想,而不论其是否适当和可行。

2. **自由畅想原则** 参加者不应该受任何条条框框限制,放松思想,让思维自由驰骋,从不同角度、不同层次、不同方位、大胆地展开想象,尽可能地标新立异,与众不同,甚至荒诞不经,提出独创性的想法,各抒己见,自由鸣放,创造一种自由、活跃的气氛,激发参加者提出各种想法,这是智力激励法的关键。

3. **禁止批评原则** 绝对禁止批评是头脑风暴法应该遵循的一个重要原则。参加头脑风暴的每个人都不得对别人的设想提出批评意见,因为批评无疑会对创造性思维产生抑制作用。

4. **以量求质原则** 头脑风暴的目标是获得尽可能多的设想,追求数量是它的首要任务。参加头脑风暴的每个人都要抓紧时间多思考,多提设想,不用考虑设想的质量。一般来讲,设想的质量和数量密切相关,产生的设想越多,其中的创造性设想就可能越多。

5. **综合改善原则** 除提出自己的意见外,鼓励参加者对他人已经提出的设想进行补充、改进和综合,强调相互启发、相互补充和相互完善,这是智力激励法能否成功的标准。

6. **限时限人原则** 一般为5~10人,时间控制在1小时左右,人员分工明确,一般有一名主持人,一名记录员,记录员需要将过程中所有想法不遗漏地全部记下。

(三)头脑风暴的基本步骤

1. **准备阶段** 策划与设计头脑风暴的负责人应事先对所议问题进行一定的研究,弄清问题的实质,找到问题的关键,设定解决问题所要达到的目标。同时选定参加会议人员,一般以5~10人为宜,不宜太多。让大家做好相关准备。

2. **热身阶段** 这个阶段的目的是创造一种自由、宽松、祥和的氛围,使大家得以放松,进入一种无拘无束的状态。主持人宣布开会后,先说明会议的规则,强调发言要突出求异创新,这是智力激励法的宗旨。然后随便谈点有趣的话题或问题,让大家的思维处于轻松和活跃的境界。如果所提问题与会议主题有着某种联系,人们便会轻松自如地导入会议议题,效果更好。

3. **明确问题** 主持人扼要地介绍有待解决的问题。介绍时须简洁、明确,不可过分周全,否则,过多的信息会限制人的思维,干扰思维创新的想象力。

4. **重新表述问题** 经过一段讨论后,大家对问题已经有了较深程度的理解。这时,为了使大家对问题的表述能够具有新角度、新思维,主持人或书记员要纪录大家的发言,并对发言纪录进行整理。通过纪录的整理和归纳,找出富有创意的见解,以及具有启发性的表述,供下一步畅谈时参考。

5. **畅谈阶段** 畅谈是头脑风暴法的创意阶段。为了使大家能够畅所欲言,需要制定的规则是:第一,不要私下交谈,以免分散注意力。第二,不妨碍他人发言,不去评论他人发言,每人只谈自己的想法。第三,发表见解时要简单明了,一次发言只谈一种见解。主持人首先要向大家宣布这些规则,随后引导大家自由发言,自由想象,自由发挥,使彼此相互启发,相互补充,真正做到知无不言,言无不尽,畅所欲言,然后将会议发言纪录进行整理。

6.筛选阶段　头脑风暴结束后的一二天内,主持人应向与会者了解大家会后的新想法和新思路,以此补充纪录。然后将大家的想法整理成若干方案,再根据可识别性、创新性、可实施性等标准进行筛选。经过多次反复比较和优中择优,最后确定1~3个最佳方案。这些最佳方案往往是多种创意的优势组合,是大家的集体智慧综合作用的结果。

头脑风暴法的正确运用,可以有效地发挥集体的智慧,使设想更富有创意。

【活动天地】

多人少足

游戏规则:以团队为单位进行比赛。比方说"十人九足",就需要该团队的十个人中只有九只脚着地,并坚持10秒。学生发挥想象力讨论,5分钟后比赛开始。随着游戏的进行,可以逐步减少着地的脚的数量。一般来说,十几个人的团队都可以达到三足的水平。

注意事项:本游戏比赛时效果最好。教练最好不给予任何提示。防止摔伤等危险动作。

活动启迪:作为一个团队,大家的想法是无穷的,只要有了合适的目标和正确的方法,我们就能够运用自己的聪明才智创造性地解决问题。

【成长感悟】

1.砖头的20种用途有哪些?

2.时间—头发—拉伸,你再想一个词,并且这个词要把前三个词联系起来。

【好书推荐】

1.米哈里·希斯赞特米哈伊(Mihaly Csikszentmihalyi).创造力:心流与创新心理学[M].浙江人民出版社.2014.12.

2.张小哈.创造力的形状[M].机械工业出版.2019.09.

【参考文献】

[1]中华人民共和国中央人民政府.解读李克强"大众创业万众创新":少不了一个"众"字[EB/OL].(2015-08-12)[2020-08-23].http://www.gov.cn/zhengce/2015-08/11/content_2910880.htm.

[2]中华人民共和国中央人民政府.国务院办公厅关于同意建立推进大众创业万众创新部际联席会议制度的函[EB/OL].(2015-08-21)[2020-08-23].http://www.gov.cn/zhengce/content/2015-08/20/content_10109.htm.

[3]中华人民共和国中央人民政府.国务院办公厅印发《关于建设大众创业万众创新示范基地的实施意见》[EB/OL].(2016-05-13)[2020-08-23].http://www.

gov. cn/xinwen/2016-05/12/content_5072748. htm.

[4]中华人民共和国中央人民政府. 国务院关于推动创新创业高质量发展 打造"双创"升级版的意见[EB/OL]. (2018-09-26)[2020-08-23]. http://www. gov. cn/zhengce/content/2018-09/26/content_5325472. htm.

[5]人民网. 汉语盘点2018:"奋""改革开放四十年"分列国内年度字词. [EB/OL] (2018-12-21)[2020-08-23]. http://media. people. com. cn/n1/2018/1221/c40606-30479731. html.

[6]张庆林,[美]RobertJ. Sternberg 著,创造性研究手册[M]. 成都:四川教育出版社,2002.

[7]陈群林,罗俊龙,蒋军,位东涛,张庆林. 无意识加工对创造性问题解决的促进效应[J]. 心理发展与教育,2012,28(06):569-575.

[8]马云阔,付倩倩. 我国大学生创造性思维培养问题研究[J]. 大庆社会科学,2018(03):120-122.

[9]李一凡. 中国传统文化对创新型人才培养的反思[J]. 河北广播电视大学学报. 2010,15(01):106-108.

[10]朱忆莲. 特质正念与创造力的关系:情感的中介作用和情绪智力的调节作用[D]. 武汉:武汉大学,2019.

[11]王黎萤. 研发团队创造气氛、共享心智模型与团队创造力研究[D]. 杭州:浙江大学,2010.

[12]丁栋虹,张翔. 创造力自我效能对员工创造力的影响机制[J]. 经济与管理研究,2016,37(09):115-125.

[13]贾绪计,林崇德. 创造力研究:心理学领域的四种取向[J]. 北京师范大学学报(社会科学版),2014(01):61-67.

[14]张勇,龙立荣. 绩效薪酬对雇员创造力的影响:人-工作匹配和创造力自我效能的作用[J]. 心理学报,2013,45(03):363-376.

[15]多湖辉. 创造性思维[M]. 北京:中国青年出版社,2002.

[16]米哈里·希斯赞特米哈伊(Mihaly Csikszentmihalyi). 创造力:心流与创新心理学[M]. 杭州:浙江人民出版社,2014.

[17]WASYLKIW L,IIOLTON J,AZAR R,et al. The impact of mindfulness on leadership effectiveness in a health care setting:a pilot study[J]. Journal of Health Organization & Management,2015,29(7):893.

[18]TSAI C Y,HORNG J S,LIU C H,et al. Work environment and atmosphere:The role of organizational support in the creativity performance of tourism and hospitality organizations[J]. International Journal of Hospitality Management. 2015,46(04):26-35.

[19]MADRID H P,PATTERSON M G,BIRDI K S,et al. The role of weekly high - activated positive mood, context, and personality in innovative work behavior:A multilevel and interactional model[J]. Journal of Organizational Behavior,2014,35(2):234-256.

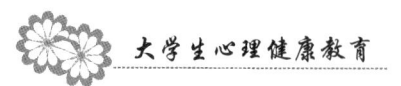

后 记

《大学生心理健康教育》第 3 版的修订工作是在 2020 年新冠肺炎病毒流行的疫情期间完成的。大家克服困难,通过腾讯会议进行研讨,通过 QQ 和微信等方式进行沟通,终于完成了本教材的撰写和修订工作。

本次编写和修订工作任务分配时,要求老师根据自身实际,选择自己最感兴趣、最熟悉的及与自己的研究内容相关的章节进行修订,从而保证了修订的质量。

第 3 版教材的编写,要求参编教师必须阅读 30 篇以上的最新研究文献,增加最新相关内容,包括最新的具有时代气息的案例分析,同时,删除过时的、理论性太强的内容,从而保证了教材的时代气息和简洁实用的特点。

编写中参考借鉴了国内外该领域的许多论著和教材,除了每章后面附的参考文献外,在此谨向原作者的创新性劳动表示衷心的感谢!

《大学生心理健康教育》编委会
2020 年 7 月 26 日